François,
le mendiant magnifique

Couverture : *St François*, détail de la fresque, Cimabue.
Assise, basilique de St François.

Jean EGEN

FRANÇOIS,

LE MENDIANT MAGNIFIQUE

Éditions du Signe

PRÉFACE

On aborde ces pages en se demandant ce qu'il y aurait encore à dire, que l'on ne saurait déjà, sur un personnage aussi connu. Ou ce qu'il pourrait rester encore de la fraîcheur d'une œuvre écrite il y a une trentaine d'années déjà... Mais voilà : il s'agit du « petit pauvre » d'Assise, sans doute la figure la plus limpide d'une sainteté sans frontières. Et c'est écrit par Jean Egen, un auteur réputé ne jamais perdre sa verdeur. Deux raisons suffisantes pour s'engager dans l'aventure d'une telle lecture. Ajoutons-en une troisième : la rencontre, précisément, entre ces deux-là ! Grâce à elle, ce livre ne ressemble à aucune autre « vie » du saint de l'Ombrie – et Dieu sait qu'elles sont fournies ! –, et à nulle autre production – et Dieu sait qu'elle est riche ! – de notre Jean du Florival.

On se dit alors que le choc va être rude, entre la pureté solaire du saint et la réputation libertaire de l'écrivain, entre le moine qui prêchait aux oiseaux et le plumitif anar du *Canard*... On craint que tout cela ne vole pas très haut, ou alors qu'Egen prenne François de trop loin. Il n'en est rien. Au lieu de la distance redoutée entre l'auteur et son sujet, on découvre une joyeuse proximité. Avec l'époque et le contexte, cela va de soi : Egen a lu Celano (le tout premier de ses prédécesseurs sur les pas de François !), et il a mené son enquête en Ombrie et ailleurs – y croisant de vrais « poverellos » de nos années 50. Mais il y a, ici, bien plus que ce travail de familiarisation d'un biographe avec l'univers de son personnage. C'est une familiarité innée entre eux deux qui se donne à goûter. Car il y a, chez François d'Assise, bien plus de truculence qu'on ne le pense – à force d'hagiographies aussi mièvres que pieuses. Et il y a, chez Jean Egen, des trésors de tendresse que ne retient jamais une apparente rudesse. Ils étaient, on en a la preuve désormais, faits pour se parler.

De ce compagnonnage inattendu, et dont le lecteur se sentira d'emblée en pleine complicité, voici donc le fruit : un livre parfaitement franciscain, clairement egenien, drôlement italien, étonnamment alsacien.

Par-delà quelques libertés (rares) avec l'histoire, on retrouvera l'authentique saveur évangélique d'une vie d'homme radicalement donnée à Dieu, et donc aux autres.

Derrière les éclats de rire (nombreux) et les sourires, on percevra le vrai secret de saint François : la joie, ce cadeau du Ciel à qui choisit de s'en remettre à lui.

Enfin, sous la pudeur de notre auteur, quant à ce qui se trame dans l'intime des cœurs, on ressentira une étrange contagion printanière – nombre de scènes sont, fort justement, situées au printemps –, comme une sève spirituelle montant dans un être et un monde en quête d'éveil. Qui prétendra pouvoir s'en passer ?

On ne peut que souhaiter au plus grand nombre le bonheur de sentir son cœur palpiter sous un tel soleil. C'est un soleil cru et radieux, franc et généreux, frais et chaleureux. Et l'on permettra, à quelqu'un qui a grandi à l'ombre du tilleul de Lautenbach, d'ajouter : un soleil conforme à la commune nature de Jean Egen et de saint François.

Michel KUBLER

1.

Le mendiant entra dans la boutique comme un seigneur dans une auberge. Tous les truands de sa connaissance lui avaient recommandé la maison. À les en croire, le petit gars qui vous recevait ne pouvait pas voir un pauvre sans lui vider ses poches entre les mains. Après ça, il vous embrassait, vous remerciait et vous faisait promettre de revenir. Si vous aviez l'indélicatesse de passer devant chez lui sans entrer, il vous courait après, vous donnait tout son argent et vous regardait comme si vous étiez le Seigneur Jésus déguisé en pouilleux.

La boutique étant déserte, le croquant signala sa présence en frappant gaillardement le sol de son bâton. Ce n'était pas très courtois, mais l'aimable jeune homme ne se pardonnerait peut-être pas de l'avoir fait attendre. Ayant commis plus de vacarme qu'il n'était convenable, il vit apparaître un quinquagénaire dont le visage n'exprimait pas la moindre allégresse et qui s'abstint délibérément de le serrer dans ses bras. De toute évidence, ce bourgeois soupçonneux n'était pas homme à fêter spontanément l'entrée d'un mendiant dans son magasin.

– Que signifient ces manières ? grogna-t-il. Que veux-tu ?
Le croquant balbutia :
– On m'a dit...
– Qu'est-ce qu'on t'a dit ? Qu'il y avait un fou dans cette maison ? Un fou qui court après les pauvres ? Qui saute au cou des mendiants ? Et tu te demandes ce que j'attends pour te presser sur mon cœur ? Malheureusement, le fou, ce n'est pas moi. C'est mon fils. Moi, je suis commerçant. Le plus riche de la ville. Le plus considéré. Je vais dans les châteaux. Les seigneurs me parlent et les dames me sourient. Je me fais beau-

coup d'argent. Et je suis fier d'en gagner. Et je suis content d'en avoir. Tu ne m'envies pas, j'espère ? Tu aurais tort, tu sais ! Mon fils prétend que tu es plus heureux que moi. Oui, croquant, tu es plus riche qu'un drapier, plus honorable qu'un seigneur. Tu te demandes pourquoi ? C'est pourtant simple. Tu es riche parce que tu es pauvre. Et tu es honorable parce que tu es pouilleux. Voilà le savant raisonnement de mon fils. Et pourquoi mon fils raisonne-t-il aussi brillamment, pourquoi ?

– Je ne sais pas, seigneur, avoua le croquant.

– Parce qu'il est fou, je te l'ai dit. Sais-tu quelle est son ambition, sa seule ambition ?

– Non, seigneur.

– C'est d'être un pouilleux comme toi. Tu vois bien qu'il est fou !

– Oui, seigneur, convint le mendiant qui n'avait pas l'esprit de contradiction et qui partageait probablement sur ce point l'opinion du marchand.

– Et que faut-il faire d'un fou ?

– Je ne sais pas, seigneur...

– Il faut l'empêcher de faire des folies. Il faut l'enfermer. C'est ce que j'ai fait. Je l'ai mis à la cave. Il y réfléchit dans l'ombre et la fraîcheur. Et il n'en sortira que lorsqu'il sera devenu raisonnable. Il a déjà récolté une jolie moisson de coups de trique. Je n'économise pas les raclées. C'est d'ailleurs tout ce que j'ai à t'offrir. Aimes-tu les coups de trique, pouilleux ? En veux-tu quelques-uns ? Non ? Alors, dépêche-toi de quitter cette maison. Les pauvres, j'en ai soupé, comprends-tu ? La pauvreté, je ne veux plus en entendre parler.

– Oui, oui... approuvait le mendiant en croisant les bras devant son visage pour protéger sa retraite. Vous avez raison, seigneur, vous avez raison...

En reculant sous les vociférations, le pauvre manqua la marche du seuil et roula dans la rue. D'un coup de pied rageur, le riche repoussa la porte et la verrouilla solidement.

∞

Le Signor Pietro Bernardone, il faut le dire à sa décharge, n'avait pas coutume de réconforter les mendiants par des injures et ne les mettait que très exceptionnellement en fuite. En général, c'est au moyen d'aumônes qu'il se défaisait d'eux. Des petites aumônes de derrière le cœur qu'il retranchait sans regrets excessifs de son confortable magot. Veillant au salut de son âme avec autant de prévoyance qu'à la prospérité de son commerce, il se constituait de la sorte une petite créance sur le Bon Dieu, grâce à laquelle il espérait s'offrir, à la fin de ses jours, un coin de paradis qui ne soit pas trop indigne d'une âme de chrétien distingué.

C'est dire qu'il ne se félicita guère d'avoir expédié le famélique au diable. Il ne s'en félicita d'autant moins qu'avant de s'écrouler dans la rue, le misérable avait eu la cruauté de le persécuter à son tour. Oh! seulement du regard, mais ce regard eût certainement perforé la muraille s'il n'avait eu le temps de se faufiler entre le chambranle et la porte. Le marchand le reçut en pleine conscience, comme une gifle. Une conscience fragile ne supporte pas les brutalités de sorte que si le pauvre souffrit d'avoir été traité comme un chien, le riche s'affligea de s'être conduit comme un saligaud. Pendant quelques instants, le Signor Bernardone eut honte. Pendant quelques instants seulement, car il eut tôt fait de récupérer sa dignité. Qu'un homme de son rang rougisse parce qu'un pouilleux l'a regardé de façon désobligeante, n'était-ce pas insensé? Allait-il perdre la tête à son tour?

La colère qui mitonnait encore dans le cœur du Signor se remit à bouillir. Il s'emporta d'abord contre lui-même, mais il s'estimait beaucoup trop pour se garder rancune. S'en prendre à François n'eût pas arrangé les choses. On n'éprouvait aucun soulagement à le corriger. Il accueillait les coups avec la plus exaspérante des résignations. D'ailleurs, il s'était beaucoup affaibli dans son cachot et le bâton ne rebondissait plus très bien sur les omoplates. Restait Madame Bernardone. Comme elle aimait tendrement son mari, il pouvait la tourmenter sans risque et comme il n'aimait pas moins sa moitié, il pouvait la morigéner à sa place. Il n'allait pas manquer une si belle occasion d'expulser ses remords, et la douce épouse allait entendre ce qu'elle allait entendre. Il se précipita chez elle comme un roquet furieux.

∞

Madame Bernardone est assise à la fenêtre, dans un petit carré d'azur. Les hirondelles quadrillent le ciel, y traçant des guirlandes de cris. On entend le chuchotement frais et doux des fontaines et, de temps à autre, le tintement d'une cloche

11

qui rêve à haute voix. Les fleurs de la balustrade déversent leur senteur dans la pièce. Le Bon Dieu se penche sur la petite ville. Dans quelques instants, il va souffler le soleil dont les derniers rayons s'allongent sur les toits. Une paix gonflée de parfums et de musique enveloppe la maison. Deux larmes tremblent sur les joues de Madame Bernardone.

Elle regarde les hirondelles et songe à des rats. Le visage tourné vers les roses, elle rêve d'étouffer dans une cave. Son cœur se serre à la pensée qu'elle s'étendra tout à l'heure sur un doux lit de plume. Que ne donnerait-elle pas pour être auprès de François ? Ce cachot dans lequel on a claquemuré son enfant, c'est le noyau du monde et toutes ses pensées vont se cogner contre cette porte dont elle n'a pas la clef. « Je ne veux pas, marmonne-t-elle, je ne veux pas qu'on traite mon petit comme une bête. Il tousse à vous déchirer le cœur. C'est tenter la mort que de le laisser dans ce cachot. Il faut que je parle à Pietro... »

Le Signor Bernardone fait alors irruption dans la pièce, visiblement décidé à parler le premier. Il est trop absorbé pour remarquer le douloureux visage de son épouse et il entame sa harangue molto furioso :

— C'est le troisième depuis ce matin. Cette maison les attire comme des mouches et leur insolence est sans bornes. Mais ça va changer. Celui que je viens de flanquer à la porte ne viendra sûrement pas me souhaiter la saint Pierre.

Madame Bernardone se doute bien que ce n'est pas l'abondance des clients qui motive l'indignation du Signor. C'est encore d'un pauvre qu'il est question ; elle proteste faiblement :

— Tu n'aurais pas dû...

— Ah ! je n'aurais pas dû, ironise le Signor. Je te demande humblement pardon. Je me suis encore conduit comme un homme sensé. Décidément, je suis indigne d'être le père de ton fils. Il faudra que je me corrige de cette habitude de traiter les mendiants comme des mendiants. Le prochain truand, je le recevrai comme une altesse. C'est un immense honneur pour notre maison, lui dirai-je. Entrez, seigneur mendiant, entrez avec tous vos poux. Les poux de nos amis sont nos amis. Vous daignerez bien vous emplir à ma table ? Vous ne refuserez pas de cochonner mon lit ? Madame Bernardone va se faire un plaisir de vous laver les pieds...

— Voyons, Pietro, proteste la douce épouse, les pauvres n'en demandent pas tant.

– Bien sûr qu'ils n'en demandent pas tant. Mais c'est à François qu'il faut le dire, pas à moi. Monsieur ton fils prétend que nous faisons la charité comme des malotrus. Tu t'imagines peut-être qu'il suffit de les supporter, de les nourrir. Eh bien non, ça ne suffit pas ! Même si tu leur donnes du pain qui n'est pas dur ou des os qui ne sont pas rongés. Même si tu leur donnes de l'argent. Non, ce qu'il faut, c'est les aimer, les respecter. L'argent, la soupe, ça ne compte pas. Il leur faut de l'amour et de la considération. Tu ne sais pas comment on l'a surpris, ton François, l'autre jour ? C'est le voisin qui me l'a dit. Aux pieds d'un vieux pouilleux tout couvert d'ulcères qui avait perdu sa sandale. Tu vois le tableau ? Monsieur ton fils à genoux dans la poussière en train de rechausser un guenilleux. Tu crois qu'il a eu honte quand il a vu le voisin ? Eh bien non ! Il lui a souri et lui a dit de sa voix la plus suave : « Le seigneur mendiant n'arrivait pas à relacer sa chaussure ». C'est le voisin qui a été gêné. Je te le dis, Pica, ton fils est devenu fou...

« Pourquoi *ton* fils, proteste intérieurement Madame Bernardone. Il n'y a pas si longtemps, Pietro ne jurait que par *son* fils... *Mon* fils est le garçon le plus brillant d'Assise... *Mon* fils est encore plus habile que moi... *Mon* fils ira loin... Si *mon* fils voulait, il serait chevalier... Eh bien, il n'a pas voulu et ce n'est pas une raison pour le traiter d'écervelé ». Elle proteste à voix haute :

– François a plus de bon sens que tu ne le crois, Pietro.

– Du bon sens, François ? Mais, Pica, tu sais bien...

Le Signor baisse l'oreille, blanchit sa voix et jette un regard inquiet vers la porte. Ce qu'il s'apprête à dire est trop horrible pour être déclamé sur le ton de la colère. Il ne peut l'articuler que sur le ton de la honte :

– ... tu sais bien qu'il a embrassé des lépreux.

Oui, bien sûr, elle le sait. Elle n'éprouve elle-même aucun attrait pour les lépreux. La seule vue de ces maudits inspirait d'ailleurs aux citoyens du Moyen Âge une angoisse analogue à celle que ressentirait un cardiaque en découvrant une vipère sous son traversin. Madame Bernardone partage les répugnances de ses contemporains, mais elle ne condamne pas François. Elle s'efforce de le comprendre et l'on peut dire qu'elle y a du mérite. L'attitude de son mari eût pu lui paraître plus raisonnable que le comportement de son fils.

Mettez-vous à la place du Signor. Vous êtes un homme riche

et considéré et vous avez un fils qui promet de marcher sur vos traces. Sorti major de Polytechnique, il n'a que le choix entre les brillants partis qui l'attendent et les prestigieuses carrières qui s'offrent à son ambition. Bref, vous êtes un heureux père et vous en concevez un légitime orgueil. Mais voilà qu'un jour le fiston vous annonce en toute simplicité qu'il a réfléchi, qu'il éprouve à l'égard de vos millions une répugnance insurmontable et que, se sentant une irrésistible vocation de clochard, il tient pour de la crotte de bique son titre de polytechnicien. Gageons que vous ne serez plus guère tenté d'éblouir les amis jaloux des succès de votre héritier, en leur apprenant que le prestigieux garçon est assis derrière sa casquette sur les marches de la Madeleine, même s'il se fait de confortables recettes à la sortie des grand-messes.

Voilà pourtant le genre de satisfaction que François Bernardone procure à son père et ce qui peut surprendre, ce n'est pas que le Signor combatte ses projets, c'est que la Signora les encourage. Car le comportement du jeune homme n'est tout de même pas un comportement naturel. Dans la petite ville d'Assise fleurissent des jeunes filles fraîches comme des nénuphars dont le Créateur a manifestement carminé les joues pour enchanter les regards des garçons de vingt ans. Madame Bernardone pourrait trouver singulier que François préfère embrasser les lépreux. Eh bien non, elle trouve cela tout à fait normal. Parce que François lui a tout expliqué. Et quand François donne des explications et qu'il ajoute en souriant : « Tu comprends, maman, tu comprends ? » il n'y a plus qu'à hocher la tête en souriant aussi.

Bien sûr qu'elle comprend ! C'est d'une simplicité enfantine. Il faut être fou pour courir après les honneurs, après les richesses, même après les jupons, quand le Seigneur vous attend à la porte de l'autre monde, avec les mendiants, avec les lépreux. Il faut être fou pour faire la queue devant les faux paradis terrestres quand il y a si peu d'encombrement sur le chemin du ciel. Cela saute aux yeux ! Quand on les ouvre ! Non, ce n'est pas François qui déraisonne, c'est le Signor Bernardone avec ses idées de grandeur et son amour de l'argent. C'est lui qui est fou ! Ne devrait-elle pas le lui expliquer ?

Hélas ! il ne semble pas que le Signor soit d'humeur à suivre une telle démonstration. Il continue de fulminer contre son fils et il est précisément en train d'épuiser, en son honneur, les locutions relatives à l'imbécillité :

— Je suis le père d'un idiot, proclame-t-il avec une conviction troublante, d'un crétin, d'un arriéré dont les extravagances ridiculiseront à jamais le nom des Bernardone. Moi qui rêvais d'un fils exceptionnel, d'un fils dont tout le monde parlerait, je suis servi. Tout le monde en parle. Il n'est pas un Assisiate qui ne se tienne les côtes en l'apercevant. Les mendiants se paient sa tête comme les autres et je suis sûr qu'il arrive même à faire rigoler les lépreux. Mais qu'est-ce que j'ai fait au Bon Dieu pour qu'il m'afflige d'un héritier pareil !

Le Signor tourne vers les cieux des yeux désespérés et regrette visiblement de n'avoir que deux bras à lever au plafond. Madame Bernardone proteste encore une fois, d'une voix dont la sévérité conciliante fait l'effet d'une calotte administrée par un ange :

— Remercie Dieu, Pietro, car il inspire François.

Mais le Signor est indécrottable :

— Ah ! non, Pica, tu ne vas pas recommencer. Ce n'est pas à moi qu'il faut raconter ce genre de sornettes. Elle est bien bonne ! Monsieur François a des entretiens personnels avec notre Seigneur ! Je suppose que c'est Jésus qui lui a dit de s'adonner à la crasse, de déshonorer sa famille ! C'est Jésus qui lui a recommandé de voler son père ! Car il ne faut tout de même pas oublier qu'il m'a volé mon plus beau drap ! Pour faire je ne sais quelle gracieuseté au curé de Saint-Damien. Voyons, Pica, tu ne vas pas te mettre à déraisonner toi aussi ! Pourquoi notre Seigneur se serait-il intéressé à François ? Parce qu'il était le plus joyeux noceur de la ville ? Parce qu'il rentrait saoul comme un Pérousin les soirs de fête ? Tu me permettras de penser que le Christ a de meilleures fréquentations. S'il avait voulu lier conversation avec quelqu'un d'Assise, il aurait trouvé mieux. Toi, par exemple, qui est bonne et pieuse comme un ange ! Ou Monseigneur qui est évêque ! Ou moi-même, qui suis tout de même un homme bien ! Mais pas ce godelureau ! Oh, je sais ! Monsieur donne dans la vertu, maintenant. Il distribue généreusement l'argent de son père aux pouilleux. Il ne fait plus la noce. Il ne boit plus. Il ne braille plus dans les rues, la nuit tombée. À l'heure qu'il est, il doit prier. Et à voix basse encore, pour ne pas réveiller les araignées. Au fond, il n'est pas fâché d'être enfermé. Ça lui permet de jouer les martyrs, les persécutés. Pour un peu, il se prendrait pour un saint. Saint François d'Assise, hein ? Patron des voleurs, des imbéciles, des fils indignes...

Pour couronner son réquisitoire, le Signor éclate d'un rire aigrelet, dont la poignante amertume peut rivaliser avec les plus déchirants sanglots. Mais le regard de Madame Bernardone éteint instantanément cette lamentable hilarité. Elle porte sa douleur à fleur de visage et un léger tremblement des mâchoires indique qu'elle retient ses larmes au bord des yeux. C'est à crever le cœur d'un crocodile et le Signor consent à baisser le ton :

– Tu ne vas pas pleurer, grommelle-t-il. J'ai sans doute autant de peine que toi. Crois-tu qu'il me soit agréable de le traiter de la sorte ? Mais je veux qu'il renonce à ses folies. Il tournera mal si je ne l'en empêche pas. Il ne nous a que trop humiliés déjà. Oui, Pica, j'ai suffisamment rougi de lui... Je ne veux pas qu'il devienne un bon à rien, je ne veux plus avoir honte de mon fils. Tu devrais comprendre cela.

Les yeux de Madame Bernardone se dilatent. Il est clair qu'elle ne comprend pas qu'on puisse rougir de François. Elle le comprend d'autant moins qu'elle est fière de lui. Elle sait que c'est un signe du Christ qu'il abandonna cette course aux vanités dans laquelle le Signor eût voulu le voir triompher. Mais elle n'insiste pas, sentant confusément que toute conversation est impossible entre une mère qui tient son fils pour un sage et un père qui le prend pour un fou. Elle proteste cependant, car il est des choses qu'une mère ne peut pas laisser dire :

– François est un bon fils.

Et puis elle revendique, car il est aussi des choses qu'une mère ne peut pas laisser faire :

– Libère-le, Pietro, libère-le, supplie-t-elle.

Mais il n'est pire sourd qu'un mari qui ne veut pas entendre, et le Signor répond évasivement :

– Toi qui es toujours à prier Dieu, tu devrais lui demander de ramener François dans le bon chemin. Oui, Pica, prie Dieu d'éclairer ton fils !

Sa colère étant tombée, le Signor quitta la pièce. Quand elle fut seule, Madame Bernardone se mit à genoux et pria Dieu d'éclairer son mari.

∞

Cette nuit-là, les guetteurs qui veillaient sur les murs de la ville dormirent beaucoup mieux que les époux Bernardone. Couché sur le dos, les yeux grands ouverts dans les ténèbres, le marchand ruminait ses déboires. Quoiqu'il se reprochât quelque peu ses violences, il prit la résolution de persister dans son attitude aussi longtemps que François s'entêterait dans la sienne. « C'est pour son bien, se disait-il. Je le plierai en deux, je le plierai en quatre s'il le faut, mais j'aurai raison de son obstination. Il ferait beau voir qu'un fils résiste à son père. Peut-être n'aurais-je pas dû m'emporter contre ma pauvre Pica. Elle n'est pas très intelligente et se laisse abuser par ce petit hypocrite... »

Tournée contre le mur, Madame Bernardone haletait comme un chien malade et poursuivait sa prière : « Seigneur, implorait-elle, vous avez beaucoup donné à Pietro. C'est un homme habile et un commerçant avisé. Accordez-lui encore un peu d'intelligence, afin qu'il comprenne son fils. »

Le cœur gonflé comme une éponge imbibée de chagrin, elle serrait désespérément une ombre dans ses bras. De temps en temps, la bouche close et les dents contractées, elle criait, criait en silence le nom de son enfant.

En bas, dans son étroit caveau, François Bernardone ne dormait pas davantage. Le froid lui trémulait l'échine et la faim lui tiraillait l'estomac. Or il priait en souriant dans les ténèbres. Il avait comme un soleil dans la poitrine.

2.

On admet généralement que la meilleure façon de raconter une histoire est de la commencer par le commencement. Un narrateur avisé n'eût pas transgressé cet usage et se fût abstenu d'ouvrir son récit sur le peu réjouissant spectacle d'une scène de ménage. Un narrateur scrupuleux doit avouer qu'on ne sait pas très bien où commence l'histoire de saint François.

Une tradition touchante la fait débuter en l'an 1182, par un beau soir de printemps. Un soir dont Madame Bernardone ne songe guère à savourer les délices : étendue sur son lit depuis le matin, les entrailles broyées par la douleur, elle a passé la journée à griffer ses couvertures et mordiller son traversin. Elle geint aussi discrètement que possible et si elle dit aux commères qui ont cerné sa couche et lui prodiguent de chaleureux encouragements, qu'elle voudrait bien les voir à sa place, ce n'est que manière de parler, car elle ne céderait sa place à personne, son supplice dût-il se prolonger encore toute la nuit.

Pourtant, elle est à bout de résistance, et lorsqu'à la tombée du soir, les commères ont allumé des chandelles, son douloureux visage a pris des reflets d'agonie. Maintenant, ces dames ne parlent plus qu'à voix basse, ne sachant plus très bien si elles sont là pour attendre la mort d'une femme ou la naissance d'un enfant. De temps en temps, l'une d'elles essuie la sueur qui perle au front de la patiente et toutes s'efforcent d'exhaler des soupirs assez puissants pour que Dieu les entende et prenne pitié de la pauvre Pica.

C'est alors qu'un ange arriva. Il entra sans frapper et sans perdre de temps en vains salamalecs, prit aussitôt la direction des opérations. Bien qu'il semblât avoir une conception très personnelle de l'art obstétrical, nul ne protesta lorsqu'il donna l'ordre de transporter la parturiente dans l'étable voisine. Quelques instants plus tard, quand le premier cri du petit Bernardone monta vers le Bon Dieu, tout le monde écarquilla des yeux étonnés et l'âne et le bœuf qui logeaient en ce lieu dressèrent des oreilles attendries.

Sa tâche étant remplie, l'accoucheur céleste présenta ses compliments à l'heureuse maman, et pointant un doigt solennel dans la direction du nouveau-né, il fit savoir à qui voulait l'entendre que « cet enfant serait parmi les meilleurs du monde ». Puis, il partit, non pas en battant des ailes, mais en traînant des pieds, car il avait pris soin de se déguiser en mendiant afin de conserver l'incognito.

∞

Voilà la tradition. Elle est reprise par de nombreux auteurs et par le guide de San Francesco Picolo à Assise, qui la débite avec l'emphase de circonstance aux auditeurs de bonne volonté. Il peut arriver qu'un rationaliste obtus s'égare parmi ces derniers. On entend alors grincer sa cervelle dans le silence des pèlerins attendris. Ce n'est pas lui qui gobera cette fable ! Or celui qui sourit avec ironie commet la même erreur que celui qui sourit avec ravissement ; car l'un et l'autre assimilent l'histoire de saint François à quelque merveilleux conte bleu. Le premier a tort de ne pas faire la part du vrai dans ce qui lui semble un conte, le second de faire une part au conte là où le vrai suffit.

En prenant cette légende à la lettre, on est tenté de croire que François trouva son auréole dans son berceau, comme le dauphin d'Angleterre sa couronne ou le petit Rotschild ses millions. On est tenté de penser que les jeux étaient faits, que le petit Bernardone fut élu avant même d'être appelé et qu'il n'avait plus qu'à se tenir bien droit pour ne pas faire tomber son radieux couvre-chef. Il semblerait plutôt que les propagateurs de cette tradition aient reconstitué le début de l'histoire en s'inspirant de la fin. Sans doute furent-ils impressionnés par l'obstination du saint à se modeler sur le Christ, au point d'oublier que si sa vie rappelle incontestablement celle du Sauveur, ce n'est pas parce que Dieu détermina la volonté de François, mais parce que François s'efforça d'accomplir la volonté de Dieu.

Le Seigneur ne lui donna pas sa grâce comme un papier calque, pour lui permettre de reproduire soigneusement les vertus de son Fils. François fera sa copie lui-même, honnêtement, laborieusement, en tirant la langue comme un gamin de la communale ; il le fera si maladroitement tout d'abord que le Seigneur devra guider sa main, et nous verrons tout à l'heure que son devoir commence par d'assez gros pâtés. Mais ce sera une copie personnelle, à l'écriture originale, abondamment panachée de ratures, de surcharges, de ces éclaboussures étoilées, nées du pathétique mélange de l'encre et des larmes et qui témoignent éloquemment de la grande peine des petits écoliers. Et quand le divin correcteur lui décernera son plus beau vingt, il ne se trouvera personne pour crier au favoritisme, pour assurer qu'on pouvait s'y attendre, que le petit François avait toujours été dans les bonnes grâces de Dieu, et que l'ange lui avait probablement soufflé sa composition. Chacun sait qu'au rebours des examinateurs d'ici-bas, le divin Maître aurait plutôt tendance à chouchouter les mauvais élèves, que les pécheurs le préoccupent davantage que les justes et que s'il témoigne d'une exigence implacable, c'est précisément à l'égard des saints.

Eteignons donc le sourire du rationaliste obtus. Accordons-lui que l'ange déguisé en mendiant n'était probablement qu'un mendiant guidé par un ange et qu'en se faisant transporter dans l'étable, Madame Bernardone céda peut-être à quelque pieuse superstition. Il n'est même pas défendu de penser que la compagnie d'un âne et d'un bœuf dut lui paraître plus reposante que celle des commères qui avaient investi son lit.

Quant à la prédiction du mendiant, quoi de plus naturel ? Avant que le Signor Bernardone n'entreprenne de les terroriser, on recevait fort chrétiennement les faméliques dans sa maison. Il est probable que le mystérieux visiteur du soir se vit servir des rogatons de choix et qu'il élabora sa prophétie dans l'euphorie d'une agréable digestion. Il ne pouvait décemment prédire qu'un destin triomphal au chérubin d'une si généreuse hôtesse.

Faisant d'ailleurs allusion à un certain Frère Elie qui tiendra sa place dans ce livre et qui serait né le même jour que François, la tradition prétend que le mendiant inspiré aurait prédit un avenir non moins exceptionnel à l'autre nourrisson, à cette nuance près toutefois que le petit Elie devait autant se distinguer parmi les pires des hommes que le petit François parmi les meilleurs. Nous en conclurons que le marmiteux avait très mal mangé dans cette autre maison.

Cela dit, rendons le sourire au croyant trop facilement attendri. Il y avait évidemment un ange auprès du berceau de François. Mais il était invisible et ne se distinguait probablement en rien de ceux qui veillent au berceau des impies et des scélérats.

Aussi, comme Madame Bernardone ne pouvait prévoir que son enfant allait devenir saint François d'Assise, elle se contenta de le prénommer Jean.

∞

On n'aura pas été sans remarquer l'absence du Signor Bernardone au tableau de cette nativité. Au lieu de jouer les papas anxieux qui font les cent pas dans la coulisse en attendant qu'on leur annonce le poids du nouveau-né, il pérégrinait dans les campagnes provençales et faisait des affaires. Pendant que la Signora caressait la frimousse du chérubin et disait aux commères : « Voyez comme il est beau », le Signor chiffonnait une étoffe et susurrait à son client : « Voyez comme elle est mœlleuse ! »

Qu'on n'aille pas imaginer pour autant que le marchand drapier fait passer les affaires avant la famille. C'est pour le bien de cette dernière qu'il sacrifie les joies du foyer aux nécessités du commerce et s'il rançonne hardiment les amateurs de tissus, Bernardone, c'est moins pour arrondir son propre magot que pour augmenter la fortune de l'héritier. Il exulte à la pensée que sa richesse et son épouse vont enfin lui permettre de réaliser son rêve : être le père d'un fils à papa.

La chère Pica ! Elle doit être près de son terme et le Signor devrait se hâter s'il ne veut pas que son fils arrive avant lui. Son fils ? Pietro Bernardone est soudain pris d'angoisse. Il regarde sans le voir le noble client français qui palpe à son tour la mœlleuse étoffe et lui demande pour la seconde fois :

– Combien en veux-tu ?

Le Signor paraît se concentrer. C'est le moment décisif. Il ne faut pas annoncer un prix qui découragerait l'amateur. Il faut savoir jusqu'à quel point l'on peut exagérer.

– Combien en veux-tu ?

– Pourvu qué ça soye oun' bambino ! répond le Signor qu'obsède une idée fixe.

Par bonheur le noble client agitait les deniers qu'il tenait dans sa main. Le tintement familier a réveillé les réflexes du marchand qui a tout de même emporté l'affaire. Mais l'angoisse tempère encore sa satisfaction. Pourvu qué ça soye oun' bambino !

☙

Maintenant, le Signor chevauche sur le chemin d'Assise. C'est le printemps. Les buissons sont habillés de mousseline blanche et les pâquerettes sourient à pleines quenottes dans les prés reverdis. La campagne étincelle et le cœur du Signor se met à pétiller. « Bien sûr que nous aurons un bambino ! », proclame-t-il en assénant à son cheval une claque enthousiaste.

Il le voit, son bambino. Il le prend dans ses bras, le brandit et le propose à l'admiration des Assisiates rassemblés devant sa maison. Le « oh » de cent bouches entrouvertes vient clapoter à ses oreilles et le Signor vendange avec délice de frénétiques applaudissements. Le voici qui s'échauffe et enfile des projets d'avenir. Le petit Bernardone est à l'école et comme il apprend tout ce qu'il veut, ses maîtres sont venus trouver le papa de l'enfant prodige : « Votre fils est d'une intelligence exceptionnelle. Il faut qu'il fasse de la théologie. Il a sa crosse d'évêque à portée de la main, son chapeau de cardinal à portée de la tête... »

– Je n'en doute pas, réplique le Signor. Mais qui vendra mes tissus ? Qui m'accompagnera dans mes voyages ?

– Voyons, Messire Bernardone, ce garçon-là n'est pas fait pour auner du drap, vous le savez bien...

Le Signor le sait évidemment mieux que personne, mais la route est longue et il faut bien mettre un peu de fantaisie dans la monotonie :

– D'ailleurs, entre les ordres et les textiles, il y a place pour d'autres ambitions. Qu'en penses-tu, vieux cheval ? dit Pietro Bernardone en prenant à nouveau sa monture à témoin.

Se souciant aussi peu du commerce que de l'épiscopat, le bon roussin se contente de chauvir poliment des oreilles pour faire croire à son maître qu'il suit la conversation.

– Je le verrais plutôt chevalier, poursuit le Signor et joignant le rêve à la parole, il voit aussitôt son héritier caracoler devant lui.

Le valeureux chevalier monte un palefroi caparaçonné d'or. Il collectionne les hauts faits et revient justement d'une expédition glorieuse au cours de laquelle il a démantibulé de sa main plusieurs douzaines de Pérousins. Les Assisiates lui ménagent un accueil enthousiaste, et le Signor, qui chevauche modestement à sa droite, éponge à nouveau les acclamations. « Il est aussi brave que Roland » proclament les jeunes filles à la page. Et de s'interroger sur le noble vieillard qui escorte le paladin ! « Quel est donc ce seigneur à la barbe fleurie qui ressemble à l'Empereur Charlemagne ? – Mais c'est Messire Bernardone, le père du chevalier. Notre preux lui doit tout. Il l'a élevé comme un prince... »

– Tu entends, vieux cheval ? Je l'élèverai comme un prince. Tu as vu ces jeunes seigneurs français auxquels j'ai vendu notre écarlate ? Tu n'as pas été sans remarquer leur prestigieuse allure, leur noble maintien, leur délectable parler... Mon fils sera comme eux, vieux cheval. Un petit Francesco, un vaillant petit Francesco !

Pendant que le Signor bâtissait gentiment des châteaux, le cheval abattait courageusement les distances... Un beau soir, la vision tant attendue se leva dans les feux du couchant :

– Assise ! cria Pietro Bernardone en tendant les bras vers l'horizon. Assise !

Contrairement à ce que le lecteur pourrait imaginer, le Signor n'éperonna pas son cheval. Il ne se mit pas à galoper en poussant des rugissements d'allégresse. Il s'arrêta et, silencieusement, il contempla sa ville.

∽

Ainsi, le pèlerin qui arrive au pied d'Assise observe toujours une minute de silence et de contemplation. Ce n'est pas la seule admiration qui lui suspend le souffle. Il ne se trouve pas devant Assise comme un esthète devant une ville d'art, mais plutôt comme un enfant devant une ville enchantée. Il a moins le sentiment de la beauté que celui du merveilleux, du sacré. Pour peu qu'il ait l'ouïe suffisamment délicate, il percevra le mélodieux cantique que murmurent, dans le soleil et le vent, les cyprès noirs et les oliviers argentés qui montent en procession vers la ville. Il les entendra louer le Seigneur pour leur sœur Assise, sans laquelle ils seraient des cyprès ordinaires et des oliviers comme les autres, alors qu'ils ressemblent si naturellement à des cierges et à des chandeliers.

Le rationaliste lui-même, que nous avons semé tout à l'heure, hésiterait à nous rappeler qu'Assise a été construite sur un promontoire pour défier ses ennemis, tant il est manifeste qu'elle n'est montée sur la colline que pour accueillir de plus loin ses amis. Si elle défie encore quelque chose, ce n'est plus la pesanteur. Elle est en lévitation permanente, et le pèlerin qui la contemple sent monter peu à peu le niveau de son âme. S'il est venu pour rencontrer saint François, il est sûr de le trouver chez lui.

Qu'il ne s'attende pas, cependant, à le voir marcher vers lui la main tendue. Saint François est ordinairement invisible, ce qui lui permet justement d'être présent partout. Il flâne dans toutes les ruelles, il se recueille dans toutes les églises, il se désaltère à toutes les fontaines et le seul endroit d'Assise où l'on ne soit pas très sûr de le retrouver, c'est son tombeau.

« Pardon, pardon, proteste encore l'esprit fort, écrivez donc : il a flâné, il s'est recueilli, il s'est désaltéré » et ne confondez point ainsi le présent avec le passé. Avis à l'esprit fort : si vous franchissez les murailles de la ville, vous ferez bien de laisser votre chronomètre à la porte. Le temps n'y signifie pas grand-chose, le passé et le présent s'y compénétrant aussi mystérieusement que l'âme et le corps. Bien entendu, comme vous n'attendez pas que saint François se dérange en personne pour vous recevoir, il se contentera sans doute de vous déléguer un ami. Par exemple, un de ces bourricots aux oreilles pomponnées qu'on rencontre partout dans Assise et dont les aïeux ont eu l'honneur de porter le plus léger des saints. Ce genre d'âne n'étant pas fier, il ne manquera pas, ô esprit fort, de vous saluer d'un braiment fraternel en vous reconnaissant pour l'un des siens.

∞

On nous dira peut-être que le Signor Bernardone ne pouvait guère éprouver ces différents sentiments. Assise n'était-elle pas alors une cité comme les autres, et des plus ordinaires ? Sans doute, mais pour notre marchand, elle était la ville où allait naître le plus désiré des enfants. Un petit Bernardone, pour le futur papa, c'était un personnage aussi considérable que saint François pour le pèlerin. C'est pourquoi le Signor contemplait sa ville avec des yeux dilatés par la joie.

Soudain, il s'avisa que ce petit qui devait naître était peut-être déjà né. Il lança son cheval au galop et quelques instants plus tard, il pénétrait dans sa cour en dispersant la volaille et en provoquant une agitation criarde parmi les gens de sa maison.

Quand Madame Bernardone entendit tout ce remue-ménage, elle retira l'enfant de son berceau. Puis, elle s'assit sur une escabelle, disposa gracieusement le chérubin sur ses genoux, étala sa robe autour d'elle et posa pour le Signor comme une maman du vingtième siècle pour le photographe. Pietro Bernardone eut à peine un regard pour le gracieux tableau. Il prit tout juste le temps d'écraser un baiser conjugal sur le front de la Signora et se précipita sur le bambino qu'il faillit broyer entre ses mains.

La maman, terrifiée, s'empressa de récupérer son trésor et le mit à l'abri en invitant instamment le tendre énergumène à reléguer ses redoutables pattes à bonne distance du nourrisson. Mais le père tournait autour du berceau comme un chien fou et poussait des jappements d'allégresse :

– C'est mon bambino, n'est-ce pas, Pica ? C'est mon bambino.

– Mais oui, mais oui, disait l'épouse qui n'entendait pas chicaner sur cet abus dans l'emploi du possessif.

Le Signor cherchait un moyen de témoigner sa tendresse à ce minuscule amas de chair. Il eût volontiers extrait son cœur de sa poitrine pour le déposer sur l'édredon du nouveau-né. Soudain, comme il regardait les petites mains qui s'ouvraient et se refermaient, pareilles à des petits crabes, il eut une illumination. Il tira de sa ceinture, toute farcie de gros sous, un denier d'argent et le déposa délicatement dans la menotte du bambino :

– Tiens, dit-il, c'est pour toi.

Mais la petite main résista et le denier tomba par terre.

Le Signor plongea pour le ramasser. L'ayant récupéré, il le fit tinter, sauter en l'air, fulgurer dans un rayon de soleil et s'efforça de nouveau de l'enfouir dans la paume du chérubin.

La menotte se rouvrit encore et le denier s'échappa de nouveau.

– On dirait qu'il n'aime pas l'argent, remarqua la mère, tout attendrie.

– Pourquoi n'aimerait-il pas l'argent ? s'exclama le Signor, passablement inquiet.

– Tu vois bien. Il le jette...

Le Signor haussa les épaules :

– Tu dis des sottises, Pica. Il aimera l'argent. Et il n'en manquera pas, c'est moi qui te le promets. Il sera riche. Tu entends, susurra-t-il à l'oreille du bébé, tu seras très riche...

La nouvelle ne sembla pas causer une joie débordante au nourrisson, car il fronça son petit visage et se mit à pleurer.

∞

– Comment l'appellerons-nous ? demanda le Signor.

– Il est déjà baptisé, Pietro, répondit la mère. Je l'ai appelé Jean. N'est-ce pas un beau nom ?

Pietro fit la grimace :

– Il manque un peu d'originalité, tu ne trouves pas ? Il y a bien dans la ville une demi-douzaine de galopins qui portent ce nom-là. Cela m'ennuierait que mon fils s'appelle comme n'importe qui. J'avais rêvé d'un prénom plus rare, plus...

– Mais, voyons, Pietro, Jean est le nom d'un grand saint. Il a baptisé le Christ.

– Je sais, je sais, c'est un grand saint. Mais ce n'est pas un saint distingué. C'était un rustique, c'était presque un sauvage. Tu sais ce qu'il se mettait sur le dos ? Des peaux de bêtes. Que deviendrait notre commerce si les gens s'habillaient avec la peau des biques ? Ecoute-moi, Pica, j'ai pensé à un nom plus élégant, plus raffiné. Que dirais-tu si nous l'appelions François ?

– Mais ce n'est pas un nom chrétien. Aucun saint ne l'a jamais porté.

– Evidemment, reconnaît le Signor, mais ça peut venir...

– Tu veux dire que notre enfant...

Chère Pica ! Il faut toujours qu'elle fasse des réflexions saugrenues. La voilà qui rêve d'être la mère d'un saint. Non, ce n'est pas ce que le Signor a voulu dire... Que les saints soient de grands personnages, il en convient. Mais après leur mort. Dans la vie, qu'est-ce qu'ils sont ? Des petites gens. Des pêcheurs, des paysans, des charpentiers. Ou bien des ermites qui vivent dans des cavernes et mangent plus mal que les pourceaux. Certes, il y en a qui furent des citoyens illustres, des soldats glorieux. Mais pourquoi sont-ils montés sur les autels ? Parce qu'on leur a coupé la tête ou parce qu'ils ont fini leurs jours dans l'estomac des lions. Ce n'est pas l'avenir que le

Signor entend préparer à son fils. Aussi ne discutera-t-il pas davantage, et puisqu'il l'a décidé, son enfant s'appellera François. Les Français sont des gens aimables, brillants, distingués. Ils ont exactement les qualités qu'il faut au fils de Pietro Bernardone.

La francomanie du Signor reposait assurément sur de nobles sentiments et ce serait lui faire une grossière injure que de la comparer à l'américanomanie plus ou moins grotesque de certains contemporains. Il n'empêche que le commerçant parisien qui s'aviserait de prénommer son fils Arizona Bill aurait peut-être une chance d'échapper au ridicule en invoquant l'illustre précédent du marchand assisiate. Quoi qu'il en soit, il est plaisant de remarquer qu'en croyant donner à son fils un prénom original et brillant, le Signor l'affublait d'un nom à coucher dehors, celui qui pouvait le mieux convenir au vagabond évangélique.

∽

On se demande de quoi pouvaient bien parler les époux Bernardone avant l'arrivée du petit François. Il remplit toutes leurs conversations et se faufile encore dans leurs silences. On commente son moindre clin d'œil, on analyse son plus léger soupir, on se perd en conjectures sur la signification de ses gazouillements. Depuis qu'il articule quelques mots, ses déclarations les plus sibyllines sont accueillies avec autant de respect qu'un discours pontifical. Et tandis que le Signor lui prête déjà les fortes vertus qui font l'orgueil des pères, la Signora lui découvre les aimables qualités qui causent la joie des mamans. Ainsi quand il eut sa première quenotte, le Signor fut comblé : son fils allait pouvoir mordre. Et la Signora fut ravie : son enfant saurait plus joliment sourire.

– Tu l'as déjà vu fixer le soleil ? dit le père. Il plante son regard en plein dedans, comme pour le défier.

La maman s'étonne. Elle ne voit pas très bien pourquoi son chérubin défierait le grand astre. Il le considère comme un petit copain et leurs relations sont des plus cordiales. Le soir, quand François rechigne à regagner son berceau, Maman le prend dans ses bras et l'emmène contempler les feux du couchant. Le soleil a dépouillé son costume de rayons, il apparaît tout nu, tout rond, tout rose et s'enfonce comme un gros bébé dans ses oreillers de nuages. Maman rabâche l'exhortation classique : « Tu vois, il est sage, lui. Il va se coucher. Allons, dis-lui bonsoir ». Agitant sa menotte, le bambino prend congé du petit camarade rougeaud qui va faire dodo derrière la montagne.

Quand le soleil a remonté ses couvertures, l'enfant se retourne et cherche sa petite amie la lune qui ballonne ses joues pâles à l'autre bout du ciel. Celle-là n'a pas sommeil. Elle s'amuse comme une petite folle, se cache derrière un toit, réapparaît dans le haut d'une ruelle, se faufile entre deux nuages. Ah ! les nuages... Ils se cabrent, se poursuivent, se confondent comme des petits moutons. Regarde les nuages, maman, regarde... Il y a aussi les étoiles qui clignotent comme des lucioles dans les champs bleus de la nuit. Regarde les étoiles, maman, regarde !...

– Assez gazouillé, petit François ! Au dodo maintenant !

Voilà notre chérubin dans la plume. On ne l'entend plus, et maman va pouvoir broder tranquillement dans la chambre voisine. Eh bien ! maman se fait des illusions. Son petit ange ne dort pas. Il écoute ! Il écoute le vent qui passe dans la ruelle et qui doit savoir, lui, que son petit François est encore éveillé, car il gratte à la fenêtre, il voudrait entrer...

– Maman...

– Oh ! le petit diable, il ne dort pas, dit maman. Qu'y a-t-il ?

– Maman, c'est le vent. Tu entends, c'est le vent !

Et voilà le petit diable – pardon ! le petit ange – qui imite la voix du vent.

Maman s'impatiente :

– Allons, fais dodo, sinon...

Sinon quoi ? La menace classique ? Le loup qui se régale des petits enfants qui ne veulent pas dormir ? Ça ne prendrait pas. À supposer qu'un loup vienne promener son museau sur les couvertures, le petit François lui tirerait gentiment les oreilles. Il a montré ce dont il était capable au cours d'une scène d'épouvante qui figea la moelle dans les os du Signor et le sang dans les veines de la Signora.

Imaginez un peu le petit François en tête-à-tête avec un molosse sous l'estomac duquel il eût tenu debout. Un chien dont les crocs n'étaient pas affûtés pour manger de la crème fraîche et dont la mine patibulaire eût mis en déroute tous les archers de la Rocca. Imaginez le bambino faisant des passes à l'animal. Il se dresse sur ses petites jambes, lui fourre une menotte dans l'oreille, lui chiffonne les babines et s'agrippe familièrement à ses mâchoires en lui donnant du gentil toutou. Le chien terrible ne bronche pas d'un poil. Il se contente de remuer cordialement la queue pour montrer combien il est sensible à ces amabilités... Il a fallu que le Signor renvoie le molosse à sa méchanceté en lui décochant une pierre dans les côtes. L'animal s'est enfui. Comme il était trop coriace ou trop fier pour se plaindre, c'est le petit François qui a pleuré pour lui.

Maintenant, vous pouvez toujours lui dire qu'il y a un gros loup derrière la porte. Il vous demandera ce que vous attendez pour le faire entrer.

Il faut pourtant qu'il s'endorme :

— Si tu ne fais pas dodo, maman aura beaucoup de chagrin.

Le petit François ferme les yeux. Il suffisait de le prendre par les sentiments.

Maintenant, Madame Bernardone récapitule pour le Signor les bons mots et les prouesses de la journée :

— Pietro, tu devrais l'entendre quand il parle avec le soleil, ou avec la lune, quand il harangue le feu, quand il tient des discours à la fontaine...

Que peut-il bien leur dire ? Le Signor aimerait savoir. Madame Bernardone serait bien en peine de le préciser. Elle ne cherche pas à comprendre ce qui se raconte au cours de ces conciliabules entre son fils, les astres et les éléments. Il n'y a guère que les anges qui soient capables de suivre la conversation.

∞

Le dimanche, les Bernardone font comme le commun des parents : ils vont promener bébé. Maman porte sur son bras le phénix des nourrissons d'Ombrie et, comme tout papa qui se respecte, le Signor fait l'enfant. Il va, il vient, il expectore des cris de Sarrasin, il improvise d'ébouriffantes grimaces. François l'encourage en battant des menottes et s'égosille à crier plus fort que lui. Papa qui gambade, maman qui fredonne et bébé qui rit, c'est un seul bonheur en trois personnes qui descend la colline.

— Oh ! Pica, dit le Signor. Il y a là-bas un cerisier tout en fleurs. Allons-le-lui faire voir !

On emmène le petit François sous le cerisier blanc :

— Regarde comme il est beau !

Le vocabulaire du bambino n'est pas assez riche pour lui permettre d'exprimer un commentaire nuancé :

– Beau ! dit-il en montrant du doigt le gigantesque bouquet.

Le Signor est ravi.

– Oh ! Pica, reprend-il, si nous l'emmenions voir les moutons qui paissent autour de Saint-Damien.

On descend voir les moutons. Le Signor bêle de tout son cœur, mais il a beau forcer son talent, il n'arrive pas à surpasser les mérinos, et le petit François n'a d'yeux que pour le troupeau. Ses acquisitions zoologiques sont trop récentes pour qu'il ne saisisse pas cette occasion de les étaler. Il montre du doigt la bêlante assemblée et dit :

– Moutons...

Le Signor exulte.

– Oh ! Pica, poursuit-il, et si on lui montrait le Christ de Saint-Damien.

C'est un très beau Christ que celui de la petite église Saint-Damien. Un Christ rayonnant que butine un essaim de petits anges et que soutient un groupe de petits saints. La famille Bernardone entre dans la chapelle. La lumière coule par les trous de la toiture. Elle inonde le Christ, elle fait babiller délicieusement les angelots multicolores et chanter en chœur les vierges douces et les saints éclatants. Prodigieux ramage que l'enfant contemple avec des yeux agrandis.

– Regarde le joli Jésus, regarde ! dit le Signor.

L'enfant fixe toujours le Crucifié. Le Signor l'épie, guettant l'exclamation admirative. Mais l'enfant se remplit mystérieusement les yeux... Et voici que sa menotte se lève. Elle montre la petite étoile rouge qui brûle dans la paume du Rédempteur, tandis que d'une voix légèrement voilée, le petit François murmure :

– Il a bobo, Jésus.

∞

Celui qui n'a jamais vu un enfant devant un Crucifix pourrait seul nous reprocher d'avoir imaginé cette scène. Lorsqu'un enfant regarde la croix, il arrive cette chose étrange qu'il voit. Il se distingue en cela de la plupart des adultes qui la regardent sans la voir, ou la voyant, s'efforcent de ne pas la regarder. Il faut avouer que le spectacle de ce Dieu criblé de plaics et couvert de crachats n'est pas fait pour les âmes sensibles et les cœurs délicats. Hélas ! ce n'est pas l'émotion qui nous fait tourner la tête, c'est presque toujours l'indifférence. Une indifférence qui s'appuie du reste sur un illustre précédent. Quand nous avons ainsi les yeux collés par le sommeil du pharisien, nous ne ressemblons jamais qu'à ces onze apôtres qui ronflaient déjà comme des bienheureux sous les oliviers de Gethsémani. Si nous différons de ces onze-là, c'est que nous ressemblons au douzième, qui ne dormait pas.

N'exagérons pas ! Il ne s'agit pas d'une indifférence absolue. Nous compatissons aux souffrances du Rédempteur, nous lui témoignons volontiers notre affectueuse sympathie. Il nous arrive même de pleurer, ne serait-ce qu'à la façon des alligators, et nous pensons évidemment à Jésus crucifié quand nous prononçons avec acquiescement résigné, le *fiat volontas tua.* Seigneur, puisque vous avez voulu souffrir pour nous, que votre volonté soit faite...

Avouons-le, nous trouvons cela tout naturel, mais comme la vue du sang nous est tout de même insupportable, nous préférons ne pas voir, nous regardons à côté, nous nous en lavons les yeux comme l'autre s'en lavait les mains. La cuvette de Ponce Pilate a toujours fait partie des accessoires d'hygiène spirituelle du chrétien moyen.

C'est l'une des nombreuses raisons pour lesquelles Jésus restera en agonie jusqu'à la fin du monde, et c'est parce que les enfants sont à peu près seuls à s'en apercevoir que leur regard a cette gravité transcendante qu'on chercherait en vain dans l'œil des sages et des philosophes. On la retrouve dans la prunelle des saints. S'il nous fallait expliquer l'amour de saint François, nous dirions simplement qu'il regardait Jésus crucifié avec les yeux du petit Bernardone.

3.

Il y a bien d'autres ressemblances entre les enfants et les saints. S'ils sont pareillement graves, ils sont aussi pareillement frivoles, du moins au regard des gens réfléchis. Prenant au sérieux ce que nous prenons à la légère, ils prennent à la légère ce que nous prenons au sérieux. L'argent, le succès, les honneurs ou les décorations, le saint les tient pour des futilités et si l'enfant pouvait donner son avis, sans doute les tiendrait-il pour des enfantillages. L'un et l'autre ont la magnifique insouciance des oiseaux du ciel et l'invincible optimisme du lys des champs, car ils vivent au milieu d'inépuisables richesses intérieures. Avec de la foi comme un grain de sénevé, le saint fait caracoler les montagnes ; l'enfant change une chaise en cheval, un tas de sable en château, un caillou en trésor. Comme le saint prie, l'enfant joue, avec la même ferveur, la même passion, la même béatitude et ce n'est point du côté de la géométrie qu'il faudra chercher des affinités entre le cerceau du petit Bernardone et l'auréole de saint François.

Le matin, sitôt leurs guenilles enfilées et le premier croûton de pain sec englouti, les galopins d'Assise abandonnent leurs foyers. Les mères ont renoncé depuis longtemps à les soumettre au traditionnel : « Où vas-tu ? » La réponse leur est connue d'avance : « Je vais jouer avec le petit François. » Ces dames sont bien tranquilles. Le petit François étant de bonne famille, leur progéniture ne commettra que les bêtises permises aux garçons bien élevés.

Le fils du marchand drapier appartient-il vraiment à la catégorie des enfants sages ? On ne sait trop, mais il serait certainement injuste de le classer dans celle des enfants timorés. Il a plus de croûtes aux genoux que tous les galopins réunis et si ses fonds de culotte sont présentables, c'est parce que Madame Bernardone dispose à la fois des trésors de patience et des réserves de drap nécessaires aux raccommodages quotidiens.

Ainsi voit-on tous les matins une bonne douzaine de frétillants loustics sortir de leur chaumière et converger vers la maison du marchand drapier. Point n'est besoin d'être poète pour écrire que lorsque François paraît, son doux regard qui brille fait briller tous les yeux. C'est qu'on s'amuse tant et plus chez le petit Bernardone.

La demeure est vaste et le mobilier de famille offre d'inexpugnables retraites aux amateurs de cachettes. Ils se ratatinent dans les placards, se coulent dans les huches, se faufilent sous les lits. Il arrive que Madame Bernardone s'émeuve et qu'elle expulse les envahisseurs. C'est pour les retrouver dans la cour un peu plus tard. Ils ont traîné dehors la courtepointe du lit conjugal et l'ont étendue sur un bâtis de râteaux et de fourches pour dresser un bivouac de fortune autour duquel douze petits Sarrasins – les Sarrasins sont les Indiens de l'époque – vocifèrent à qui mieux mieux. À quelques pas de là, François sonne du cor pour rappeler Charlemagne.

C'est maman Bernardone qui surgit. Elle évalue de nouveau les dégâts d'un regard habitué à ce genre d'expertise et, s'efforçant d'adopter une attitude témoignant d'une réprobation sans réserve, elle interpelle son fils sur un air bien connu des enfants terribles :

– François ! Tu ne seras donc jamais raisonnable ! Que dirait ton père s'il te voyait là ?

Les Sarrasins se tiennent cois. Ils se tournent vers le paladin qu'ils s'apprêtaient à massacrer, comptant sur lui pour arranger les choses et prononcer les paroles de conciliation qui s'imposent. Le paladin reste muet. Ses petites mains qui ploient Durandal comme une vulgaire baguette et ses grands yeux noirs dialoguent discrètement avec le regard maternel : « Si papa me voyait, disent les yeux de François, si papa était apparu à ta place, tous mes petits camarades auraient déguerpi. Il ne les aime guère et ils le savent bien. Il dit qu'ils ont les joues creuses et le nez suintant. Ou bien qu'on pourrait leur semer des petits pois dans les oreilles et qu'ils sentent le toutou mouillé. Il dit qu'un garçon habillé comme moi ne devrait pas se rouler dans la poussière avec des petits vilains qui, non contents d'aller pieds nus, s'affublent de guenilles scandaleusement ajourées. Il voudrait me voir jouer avec les petits bourgeois. Je n'ai rien contre les petits bourgeois, mais ils ne savent pas s'amuser. Ils ne jouent pas de tout leur cœur comme nous. Ils se retiennent ; ils ont peur de salir leur tunique ou de faire craquer leur caleçon. Pour tout dire, ils sont presque aussi insupportables que les grandes personnes. Oui, maman, j'aime mieux les petits vilains. Regarde comme ils sont heureux, et renonce à leur faire les gros yeux ! Tu vas les effaroucher. D'ailleurs faire la méchante ne te va pas du tout. Je sais, je sais, tu n'es pas contente. Tu trouves que ta courtepointe fait mieux sur ton lit que sur nos fourches et quant aux draps qui nous servent de burnous, tu préfères peut-être les savoir au magasin que sur nos dos. Eh bien, nous allons arranger ça ! Mes petits camarades vont tout remettre en place. Tu vois qu'ils sont compréhensifs. Et ils le feront pour rien, tu sais. Bien sûr, si tu voulais leur offrir une bolée de lait, ils sont trop bien élevés pour refuser et s'il te reste quelques galettes, tu peux leur en proposer sans risque de les offenser... »

Comme Madame Bernardone lit couramment dans les yeux de son petit garçon, ne nous étonnons point de retrouver nos loustics à la cuisine, pâturant consciencieusement la réserve de galettes et sirotant du lait frais à la santé de maman Pica.

– Bon, dit le petit François, quand les derniers coups de langue ont récuré le fond des bols. Maintenant passons aux choses sérieuses ! Nous ne sommes pas là pour nous farcir de gaufrettes, nous sommes là pour nous amuser. Cependant, comme maman a fort courtoisement exprimé le désir de broder en paix, nous allons adopter un jeu plus raisonnable, nous allons jouer un miracle.

Un miracle ? Les compagnons s'interrogent. Que va-t-il encore inventer ? François s'explique. On joue à être des saints, des prophètes... Le Signor Bernardone a peut-être vu représenter des miracles au cours de ses voyages. Peut-être les a-t-il racontés à son fils. Mais s'il n'a rien vu et s'il n'a rien raconté, le petit François a bien assez de génie pour inventer le genre à lui tout seul.

Au diable les Sarrasins, donc ! On va jouer la vie de Jésus. En toute simplicité. Qui sera Jésus ?

– C'est moi, dit François.

Il y a des objections. Un petit complice formaliste fait remarquer que Jésus était pauvre et que son père n'était pas marchand drapier. François confond le raisonneur.

– Le père de Jésus, c'est Dieu. Et Dieu, c'est plus qu'un marchand drapier. Et si Jésus est né chez les pauvres, c'est qu'il l'a bien voulu. Il aurait pu être fils de marchand, fils de noble, fils de roi. Tu comprends ?

– Je le sais aussi bien que toi, répond le copain vexé. Mais moi, si j'avais été à sa place, je serais devenu fils de roi.

– Sais-tu ce que c'est qu'un roi, comparé à Dieu ? C'est un puceron. Un Pérousin. C'est rien !

– Et un pauvre alors ?

La question amène un sourire sur le visage de François. Un sourire attendri qui semble requérir l'indulgence des onze petits camarades pour l'imbécillité du douzième :

– Il ne comprend rien, celui-là ! dit-il.

Comme lui-même ne comprend pas davantage, il ne perdra pas son temps à expliquer le mystère. D'ailleurs qui sera Jésus si ce n'est pas lui ? Les enfants se concertent et spontanément reconnaissent que le petit Bernardone est le plus qualifié.

– Commençons par la Nativité, dit François. Toi, tu feras l'âne. Tâche au moins de braire intelligemment. Toi, tu feras le bœuf. Malheureusement, je suis trop grand pour faire le petit Jésus sur la paille. Et puis d'ailleurs vous ne pourriez pas m'adorer. Tout à l'heure, pendant la Passion, vous pourrez me battre et m'insulter, mais vous ne pouvez pas m'adorer. Alors, le petit Jésus va rester invisible. Comme dans la réalité. Il est là, sur la paille de l'étable. Mais on ne le voit pas avec les yeux, on le voit avec le cœur.

– Ça voit clair, le cœur ?

– Oui, ça voit clair. Mais il faut savoir l'écarquiller... Bon ! Maintenant, nous allons fuir en Egypte.

– Qu'est-ce que je fais ? demande le bœuf.

– Tu ne joues plus. On n'a plus besoin de toi.

Le bœuf va bouder dans un coin. Il est au bord des larmes.

– François, dit l'âne, tu as fait de la peine au bœuf.

François est pris de remords. Bannir le bœuf sous prétexte qu'on n'a plus besoin de lui, cela n'est pas digne du petit Jésus. Il prend le réprouvé par le cou :

– Pleure pas, grosse bête ! Tout à l'heure, quand saint Pierre me reniera, tu feras le coq.

Hélas ! la Passion venue, les choses se compliquent. On se dispute les rôles de saint Jean, de Simon de Cyrène ou du bon larron. Mais il s'avère impossible de trouver un Judas, un grand prêtre ou un mauvais larron parmi les camarades de

François. Voilà ce qui arrive quand on ne veut jouer qu'avec des petits vilains !

∞

Assis devant la cheminée, François s'amuse des petites flammes qui dansent autour des bûches. On frappe. La mère et l'enfant se regardent.

– Qui est là ? demande Madame Bernardone.

– J'ai faim, répond une voix cassée qui arrive à peine à traverser la porte.

... Madame Bernardone a ouvert et le mendiant est entré. Le vent, le froid, le soir de novembre sont entrés derrière lui. Le feu s'est fâché tout rouge et a craché des étincelles. Le chien a grondé et a montré les dents. François lui-même a froncé les sourcils. Madame Bernardone a souri.

– Asseyez-vous, grand-père, a-t-elle dit. Et faites comme chez vous !

Maintenant, elle lui sert une grosse potée de soupe que le vieux lape à grand bruit. Puis, elle lui apporte de la viande que le famélique dévore comme un loup. Il prend à peine le temps de grogner merci. Il mange.

François le regarde. Il est affamé, ce mendiant. C'est égal, il pourrait manger plus proprement. Il est plutôt repoussant du reste, ce qui n'empêche pas maman de s'occuper de lui comme s'il était le Signor Bernardone en personne. Elle lui demande si la soupe est assez chaude et la viande assez tendre. Elle lui parle avec déférence pour ne pas dire avec affection. L'enfant trouve cela bizarre. Et même un peu choquant.

Maman est venue s'asseoir près de François, devant la cheminée, tandis que le mendiant continue à bâfrer. Dans le silence, on entend travailler ses mâchoires.

– Maman, murmure François, pourquoi mange-t-il comme ça ?

– Parce qu'il a faim, chuchote maman.

– Quand je fais du bruit en mangeant, tu me traites de petit cochon. Pourquoi tu ne lui dis rien, à lui ?

– Parce que c'est un pauvre.

« Curieuse raison » pense François. Alors, parce que c'est un pauvre, il peut tout se permettre ? Il regarde le marmiteux par en dessous :

– Maman ! chuchote-t-il encore.

– Quoi ?

– Il est encore plus sale que mes petits copains.

– C'est qu'il doit se laver encore moins souvent.

– Pourquoi tu ne lui dis pas de se laver ?

– Tais-toi, François, tu es mal élevé.

Cette fois, maman exagère. C'est le mendiant qui est sale, c'est le mendiant qui fait du bruit en mangeant et c'est François qui est mal élevé ! Il veut protester, mais voici que maman se lève et demande poliment au pouilleux s'il n'a plus faim.

– Non, répond le mendiant d'une voix peu gracieuse. J'ai sommeil.

Que fait maman ? Elle entreprend aussitôt de vanter la chaleur de l'étable et la douceur de la paille.

– Vous serez très bien, vous verrez. D'ailleurs c'est là que mon fils est né, ajoute-t-elle, pour faire comprendre au vagabond qu'elle ne saurait lui offrir de meilleure couchette. « De mieux en mieux, pense l'enfant. Qu'est-ce qu'il va s'imaginer, ce pouilleux ? »

Enfin, le voilà parti. François est soulagé. On dirait qu'il boude. Oui, Madame Bernardone, il boude. Il trouve que vous avez été injuste. Vous parliez au vagabond d'une voix douce, comme s'il était votre fils. Et vous avez rabroué votre fils comme s'il était un vagabond. François se trouve vexé et il espère que vous en aurez du regret.

Madame Bernardone en a. Elle prend son petit garçon sur les genoux, comme autrefois :

– Je vais te raconter une histoire, dit-elle. C'était dans un pays comme le nôtre. Un homme et une femme erraient sur la route, un soir d'hiver. La pauvre Signora attendait un enfant. Le pauvre Signor frappait à toutes les portes, et toutes les portes restaient closes...

François l'interrompt :

– Je la connais. C'est l'histoire du petit Jésus.

– Oui. C'est l'histoire du petit Jésus. Seulement, elle recommence tous les jours. Sur toutes les routes du monde. Tous ces pauvres qui ont faim, qui ont froid, qui ont mal, c'est la famille du petit Jésus qui revient.

– Et nous, demande François, et nous ? Nous ne sommes pas de la famille du petit Jésus ?

– Si, bien sûr, mais...

– Mais quoi ? demandent les yeux du petit Bernardone.

– Tu comprends, commence maman. Les pauvres sont dehors et nous, nous sommes dedans...

Elle s'exprime très mal, mais François comprend très bien. Il met les paroles maternelles en images, il les met en musique. Dedans c'est le feu qui chante et dehors c'est le vent qui gémit. Dedans sont les enfants des marchands drapiers. Ils se pourlèchent de miel et s'empiffrent de galettes. Ils dorment dans des petits lits bien chauds, sur de petits oreillers bien doux, qui les protègent du vent, des loups, de la tempête... Dehors sont les enfants des pauvres. Ils grignotent des tartines de vent. Ils dorment sur la pierre et se serrent les uns contre les autres quand le froid les empoigne. Les enfants riches ont de belles joues roses. Les enfants pauvres ont de tristes joues bleues...

– Alors, poursuit Madame Bernardone, il faut les faire entrer. Il faut leur ouvrir la porte de notre maison. Et celle de notre cœur. Ainsi, nous ferons tous partie de la même famille.

François continue de lever sur sa mère des yeux pleins de gravité. Il réfléchit et soudain :

– Je ne crois pas, dit-il.

– Comment tu ne crois pas ?

– C'est pas comme ça qu'il faut faire.

– Voyons si le petit Jésus venait frapper à la porte ce soir, tu ne lui ouvrirais pas ? Tu ne lui donnerais pas ton lit ?

– Si, bien sûr, répond le petit François. Mais il ne resterait pas.

C'est pourtant vrai. Madame Bernardone n'imagine pas Jésus s'installant dans la famille du marchand drapier.

– Alors, commence François...

– Alors ?

– Puisqu'il repartirait, je repartirais avec lui.

Si maman comprend bien le petit Bernardone, il ne suffit pas de faire entrer les pauvres chez soi. Il faut aller sur les routes. Avec eux. Elle allonge tendrement l'oreille de son petit garçon :

– Tu es fou, mon chéri, dit-elle en souriant.

∞

« Le petit Jésus, dit la chanson, allait à l'école, en portant sa croix dessus son épaule » pour mieux assumer, sans doute, les misères de la condition enfantine. Le petit François fréquentait l'école annexée à l'église Saint-Georges et quelque chose nous dit qu'il porta cette croix sans allégresse. Nous ne pouvons guère nous représenter ce qu'était une classe de latin vers l'an 1195. Supposons qu'elle ressemblait à la sixième d'un collège de Gap ou de Barcelonnette et nous imaginerons notre François dans le fond de la salle, car ce n'est pas le petit garçon à se mettre en avant.

Son matériel scolaire diffère évidemment de celui qui encombre la serviette du collégien moderne. L'attirail extra-scolaire est sensiblement le même. Si vous inventoriez les poches du petit Bernardone, vous y trouverez des bouts de ficelle, des pierres à feu, du poil à gratter fourni par les quinorodons du voisinage, des petits cailloux, des épluchures sommairement calibrées et autres projectiles pour les élèves du premier rang. Certains jours, un lézard enfant, une souris en bas âge, un oiseau tombé du nid, avec lesquels le petit François s'entretient à voix basse pendant que le professeur latinise à l'autre bout de la classe.

– Vous avez bien compris, dit ce savant homme. Arbor, l'arbre, est imparisyllabique. Nebus, le nuage, est parisyllabique.

« Il cause bien, murmure le petit François, en prenant à témoin l'oisillon qui lui tient compagnie, il cause bien, mais s'il regardait par la fenêtre au lieu de s'instruire dans son livre, il verrait que l'arbre est vert et que le nuage est blanc.

Hélas ! le professeur ne veut pas qu'on regarde par la fenêtre. Quand il surprend un nez pointé vers l'azur, il interpelle son propriétaire :

– Elève Bernardone, où êtes-vous ?

Si l'élève Bernardone répondait qu'il est dans le fond de la classe, il mentirait. S'il avoue qu'il se pavane dans un nuage ou qu'il se balance dans un chêne vert, le professeur interpréterait cela comme une impertinence. Alors, il sourit avec suavité, et le professeur interprète cela comme une effronterie :

– Regardez-moi cet âne qui rit, dit-il en invitant la classe à se gausser de l'élève Bernardone. Les gamins se retournent, mais le sourire qu'ils adressent à François est un sourire de connivence et non point de moquerie, car toute la classe se complaît en lui.

Supposez qu'à ce moment un bourricot véritable se mette à pousser des cris dans la rue. Que dira le petit François ? Il dira par exemple : « Ecoutez-moi ce professeur qui brait ». Il le dira d'une voix suffisamment basse pour ne vexer personne et suffisamment perceptible pour amuser tout le monde. En ce cas, la classe s'abandonne à des gloussements incœrcibles :

– Elève Bernardone, rugit alors le professeur, vous êtes un perturbateur.

– Moi, m'sieur ?

– Vous, m'sieur. Vous êtes le dernier à l'étude et au travail, mais vous êtes toujours le premier pour faire le drôle. Vous êtes un facteur de désordre et vous donnez le mauvais exemple à vos camarades. Vous ne ferez jamais rien de bon et si vous continuez de la sorte, je peux vous prédire le plus sombre avenir. Vous mendierez votre pain et vous finirez sur la paille.

Ainsi mis en verve, le professeur profite des circonstances pour entamer un discours sur l'importance d'être sérieux. Comme il entre dans sa plus belle période, l'oisillon captif dans la paume du petit Bernardone laisse échapper des pépiements éperdus, et si nous retrouvons notre François derrière la porte, c'est parce que le professeur vient de l'expulser manu magistri.

– Merleau, dit-il à l'oisillon, tu es un perturbateur. Tu sembles n'avoir aucun goût pour l'étude, mais tu rendrais des points à l'élève Bernardone pour ce qui est de faire le drôle. Oui, jeune merle, tu es aussi insupportable que François Bernardone. Seulement, tu es plus malin. Car tu as coupé le sifflet au professeur. C'est peut-être le plus savant des hommes et tu es sûrement le plus ignorant des oiseaux. Il a suffi pourtant que tu ouvres le bec pour lui clouer le sien. Quand il parle, tout le monde se tait, mais quand tu t'es mis à gazouiller, c'est lui qui s'est tu. Non seulement tu es plus malin que l'élève Bernardone, mais tu es encore plus fort que le professeur. Or, que fais-tu ? Que font ton papa, ta maman, ton frère et tes cousins ? Vous ouvrez le bec et vous chantez la gloire du Seigneur. Petit oiseau, mon frère, je me sens une vocation de merle. Je ne saurai jamais assez de latin pour devenir un savant. Mais je saurai toujours assez de musique pour fredonner ma chansonnette au Bon Dieu. Et qui sait ? Peut-être que les professeurs se tairont pour m'écouter.

On ne sait trop de quel côté de la porte, François passe le temps de ses études. Il semble qu'il apprit un peu d'écriture et de latin. Quant au reste, il se mit effectivement à l'école des oiseaux qui lui enseignèrent les premiers rudiments de la vie franciscaine.

Ainsi, François croissait en âge. On ne saurait dire qu'il poussa l'imitation de Jésus-Christ jusqu'à croître également en sagesse. S'il faut en croirc son premier biographe, il grandit en frivolité et devint même un joyeux polisson.

∽

– Des petits noceurs, des petits voyous, voilà ce qu'ils sont ! C'est moi qui vous le dis.

Lui qui le leur dit parle d'une voix que l'âge et l'indignation font trembler, il a dans les quatre-vingt ans. Assis dans l'ombre douce de la ruelle, il se répand en propos gracieux sur la jeunesse du XIIIᵉ siècle naissant. Son auditoire se compose d'un quatuor de tricoteuses grisonnantes qui opinent gravement de la coiffe et d'une aimable jeune fille qui, de temps à autre, risque une timide contradiction :

– Pas tous, grand-père.

– Je vous dis tous. Et si tu peux m'en nommer un seul qui vaille plus cher que les autres, je te paierai des olives.

La jeune fille fait semblant de chercher dans sa tête un nom qu'elle a sur le bout de la langue :

– Je ne sais pas, moi. Le fils Bernardone, par exemple.

L'octogénaire rit de tous ses chicots :

– Le fils Bernardone ? Parlons-en ! C'est le plus enragé de la bande. C'est lui qui mène les autres. Un joli monsieur que tu nous cites là. Ça s'habille comme une châtelaine, ça fait des ronds de jambe quand ça parle et des effets d'auriculaire quand ça boit. Ça dort quand ça devrait travailler et ça fait la noce quand ça devrait dormir. Ça ne vit que pour le plaisir et ça n'a pas vingt ans. Ah ! les parents peuvent être fiers.

– Vous ne croyez pas si bien dire, commente une tricoteuse. Si vous comptez sur les parents pour avoir honte à leur place... Vous n'avez jamais entendu la Pica parler de son fils. La sainte Vierge était moins fière de Notre Seigneur Jésus. « Il est si gentil, mon François, si bon, si distingué... » Un petit saint, quoi ! Si vous avez l'inconvenance de lui rappeler que son petit saint est encore venu brailler des chants d'ivrogne sous vos fenêtres à trois heures du matin, avec sa fine équipe, elle vous répond en souriant qu'ils sont jeunes et que ça leur passera.

– Belle éducation ! Jolie mentalité ! Triste époque ! grommelle le vieillard en attendant qu'une nouvelle vague d'inspiration lui permette d'exprimer plus éloquemment son dégoût.

∽

Vous estimez sans doute que ce ton ne convient guère pour parler d'un saint. Nous aussi. Mais cet octogénaire grincheux ne pouvait guère se douter que le petit jeune homme qui zigzaguait un peu trop souvent dans les rues d'Assise allait à la rencontre de Dieu. D'ailleurs ces gracieux propos se trouvent confirmés par Thomas de Celano, premier biographe de saint François, qui parlant en connaissance de cause, nous a laissé de la jeunesse du petit Bernardone une peinture assez peu reluisante.

À l'en croire, plus les garnements de cette scandaleuse époque se pervertissaient, plus les parents étaient contents. Quant à « celui que nous vénérons comme un saint, il aurait galvaudé sa vie jusqu'à sa vingt-cinquième année, prêchant sans retenue et entraînant au mal les jeunes gens de son âge. Il aimait les plaisanteries et les farces, s'habillait de vêtements flottants comme une femme, jetait l'argent à pleines mains, traînant à sa suite nombre d'adolescents adonnés au mal et fauteurs de crimes. Ainsi s'avançait-il, chef orgueilleux et magnifique de cette armée de pervers, à travers les places de Babylone. »

Bien qu'en termes galants ces choses-là soient écrites, les propos du frère Thomas ressemblent trop à ceux de l'octogénaire aigri pour que nous ne soyons pas tentés d'y voir de misérables lieux communs. Ceux-là mêmes que les excès des jeunes ont toujours inspirés à la reproduction morose, pour ne pas dire à l'envi, de ceux qui ne le sont plus. Mais que celui d'entre nous qui n'a jamais reçu de seau d'eau sur la tête pour lui apprendre à brailler à deux heures du matin, jette la première cuvette aux godelureaux qui viendront faire du tapage nocturne sous ses volets. La page de Celano pourrait avoir été écrite par n'importe quel censeur de n'importe quelle jeunesse et si la place Saint-Rufin pouvait alors se comparer à un carrefour de Babylone, il n'est guère de carrefour qui ne puisse évoquer l'ancienne place Saint-Rufin.

On nous dira que le frère Thomas n'était pas octogénaire. Mais il était moine et il avait évidemment pris ses distances avec le monde des bons vivants. De plus, il était artiste, et un artiste résistant difficilement au plaisir d'en remettre, comme on dit, il est tout à fait probable que l'éloquent biographe en ait remis. Nous nous en rendrons compte en allant faire un tour sur la place de Babylone, pardon, sur la place Saint-Rufin.

La jeunesse d'Assise est là. Une vingtaine de godelureaux qui se morfondent en attendant François. Assis contre le mur de l'église, la mâchoire tombante et les orteils en éventail, ils suivent d'un regard morne le vol des hirondelles. De temps en temps, l'un d'eux crache tristement au loin ou sifflote d'une babine excédée quelques chansons de troubadour. Bref, ces petits jeunes gens s'ennuient. Ils ne savent pas s'amuser sans François.

Ils jonchent le sable de la petite place comme des perles désenfilées, mais l'arrivée du petit Bernardone va reformer instantanément le collier. Tout à l'heure, quand il surgira, ils se lèveront comme un seul jouvenceau. Ils pousseront des rugissements d'allégresse et gambaderont autour de lui comme de petits chiens fous. Il va sans dire qu'il fait la pluie et le beau temps dans la turbulente équipe. Sa présence y maintient le beau fixe et les nuages reviennent aussitôt qu'il s'en va. À l'école Saint-Georges déjà, le cancre qui collectionnait les zéros suscitait une singulière émulation parmi les bons élèves qui rougissaient de leurs notes trop brillantes. Ils se seraient volontiers laissés traiter de bourriques et de fainéants pour partager cet honneur avec celui dont l'estime était infiniment plus recherchée que celle du professeur.

C'est un garçon prestigieux, ce François. Simple et prestigieux. Seul un cuistre pourrait nous en donner une explication rationnelle, en parlant de magnétisme, de personnalité hors série, de chromosomes d'élite. Nous nous contenterons d'une explication irrationnelle : François est possédé. Il est possédé par Dieu. Il est habité par l'esprit de vie, par l'esprit de joie. Et la pression de la vie, la pression de la joie est telle en lui qu'elle le pousse constamment à chanter, à crier, à danser, à faire mille extravagances...

Sans doute n'a-t-il point encore découvert les vraies béatitudes et déclarerait-il heureux, non pas ceux qui ont soif de justice mais ceux qui boivent le bon vin, non pas ceux qui pleurent mais ceux qui s'amusent, non pas les pacifiques mais les sabreurs de Pérousins... Pour l'instant, il pétille, il crépite, c'est un tourbillon de feu. Mais quand Dieu soufflera sur cette âme embrasée, le feu passera du rouge au blanc et deviendra lumière.

En attendant... En attendant, François fait monter la température de son misérable biographe lequel a complètement oublié, dans son accès de fièvre lyrique, les petits acolytes qui se morfondent sur la place Saint-Rufin.

∽

Les petits copains attendront. François est occupé dans le magasin paternel. Il est aux prises avec deux clientes qui ne savent pas ce qu'elles veulent et sous les beaux yeux desquelles il déploie, l'un après l'autre, tous les tissus de la maison. Il met son génie lyrique au service de la vente :

– Voyez, nobles dames, cette impalpable mousseline. Ne dirait-on point la brume d'argent qui flotte sur les prairies au petit matin ? Vous n'en voulez pas ? Vous préféreriez peut-être cette soie couleur de crépuscule ? Non plus ? Alors, je sais ce qu'il vous faut. Regardez, nobles dames, contemplez cet admirable velours bleu ! Si je vous disais qu'il vient du Paradis, le croiriez-vous ? Si je vous disais que c'est ce velours-là, et pas un autre, que les anges déploient devant la Madone, si je vous disais que la Sainte Vierge le foule de ses petits pieds roses... Vous ne prétendrez pas qu'il vous déplaît ?

Les clientes sourient. Il est amusant, ce petit marchand. Dehors, on entend la rengaine d'un mendiant :

– La charité, mes frères, pour l'amour de Dieu !

Les dames continuent à sourire. François continue de parler. Le mendiant pénètre dans le magasin. Il n'est pas homme à attendre son tour. Il pleure misère, il crie misère, car il sait qu'il faut crier pour être entendu :

– La charité ! La charité ! Pour l'amour de Dieu !

– Une minute, dit François. Tu vois bien que je suis occupé.

Le mendiant ne voit rien, n'entend rien et ne comprend rien. Il moud sa rengaine :

– Pour l'amour de Dieu !

– Tu nous fatigues. Tu n'as pas la prétention d'être servi avant ces dames.

François a haussé le ton. Le mendiant a fini par entendre. Il a baissé le sien. Sa voix s'est brisée. Il a dit encore, dans un murmure : « Pour l'amour de Dieu ». Parce qu'il ne sait rien dire d'autre. Et il est parti.

Les nobles dames ont ri :

– Pour l'amour de Dieu ! Ces pouilleux-là s'imaginent vraiment que tout leur est dû. On ne devrait même pas les laisser entrer.

François ne répond pas. Il regarde la noble dame qui vient de parler. Elle a brusquement cessé d'être jolie. Le passage du mendiant a laissé des traces sur son visage où traîne encore une petite grimace de dégoût. « Ces mendiants sont répugnants, répète la grimace. Incontestablement, on ne devrait pas les laisser entrer. » Mais dans le cœur du petit Bernardone s'élève une voix : « Les mendiants sont envoyés par Dieu. Il faut toujours les laisser entrer. Et il ne faut jamais les laisser sortir comme tu viens de le faire. Il faut leur ouvrir la porte de ta maison, mais aussi celle de ton cœur, maman Pica te l'a toujours dit. Souviens-toi de ce fils de noble qui est venu t'emprunter de l'argent l'autre jour ! Tu étais heureux de l'aider parce qu'il était ton ami. Et tu étais fier de le secourir parce qu'il était noble. Tout juste si tu ne l'as pas remercié de l'honneur qu'il te faisait. Au mendiant, tu as dit qu'il te fatiguait. Tu lui as dit d'attendre son tour. Ne me raconte pas que tu ne savais pas qui te l'envoyait. Il te l'a dit. Il te l'a crié. Pour l'amour de Dieu ! Et quand il s'est tu, son regard te suppliait encore. Sa voix te demandait de lui ouvrir ta bourse, mais ses yeux te demandaient de lui ouvrir ton cœur. Tu sais bien que c'est Jésus qui t'implorait par son regard. Et c'est Jésus qui a baissé la tête et qui est parti. Si tristement. Comme l'a dit cette noble dame, il s'imaginait que tout lui était dû. Il se fait sans doute illusion sur toi, François.

— Alors, petit Signor, a repris la cliente. Vous rêvez ?

Elle sourit à l'avance aux drôleries que le petit marchand va lui servir. La grimace qui déformait sa bouche a disparu. Elle est passée sur le visage de François. C'est lui qui éprouve du dégoût. Un peu de dégoût pour ces nobles dames. Beaucoup de dégoût pour lui.

— Allons, poursuit la cliente. Nous vous avons fait perdre assez de temps. Nous prendrons le velours de la Madone. Vous allez en mesurer six aunes.

— Excusez-moi, a répondu François. Je suis très pressé.

Et il s'enfuit.

Les nobles dames ont soudain cessé de le trouver drôle. Elles se sont regardées, ahuries.

Puis, elles ont dit :

— Il est fou !

∞

Qu'est-ce que nous vous disions ? Quand François déboula sur la place Saint-Rufin, ses compagnons fondirent sur lui comme des pigeons sur un distributeur de graines.

— Le voilà ! Il court comme un lapin. Comme un Pérousin qui détale. Oh ! François, t'as perdu ta bergère ?

– Vous ne l'avez pas vu, interroge François ?

– Qui ça ? Maria ? Clara ? Angela ?

– Non, le mendiant.

– Quel mendiant ? Tu cours après les mendiants maintenant ?

Les copains s'esclaffent. François plaisante assurément. Ils ne comprennent pas très bien, mais ils rient de confiance. François prépare quelque farce. On le voit venir avec son mendiant. Un joli petit mendiant aux yeux bleus. Avec de beaux cheveux dorés. Et des pieds tout mignons. Un amour de petit mendiant. Une petite mendiante d'amour, n'est-ce pas François ?

– Ai-je l'air de me moquer de vous ?

C'est alors que le misérable considéra François. Et voyant que ce jeune homme si riche et si bien mis avait très exactement le regard implorant des mendiants, il lui sourit fraternellement.

Quand les complices, poussés par la curiosité et qui voulaient voir les beaux yeux du vagabond mystérieux, arrivèrent, ils trouvèrent ensemble le petit meurt-d'amour et le vieux meurt-de-faim. Assis côte à côte, ils se tenaient par la main et souriaient aux anges.

« Décidément, se dirent-ils, François pousse la plaisanterie un peu loin. » Si loin qu'ils ont du mal à la trouver drôle. Voici qu'ils se demandent, eux aussi, s'il n'est pas un peu fou !

∞

La bande s'étant reconstituée, on brocarde gentiment François. On veut savoir quel était ce noble Seigneur devant lequel il s'inclina si profondément, avant de le quitter.

– Dis-nous, François, c'était l'envoyé de ta belle ? Il te portait un billet doux ? Un billet parfumé ? Ce doit être une très grande dame pour avoir un aussi fringant messager...

On fait assaut d'imagination :

– C'est la fille du roi de France, dit le premier.

– C'est celle de l'Empereur d'Allemagne, prétend un autre.

– Voyons, dit un troisième, l'opulence du messager ne fait aucun doute : c'est Dame Fortune.

Mais un quatrième, qui n'a pas le sens de l'antiphrase, demande s'il ne s'agit pas tout simplement de Dame Pauvreté.

Tout le monde s'esclaffe :

– C'est Dame Pauvreté. C'est la reine des croquants. Oyez, manants ! Le roi de la jeunesse va épouser la reine des croquants. Vous êtes tous invités au repas nuptial qui aura lieu dans la porcherie de Son Altesse, sur la paille même de ses ancêtres...

On rit à se décrocher les mâchoires, et François n'est pas le moins gai de la bande.

– Alors, les filles d'Assise ne te suffisent plus ? Elles sont jolies pourtant. La preuve : voici Maria ! Son regard est tout noir de reproche, François...

Une brunette aux doux yeux contourne avec effroi le petit groupe. Les jeunes gens d'Assise et de l'an 1200 sont pareils à ceux de 1960 et d'ailleurs. Le passage de la belle est salué par des sifflements admiratifs. François ne siffle pas. Pourquoi ? Parce qu'il n'aime pas les jolies filles ? Non. Parce qu'il n'aime pas les vilaines manières.

« Mais les jolies filles alors ? Les aime-t-il, oui ou non ? » demanderont les gens vertueux qui sont précisément ceux que la question tracasse. Eh bien, si les allégations de Celano nous ont laissé sceptiques, nous n'accorderons pas davantage de crédit aux biographes qui sont tombés dans l'excès inverse en affirmant que « la chair qui devait un jour porter les stigmates du Sauveur demeura une chair virginale » ou que « jamais le vice impur n'a terni le beau lys de sa virginité ». Nous ne pensons pas que la croissance des enfants de lumière soit soumise aux règles qui gouvernent celle des gallinacés, par exemple, où le poussin précède naturellement le coq. Si François d'Assise fut un grand saint, rien ne prouve que le jeune Bernardone en fut un petit. Nos vertueux auteurs semblent tout simplement avoir oublié que la Providence se plaît au contraire à recruter ses plus glorieux élus parmi les plus hardis pécheurs.

Si saint François n'était pas le modèle de toutes les courtoisies, il les prierait sans doute de se mêler de ce qui les regarde. Quant à nous, nous croyons que si François Bernardone aima les fleurs, les oiseaux, les nuages et les sources, il aima tout naturellement les jeunes filles. Il les aima comme les fleurs et les oiseaux, c'est-à-dire comme des créatures de Dieu, à la différence de ceux qui les aiment ou les réprouvent comme des créatures du diable.

Que saint François me pardonne, mais je voudrais glisser ici un souvenir personnel. J'ai rencontré plus d'une fois le petit

Bernardone dans les rues d'Assise ou dans la campagne d'Ombrie. Je l'ai vu, par exemple, vêtu d'une somptueuse combinaison rouge ; je l'ai reconnu à son allure princière et comme il était pompiste, je suppose qu'il s'agissait du prince des pompistes italiens. Je l'ai vu à la terrasse d'un café, commander dix fiasques de chianti pour vingt gosiers altérés. Je l'ai même rencontré sous les traits d'un petit franciscain qui donnait des graines aux pigeons.

Je l'ai encore croisé, par une merveilleuse nuit d'été, sur le petit chemin qui monte aux Carceri. Or, il n'était pas seul. Il tenait une jeune fille par la main. Il chantait, il plaisantait, il faisait mille espiègleries, et le rire de la jeune fille voletait autour d'eux. Parfois, pour jouer, il courait devant elle et disparaissait dans l'obscurité. Inquiète, elle le rappelait et sa voix d'enfant scintillait dans la nuit : « Francesco ! Francesco !... »

Or j'étais venu là pêcher dans le passé. J'avais jeté ma ligne dans cette nuit de l'été 1958 et j'avais ramené ces amoureux du fond de l'été 1200. Faites ce que j'ai fait. Oubliez ces 758 ans et croyez-moi si je vous dis que cette nuit-là, François Bernardone tenait une jeune fille par la main. Et croyez-moi si je vous dis que cette jeune fille était belle.

Vous pouvez l'imaginer. Ses yeux sont ivres de nuit, mais ses trente-deux quenottes brillent comme un clavier d'étoiles. Et si François retient sa petite main dans la sienne, ce n'est pas pour la protéger. Il est le berger de ses regards, le berger de ses sourires. Il est le gardien de sa fragilité, car il n'y a rien de plus fragile au monde qu'une jeune fille. Il est le gardien de sa pureté, car il n'y a pas d'étincelle de convoitise en lui. Son cœur est rempli de tendresse comme le silence est rempli de cigales, et quand l'âme est ainsi chargée d'amour, le corps n'a plus de poids. Il pleut des étoiles sur la colline et les champs sont tout crépitants de lucioles. Des millions d'étoiles qui scintillent, des milliers de lucioles qui clignotent, et deux cœurs qui battent, cela fait une musique si familière aux esprits célestes que vous ne serez pas étonnés si nous ajoutons encore deux anges au tableau. Deux anges qui ne sont pas là pour battre la mesure, mais pour interpréter comme il convient ce concerto pour deux âmes et un orchestre de consultations.

L'ange gardien de la jeune fille s'attendrit :

– Comme ils sont heureux ! dit-il. J'espère qu'il va bientôt l'épouser.

L'ange qui veille sur François trouve que ce n'est pas la peine de rompre le silence angélique pour exprimer des sentiments humains (ce que nous appellerions des bêtises).

– Non, dit-il.

– Pourquoi non ? N'est-elle point faite pour lui ?

– Il est possible. Mais il n'est pas fait pour elle.

– Ah ! dit l'ange de la jeune fille, qui se vexerait s'il n'était pas un ange. Et à qui se destine ce petit jeune homme ?

– A ceux qui n'ont pas de pain. À ceux qui n'ont pas de maison. À ceux qui n'ont pas d'amour. À ceux que l'on méprise, à ceux que l'on insulte, à ceux que l'on frappe... À Jésus. Il y a beaucoup trop d'amour dans son cœur pour une seule petite mortelle.

– Mais alors, c'est un saint ?

– Chut ! Pas encore. Et de toute façon, c'est le secret de Dieu.

4.

Non, François n'est pas encore un saint. Et ce ne sont pas des reflets d'auréole qui enluminent son visage tandis qu'il gobelotte à gosier que veux-tu dans ces auberges, où la jeunesse assisiate arrose quotidiennement ses vingt ans. Chansons, discours et braillements en tous genres, rien de tel pour assécher les glottes, et comme la soif vient en buvant, elle augmente à mesure qu'on l'étanche.

Ne vous attendez pas pour autant à ce qu'on vous décrive notre héros roulant dessous les tables. Il n'est pas noir. Il n'est même pas gris. Son âme a la couleur d'un soir d'été, quand les nuages sont tout roses d'avoir siroté les feux du couchant. Un jour, quand il ne jouira plus que des vraies richesses de la pauvreté, il chantera sa Sœur Eau. Pour l'instant, c'est avec le petit rosé du pays qu'il entretient des relations fraternelles. Mais il faut bien dire que si François commande ainsi cruchons sur cruchons, c'est parce que le bon vin réjouit, autant que le sien, le cœur de ses camarades.

Il échauffe aussi les esprits. Aux « chants d'ivrogne » (Celano dixit) qui constituent le répertoire de nos petits soiffards, succèdent de plus en plus les proclamations belliqueuses. Car la guerre est aux portes d'Assise, et cette jeunesse est comme toutes les jeunesses du monde, elle ne demande qu'à la faire entrer.

Quelques années plus tôt, les bourgeois de la ville avaient fait comprendre aux Allemands, installés à la Rocca par Frédéric Barberousse, qu'ils en avaient assez de l'occupation germanique. Pour les convaincre par des arguments sans réplique, ils leur avaient posément fendu la tête et le débat s'était clos par le saccage et la démolition de la forteresse. Les libérateurs avaient aussitôt constitué un gouvernement communal dont le premier soin fut de châtier les collaborateurs, autrement dit l'aristocratie féodale qui opprimait et pressurait la classe bourgeoise avec la bénédiction de l'occupant.

Ils incendièrent les châteaux et les maisons des nobles et, pour que rien ne manque à leur vengeance, ils égorgèrent consciencieusement tous les seigneurs qui leur tombèrent sous la rapière. Un certain nombre de nobles purent leur échapper. Ils émigrèrent à Pérouse pour y fomenter à leur tour la guerre libératrice qui leur permettrait de reconquérir la situation et les biens perdus. Les Pérousins qui prenaient toujours un très vif plaisir à l'extermination des Assisiates, bondirent sur l'occasion et déclarèrent la guerre à leurs voisins.

Voilà pourquoi nos petits bambocheurs ont, ce soir, le vin belliqueux. Voilà pourquoi François Bernardone va monter sur la table pour faire savoir aux enfants d'Assise que le jour de gloire est arrivé.

– Mes petits sacs à vin, commence-t-il, vous avez assez bu. Votre nez rubicond et vos yeux clignotants prouvent même que vous avez trop bu. Je vous ai personnellement donné l'exemple, c'est entendu, mais si vous étiez des garçons comme il faut, vous ne l'auriez pas suivi. Car pendant que vous buvez comme des chantres et que vous chantez comme des ivrognes, l'ennemi affûte ses couteaux. Il fourbit ses rapières. Il bande ses arbalètes. Si vous vous taisiez un instant, vous entendriez mugir dans les campagnes ces féroces Pérousins. Eh bien ! qu'ils se recommandent au Seigneur. Puisqu'ils prétendent nous apprendre à vivre, nous allons leur apprendre à mourir. Aux armes, Assisiates ! Et pour commencer, buvons à leur extermination.

Des cris délirants saluèrent les lendemains victorieux. Levant leurs pichets avec un magnifique ensemble, les enfants d'Assise les vidèrent avec une farouche résolution.

∽

Deux heures du matin et Madame Bernardone n'a pas encore fermé l'œil. Tant que son fils n'est pas rentré, elle n'arrive pas à trouver le sommeil. C'est dire qu'elle ne s'endort pas souvent de bonne heure. L'oreille et le cœur aux aguets, elle interroge la nuit, et lorsqu'elle entend au loin des chants d'ivrogne qui font bondir les Assisiates hors de leurs lits, maman Pica pousse un soupir de soulagement : François ne va plus tarder.

Cette nuit d'ailleurs, messieurs Bernardone et compagnie se surpassent. Ils braillent à se faire claquer les cordes vocales, réveillent tout sur leur passage. Les chiens aboient, les enfants pleurent et les fenêtres se garnissent de trognes furibondes qui posent toutes la même question, à savoir si cette bande de petits cochons va gueuler ainsi jusqu'à l'aurore. On entend alors la voix de François dominer le chahut :

– Messieurs les bourgeois, calmez-vous ! Vos récriminations sont extrêmement déplaisantes. Soyez raisonnables ! Retournez vous coucher comme des grands et laissez la jeunesse vocaliser en paix !

Madame Bernardone est atterrée par ce vacarme. Elle sait combien ses concitoyens apprécient mal les prouesses vocales de son fils bien-aimé et déjà s'apprête à recevoir une fois de plus, d'une oreille saturée, les condoléances que de charitables voisines lui prodiguent un matin sur deux : « Ma pauvre Pica ! Vous n'avez pas été gâtée, avec un pareil énergumène. Il devient de plus en plus impossible, votre François. Vous qui êtes si tranquille, si convenable, vous n'avez pas mérité ça. Vous ne lui avez pourtant donné que de bons exemples. Mais voilà ! On a beau les élever pour le Bon Dieu, c'est toujours le diable qui les attire. Vous n'allez pas nous dire que François n'a pas le diable au corps ! »

Elle ne dit rien du tout, maman Pica. Elle sourit. Tristement. En pensant que les commères ont le diable sous la langue. Elle sait bien que le démon aura beau faire le Malin, son François ne risque pas de mordre à ses hameçons. Mais il faut bien convenir qu'il n'est pas très pressé non plus d'aller au rendez-vous de Jésus. Car Jésus l'attend, n'en déplaise aux commères. Madame Bernardone en est certaine. Un jour, elle a voulu le leur expliquer. Elles n'ont pas osé ricaner franchement, mais leurs yeux disaient clairement que Jésus avait du temps à perdre... Justement. Que croyez-vous qu'il fait de son éternité, Jésus ? Il attend, mes commères ! Il passe l'éternité à espérer les hommes. Et ce n'est pas lui qui se plaindrait d'avoir failli attendre. Ce n'est pas lui qui se prendrait pour le Roi des Rois. Il l'est et il attend. Les mendiants, les prostituées, les femmes adultères, les voleurs, les assassins. Même les riches. Et même les commères. Alors, pourquoi n'attendrait-il pas le petit Bernardone ?

Oui, maman Pica sait parfaitement ce qu'elle dit. Et même, elle voudrait bien que Jésus se montre un peu moins patient. Qu'il se décide à lui tirer l'oreille, à son François. Afin qu'il prie un peu plus. Et qu'il crie un peu moins, surtout la nuit. Afin qu'il renonce à ces carnavals quotidiens...

En bas la porte a miaulé. Madame Bernardone se lève et prend la chandelle. Le pauvre enfant doit être pompette et risque de se cogner dans l'obscurité.

Le « pauvre enfant » avance sur la pointe des orteils et la lumière le surprend les mains en avant. Il se retourne, penaud :

– Oh ! pardon, maman. Je t'ai réveillée.

– Je ne dormais pas.

– Je suis un peu en retard.

– Tu es en retard sur la lune, mon petit François. Mais tu as presque une heure d'avance sur le soleil.

– J'étais avec des amis. Nous avons pris quelques... rafraîchissements.

– Voilà l'explication. Je me disais bien que tu ne pouvais pas faire tout ce vacarme à toi tout seul.

L'ironie de maman Pica paraît dissimuler un léger mécontentement : François prend les devants :

– Tu sais, maman, c'est fini.

– Quoi ?

– Fini la noce, fini les copains, fini le tapage nocturne. J'enterre Carnaval. Je vais devenir un garçon sérieux.

– Dieu soit loué ! murmure Madame Bernardone en levant les yeux au ciel. Et que vas-tu faire ?

– Je vais massacrer les Pérousins.

Maman Pica blêmit, mais François ne lui laisse pas le temps de reprendre son souffle. Il se lance dans des explications éperdues d'où il ressort qu'un garçon comme lui n'est pas fait pour bambocher et brailler dans les rues à deux heures du matin. Il est né pour accomplir des actions héroïques, et maman Pica doit comprendre que le massacre des Pérousins lui offre une occasion unique de moissonner les lauriers des braves et d'illustrer le nom des Bernardone.

– Tu verras, conclut-il. Je reviendrai tête haute et tout couvert de gloire.

Mais comme maman Pica le regarde avec consternation, d'un ton plus humble, il ajoute :

– Si Dieu le veut !

Or Dieu ne le voulut point. Car il revint tête basse et couvert de vermine, après un an de captivité.

෴

Il était parti, le cœur plein d'allégresse. À le voir piaffer et parader au premier rang des milices assisiates, on eût difficilement imaginé qu'il allait au-devant d'un désastre. Le sort de Pérouse pouvait se lire dans son regard. On y voyait déjà se consumer la ville en flammes et François Bernardone recueillir, en hommage à sa vaillance, le dernier soupir du dernier Pérousin. Le menton pointé vers le ciel, la poitrine gonflée de fabuleux espoirs, il semblait escalader la gloire en descendant la colline, et le soleil d'Assise avait six siècles d'avance sur celui d'Austerlitz. Là-bas, dans la plaine, l'ennemi attendait.

Les plaisanteries volaient de bouche en bouche. On allait s'en payer de belles tranches. Des tranches de Pérousins, bien sûr ! A peine songeait-on que ces derniers devaient nourrir des projets non moins sanguinaires en se proposant de réduire, eux aussi, les Assisiates en rondelles. La rencontre eut lieu sur le Tibre, près de Ponte San Giovanni. Nous ne savons pas comment se comporta François. Tel qui ne l'imagine pas sans une certaine gêne faisant danser les filles, se le représentera volontiers faisant voltiger les cervelles. Nous ne pensons pas nuire à sa réputation en renonçant à le décrire dans cette attitude.

Autrefois, lorsqu'il se battait avec les galopins d'Assise, il suffisait qu'une oreille se décolle ou qu'un nez se mette à saigner pour qu'on cesse aussitôt le combat. Ennemis et amis s'empressaient autour de la victime qu'on reconduisait chez sa mère en témoignant de douloureux regrets. Qui sait si François, lorsqu'il vit le sang jaillir à Ponte San Giovanni, ne voulut pas crier d'arrêter le massacre ? Qui sait s'il ne fut pas tenté de reconduire chez sa maman le Pérousin dont il avait peut-être, bien malgré lui, défoncé les pariétaux ? S'il ne le fit pas, c'est parce que la règle de ce jeu-là voulait que le sang coule. Mais la Providence lui évita sans doute de se poser certaines questions en requérant un sabreur qui l'étourdit d'un coup délicatement asséné. C'est ainsi que le soleil d'Assise s'éteignit pour lui.

Quand il reprit connaissance, ses yeux s'ouvrirent sur la nuit. Des relents de sueur et de sang envahirent ses narines, et les rumeurs qui venaient battre à ses oreilles semblaient charrier des pleurs et des grincements de dents. La soif lui brûlait le gosier, la faim lui tiraillait les entrailles. Il tenta de se lever et comme il posait le pied sur quelque chose de mou qui devait être un ventre, la tête qui allait avec se mit à vomir d'épouvantables injures. François se dit que le moment était peut-être mal choisi pour réclamer des victuailles et des rafraîchissements. Renonçant à piétiner des compagnons d'infortune, il se recoucha.

S'il ne pouvait apaiser sa faim, il avait du moins de quoi nourrir ses réflexions. Aussi chercha-t-il à comprendre ce qui lui était arrivé. Il lui fut aisé de se rendre compte qu'il se trouvait dans un cachot, que ce cachot était sans charme et ses occupants sans aménité. Ainsi lui fallait-il, non seulement abandonner l'espoir d'un retour triomphant dans Assise pavoisée, mais encore se résigner à subir une déshonorante captivité. Bref, tout était perdu hors la peau, que François eût d'ailleurs préféré savoir étendue dans les herbages, percée de part en part, plutôt qu'intacte et menacée de moisissures dans cette geôle aux déprimantes exhalaisons. Il n'est pas un chevalier digne de ce nom qui n'eût souhaité faire un héros gisant plutôt qu'un prisonnier debout, et comme il n'était pour l'instant qu'un prisonnier couché, sa honte n'en fut que plus intense. Il la cuva durant plusieurs jours et s'aperçut bientôt qu'elle s'accompagnait de mortifications sans nombre qui la rendaient plus insupportable encore.

Pour un brave qui s'apprêtait à voler vers la victoire comme un aigle, il était dur de se voir mis en cage comme un perroquet. Pour un garçon qui avait passé sa jeunesse à siroter le soleil, il n'était guère plaisant de se trouver plongé dans la nuit. Pour un petit noceur qui avait englouti tant de bons repas et dégusté tant de bons vins, il était pénible de boire de l'eau croupie et d'avaler des rogatons qui eussent soulevé le cœur d'un porc. Pour un damoiseau qui aimait les fleurs et les hirondelles, il n'était guère agréable de vivre parmi les araignées et les rats. Pour le roi de la jeunesse qui marchait depuis son enfance sur un tapis de roses, il était bien dur de se retrouver soudain sur un grabat d'épines. Son sort lui parut si triste qu'il se mit à pleurer. « Mon Dieu, gémissait-il, ayez pitié de moi. »

Cet appel est assez nouveau dans la bouche de François. Ce n'est pas la première fois, bien sûr, qu'il invoque le Bon Dieu. Il le priait tous les jours, comme tout le monde. Notre Père qui êtes au cieux... Mais c'est tellement haut, les cieux, tellement loin, qu'on a parfois l'impression que la prière se perd en route. Ses relations avec le Père invisible avaient toujours manqué d'intimité. Il ne l'avait jamais approché vraiment. D'ailleurs, il avait les yeux trop grands ouverts sur le monde visible pour voir au-delà. L'angoisse n'était pas son état naturel et ce n'est pas lui qu'aurait effrayé le silence éternel des espaces infinis. Son oreille était trop sensible au chant des fontaines ou des oliviers caressés par le vent. Son regard ne cherchait pas au-delà des plaines douces et des tendres collines de l'Ombrie. Du visible, du tangible et du comestible, voilà ce qu'il fallait à François. Donnez-nous notre pain quotidien, c'est-à-dire tout ce qui peut se manger sans pain, ne serait-ce que des chapons rôtis, des vandoises roulées dans le verjus ou des ortolans enveloppés dans les feuilles des vignes d'Orvieto. Le Bon Dieu tenait table ouverte. Le matin, on le priait par politesse et le soir, on le remerciait par habitude. Au fond François se conduisait avec Dieu comme avec maman Pica : « Merci, maman, de m'avoir fait des crêpes. Maintenant, sois gentille et repasse-moi mon costume rouge et or ; et ce soir, si tu veux me faire plaisir, tu me prépareras une bonne soupe au lard. » En somme, si le petit Bernardone avait été créé pour servir Dieu, il semblait bien que Dieu n'avait pas d'autre raison d'exister que d'être agréable au petit Bernardone.

Un jour pourtant, la main de l'enfant gâté était restée prise dans une porte. Il avait crié de toute sa douleur, et maman Pica était accourue, son doux visage décomposé. Comme elle soufflait sur les doigts meurtris, François s'était rendu compte qu'elle avait beaucoup plus mal que lui, et sa propre douleur s'était miraculeusement apaisée. Il s'était retrouvé la main baignant dans une terrine d'eau fraîche, le cœur baignant dans un océan d'amour. Des accidents de ce genre lui rappelaient que maman Pica ne servait pas uniquement à repasser ses costumes ou à faire de la soupe au lard. Elle était là pour le protéger, pour le soutenir, pour souffrir à sa place et pour le délivrer de tous les maux. Elle était son refuge et sa consolation.

Hélas ! il s'agissait cette fois d'autre chose que d'une contusion des phalangettes. Il avait été pincé tout entier, jeté saignant dans les ténèbres, et sa maman n'était plus là pour lui souffler sur le cœur. Alors, il avait crié vers Dieu. Un cri venu du fond de l'âme et qui n'eut pas à partir vers le fond des cieux. Car Dieu se trouvait dans la prison, et François ne l'aurait pas appelé s'il n'avait deviné Sa présence auprès de lui.

Tandis que « ses compagnons s'abandonnaient à la tristesse, et se lamentaient sur leur sort » nous apprend Thomas de Celano, « François riait et se moquait de ses chaînes ». Nous ne pensons pas que l'entravement des chevilles, la compagnie des rats, la faim, le froid, les ténèbres et le reste soient des conditions suffisantes pour plonger dans l'allégresse un garçon de vingt ans. Mais que Dieu soit présent dans un cœur, et le cachot le plus infâme peut devenir un Paradis.

∞

Bien entendu, ce ne fut pas tout à fait le cas, et la conversion de notre héros se situe quelques années plus tard. On peut regretter cependant que la plupart de ses biographes n'aient pas accordé la moindre importance à sa captivité, qu'ils évoquent en quelques lignes comme un épisode insignifiant. Il est à présumer qu'aucun d'entre eux n'a fait de la prison. Quiconque a été quelque peu détenu doit savoir que douze ou treize mois dans un cachot, cela dure tout de même plus de temps qu'il n'en faut pour l'écrire. On peut donc se demander comment François passa ces interminables journées, et si l'on admet que rien n'arrive que par la volonté de Dieu on peut également se demander pourquoi.

Il semble qu'en le confiant aux geôliers pérousins, Dieu, qui châtie comme il aime, lui administra simplement un soufflet proportionné à Sa tendresse et ne fit couler ses larmes que pour lui prodiguer Ses consolations. Nul ne saurait dire comment s'effectua la montée de la grâce en l'âme de François, mais il est possible qu'elle se soit infiltrée par cette fêlure qu'y laissèrent la honte de la défaite et les misères de la captivité. Ce garçon, qui ne distinguait pas Dieu dans l'immensité du ciel d'Ombrie, commença de l'entrevoir dans ce firmament de trois pieds sur deux que découpait dans l'azur le soupirail de la prison. Comme il passait tout juste assez de lumière à travers les barreaux pour éclaircir son âme, François put enfin voir clair en lui-même et c'est ainsi qu'il fit ses premières découvertes.

Il découvrit bien des choses et par exemple qu'il avait toujours été un propre à rien. C'est du moins ce que lui répétait une voix qui n'était autre que la sienne, mais dont les dires étaient si déraisonnables qu'elle ne pouvait être inspirée que par Dieu. « Oui, mon garçon, un propre à rien ! Assorti d'un bavard, d'un vantard et d'un fanfaron ! As-tu jamais eu d'autre souci que de manger et de boire ? De rire et de chanter ? De faire le damoiseau dans tes resplendissants costumes ? Quand tu es parti pour la guerre, rêvais-tu d'autre chose que d'épater tes concitoyens ? Tu pensais sans doute que les grand-mères raconteraient tes exploits aux veillées et que les jeunes filles s'endormiraient en murmurant ton nom. Te voilà bien avancé maintenant. »

— Oui, convenait le pauvre François, me voilà bien avancé.

— Tu es sans doute plus avancé que tu ne penses, reprenait la voix. Car enfin, te voici sur la bonne route. Réfléchis, François... Tu étais un jeune homme riche, heureux, mais parfaitement insignifiant. Personne ne pouvait te prendre au sérieux. Maintenant, tu es misérable, tu as les fers aux pieds, tu n'as plus que tes larmes à boire, plus que tes ongles à ronger... Mais tu es devenu quelqu'un, et nul ne songerait à rire en te voyant.

— On y eût songé moins encore si j'étais rentré triomphant.

— En es-tu bien sûr ?

Non, François n'en était plus très sûr. Il lui devenait de plus en plus difficile de s'imaginer en conquérant. Il se voyait de moins en moins faisant des effets de torse et de menton, en se dressant discrètement sur les orteils pour gagner un demi-poil de taille et de prestige...

— Tu devrais comprendre la vanité de tout cela, poursuivait la voix, et renoncer à jouer les tranche-montagnes, à contrefaire messieurs les paladins. Qu'est-ce qu'un Roland auprès du Seigneur Jésus ? N'est-ce pas Lui que tu devrais imiter, François ? Tu pourrais commencer dès maintenant, surtout maintenant. La prison est un endroit idéal pour l'imitation de Jésus-Christ.

Ce langage que François tenait au petit Bernardone aidait le petit Bernardone à découvrir saint François. Peu à peu, il se rendait compte qu'en gavant son corps de toutes les nourritures et de tous les plaisirs, il avait affamé son âme. Lorsqu'il lui arrivait d'évoquer sa libération, il se promettait parfois de laisser la bouteille au cellier, de mettre son armure au clou, son cheval au pâturage, ses ambitions au rancart, et de conserver pour tout bagage cette croix que Dieu venait de charger sur ses épaules. C'est ainsi que les misères de la captivité le rendaient de jour en jour plus clairvoyant et plus humble. Il avait tout perdu, mais il possédait l'amour et venait d'acquérir l'humilité. Selon l'expression de Dante, la douleur « le remariait à Dieu ».

∞

François redécouvrit enfin son prochain. Certes, il avait toujours aimé ses amis. Parce qu'ils étaient aimables et que les petits gueuletons entretiennent notablement l'amitié. Il avait toujours donné aux pauvres. Parce qu'il avait le cœur sur la main et parce que les louanges et les bénédictions dont les croquants couvraient le jeune et généreux seigneur faisaient une musique agréable à l'oreille. En prison, tout était différent. Méchants, hargneux, querelleurs, toujours prêts à s'entreégorger pour une lichette de soupe ou une pincée de lentilles, ses compagnons d'infortune n'éveillaient pas spontanément la tendresse et, malgré ses bonnes dispositions, François dut longtemps faire effort pour aimer ce prochain comme luimême.

Parmi cette infernale engeance, se trouvait une brebis plus galeuse que les autres, un insupportable noblaillon qui mettait beaucoup d'application à déroger à sa noblesse. Arrogant comme un coq avec ses camarades et plat comme une punaise devant les geôliers, il cachait une âme sordide sous des dehors méprisants. On l'appelait « Monsieur le Chevalier », mais c'était par dérision et on ne lui adressait la parole que pour lui dire : « Monsieur le Chevalier, tu es une ordure » et le gratifier d'injures si peu distinguées qu'il est impossible de les reproduire dans une hagiographie. On lui répétait également à longueur de journée, et Dieu sait si les journées étaient longues, qu'il était le déshonneur de la geôle et qu'il suffisait de voir sa gueule de faux frère pour comprendre la catastrophe du pont Saint-Jean. Et pour avoir envie de la lui casser. On la lui démolit du reste, un jour où il s'était montré plus insupportable que de coutume. Lorsqu'il se fut affaissé le long de la muraille, François vint s'agenouiller près de lui.

– Vas-y, Bernardone, criaient les autres, mords-le, donnelui le coup de grâce...

Si ténébreuse était la prison qu'on distinguait à peine le malheureux. Mais François le voyait. Il était fasciné par ce visage ensanglanté, méconnaissable, où tremblait comme un reflet de la Sainte Face. Comme il le contemplait, il comprit soudain que le Christ avait reçu les coups donnés au misérable. Il était le seul à ne pas l'avoir frappé et il fut le seul à lui demander pardon. Le pauvre sire grelottait de peur et de froid. Alors, François se dépouilla de ses haillons et l'en couvrit :

– Ne crains rien, murmura-t-il. Je suis avec toi.

Un immense éclat de rire secoua la prison. Mais François ne l'entendit pas.

Un mois plus tard, la victime et ses bourreaux étaient devenus les meilleurs amis du monde. Monsieur le Chevalier avait soudainement cessé d'avoir une tête à claques et les mains de ses persécuteurs avaient non moins spontanément cessé de les démanger. Les plus sinistres trognes s'étaient humanisées et l'on échangeait plus volontiers des sourires que des coups. Cela tenait du miracle, et comme c'en était un, nous pouvons déjà l'inscrire au compte de saint François. Un sociologue n'y verrait sans doute que le sujet d'une thèse sur la formation d'une âme collective, mais s'il naquit une âme de ce genre dans la geôle pérousine, c'est assurément François qui lui donna le ton.

Comment parvint-il à substituer l'amour à la haine et la douceur à la violence ? Comment chassa-t-il le diable pour installer le Bon Dieu ? Tout simplement en restant lui-même. Il ouvrit son cœur de la même façon dont il ouvrait sa bourse et se mit à distribuer ses richesses intérieures comme naguère il répandit l'argent. Il avait maintes fois éprouvé qu'une joie partagée devenait plus intense. Il vérifiait à présent que les souffrances mises en commun se révélaient plus légères. Ainsi le voyait-on voltiger d'un grabat à l'autre, chantant pour celui-ci, égayant celui-là et consolant tout le monde. Bref, ce sacré garçon avait fini par reconstituer dans cette infecte geôle l'atmosphère de kermesse qu'il faisait régner autrefois dans les auberges du pays. Parfois, ses compagnons s'en étonnaient :

– Dis donc, Bernardone, il y a tout de même des moments où on se demande si tu n'es pas un peu fou. T'as faim, t'as froid, t'as pas d'autre distraction que de contempler nos lugubres bobines et tu trouves encore moyen de rigoler. Il n'y a pourtant pas de quoi !

Il faut croire que si, puisque François riait. Bien sûr qu'il avait faim, mais il était heureux de partager ses misérables croûtes. Certes, il avait froid, mais il abandonnait joyeusement ses couvertures à de plus morfondus et se faisait un plaisir de prendre pour oreiller la pierre pointue dont personne ne voulait. Quant à leurs bobines, assurément elles étaient navrantes, mais le malheur mettait sur ces tristes figures une étrange ressemblance, celle-là même que François avait découverte sur le visage ensanglanté de Monsieur le Chevalier. Qu'on ne nous dise pas qu'il n'y avait point là de quoi se réjouir ! Ce doit être au contraire une merveilleuse aventure que de rencontrer, de rencontrer et de reconnaître Celui qui, depuis deux mille ans, se cache en ceux qui souffrent et en ceux que l'on persécute : les pauvres, les infirmes, les prisonniers, les métèques, les nègres... car les masques du Dieu vivant sont innombrables et il n'a que l'embarras du choix.

C'est parce que le Père céleste lui a fait toucher de l'âme la misère du prisonnier que François pourra bientôt comprendre la lèpre du lépreux, la nuit de l'aveugle, l'amertume de l'estropié ; qu'il pourra comprendre l'immense richesse du pauvre et l'incroyable pauvreté du riche ; qu'il ne sera bientôt plus qu'un triste copain pour ceux qui s'amusent et qui rient ; qu'il sera le joyeux compagnon de ceux qui pleurent et qui souffrent et qu'il aidera très humblement le Christ dans son œuvre de consolation. Car si la douleur écrase le monde et pèse autant que les montagnes, il suffit d'un peu d'amour, à peine le poids d'une larme, pour faire chavirer la balance. François l'a compris. Sans doute entrevoit-il déjà son destin qui sera d'aimer les hommes. Tous les hommes, à commencer par les Pérousins. Et sans doute pressent-il qu'il sera payé de retour, car lorsque ses compagnons l'interrogent pour savoir d'où lui vient sa gaieté, il répond :

– Pourquoi serais-je triste ? Je vous aime comme des petits frères et vous m'aimez aussi. Je me sens disposé à aimer le monde entier et je crois que le monde entier m'aimera.

Les prisonniers demeurent perplexes devant une si belle assurance. Le monde entier leur paraît sans doute un peu vaste au regard des quatre murs qui bornent leur sinistre univers, mais aucun d'eux ne doute du merveilleux pouvoir qu'a le petit Bernardone de moissonner les cœurs.

5.

Aimez-vous la violence ? Si vous l'aimez, nous allons vous raconter la conversion du petit Bernardone sous forme de combat. Un combat spirituel dont le poète a dit qu'il était « aussi brutal que la bataille d'hommes ». Mais si vous n'aimez pas la brutalité, rassurez-vous. Il s'agit d'un combat où les coups sont donnés avec amour, reçus avec reconnaissance et dont le vaincu sortira triomphant. Il s'agit du combat que le Roi du ciel et de la terre engagea contre François Bernardone. Autrement dit, de la résistance que François Bernardone opposa, durant de longs mois, à la grâce divine qu'on nous permettra de représenter par un ange, pour la commodité du récit.

PREMIÈRE REPRISE

Elle vient de se terminer par la victoire de l'ange. Rappelons que le petit Bernardone, rassasié des plaisirs épicuriens, devenu soudain avide de lauriers et de gloire militaire, a mordu la poussière au Pont Saint-Jean.

Dans l'ordre naturel, nous avons attribué sa chute à l'intervention d'un sabreur pérousin. L'explication surnaturelle est plus gracieuse : un ange souffla, et – demandez à saint Paul – voici par terre le cavalier le mieux affermi. Ayant ainsi touché le sol, notre matamore acheva sa dégringolade dans les soussols de la prison pérousine où l'ange le poursuivit, pour le « travailler à l'âme » durant les treize mois de sa captivité.

Elle est d'abord à l'avantage de François. Il sort de prison, s'envole vers Assise et tombe dans les bras de la maman qui, depuis treize mois, surveille la route par où doit revenir son enfant. Le cri qu'elle pousse déchire les tympans et le cœur du Signor qui débite du drap dans les environs. Il comprend aussitôt et, tournant le dos à son aimable clientèle, il fond sur le groupe, arrache le fils à sa mère pour l'étreindre à son tour avec des sanglots de félicité.

L'ouragan passé, maman Bernardone reprend son souffle et dit :

– Mon pauvre François, comme tu as dû souffrir ! Mais nous allons tellement te gâter que tu vas bien vite oublier tout ça.

Et de proposer une ordonnance pour remettre d'aplomb le rescapé : repas succulents, dodos mœlleux, grasses matinées et plaisirs délassants.

Le Signor ne veut pas être en reste :

– Mon pauvre François, cela n'a pas dû être drôle tous les jours. Mais tu vas rattraper le temps perdu.

Et de dresser un programme de réjouissances : banquets, réceptions d'amis, excursions gastronomiques... À l'énoncé de ces menus projets, l'ange comprend que le petit saint qu'il a mission de mettre à la lumière va lui donner encore de l'auréole à retordre.

En effet, le joyeux François va retrouver, les yeux fermés, le chemin des faux paradis. Innocents paradis, sans aucun doute, et plus ou moins pareils à ceux dont le poète a chanté :

Les courses, les chansons, les baisers, les bouquets
Avec les brocs de vin le soir dans les bosquets...

Mais il est tout de même évident qu'on y rencontre plus facilement le diable que le Bon Dieu, et c'est pourquoi l'ange revient résolument à la charge.

Un soir que François, tout échauffé d'avoir trop bu, trop chanté, trop dansé, regagne sa chambre, d'un léger battement d'ailes, il fait un courant d'air et notre petit noceur, qui est en nage, sent un frisson courir sur son échine. Le lendemain, son sang se met à bouillir, son pouls à galoper, la maman à gémir et le Signor à se lamenter. « C'était bien sa chance, au pauvre petit : après la prison, la maladie... » Et quelle maladie ! Durant des semaines, la fièvre ne le quitte pas. Ni maman Pica qui veille à son chevet, jour et nuit. Ni le Signor qui a remis tous ses voyages pour monter une garde farouche au pied de son lit. Ni les démons à têtes de Pérousins qui peuplent son délire. Ni l'ange enfin, qui le voyant plus malade qu'il n'est peut-être nécessaire, décide de lâcher prise. Il est de tous ses compagnons le plus fidèle. C'est lui qui, lorsque maman Pica s'abandonne à quelques secondes de somnolence, redresse les coussins, retape les couvertures et, de la même haleine angélique, réchauffe les tisanes et rafraîchit le front de François...

Un beau matin, il souffle sur la fièvre, éteint le mal comme on mouche une chandelle, et François, cessant de se débattre contre les démons, voit l'ange et lui sourit.

TROISIÈME REPRISE

– Le pauvre enfant, dit madame Bernardone aux commères venues aux nouvelles, il a bien failli passer de vie à trépas... (L'ange sourit en songeant que le langage humain n'est guère de circonstance puisque François voyage dans l'autre sens et qu'il a quitté les marécages du péché pour le jardin de la Grâce).

Peu à peu, les forces lui reviennent. Il entreprend d'abord de petites excursions autour de sa chambre, qu'il interrompt chaque fois qu'une brusque dérobade des rotules l'oblige à regagner son lit. Puis, il s'enhardit à sortir.

– Alors, Signor François, gloussent les commères sur son passage, on reprend goût à la vie ? On va bientôt recommencer ses petits festins ?

D'un sourire qui est sa façon de leur dire zut, le convalescent invite les matrones à lui épargner ce genre de questions. Le seul mot festin lui met le cœur sur les lèvres et la vie, sa vie, lui apparaît... Tenez comme ces étangs vidés où gisent, parmi la vase, les vieilles ferrailles et les poissons morts.

– Toi qui aimes tant la nature, lui dit un matin madame Bernardone, tu ne crois pas qu'un petit tour à la campagne te rendrait la joie de vivre. Il fait si beau, si doux...

Si beau ! Si doux ! Qui ne connaît ces journées proches de l'équinoxe où le temps s'immobilise et demeure comme suspendu entre l'été et l'automne. La nature retient son souffle pendant que Dieu retourne le sablier des saisons. Le soleil et la terre savourent alors ces instants d'entente parfaite que connaissent parfois les très vieux couples. Le soleil caresse de ses rayons le doux visage de la terre et, dans l'ordre humain, cela équivaut à un sourire, une pression de mains, un effleurement de la joue...

– François, poursuit maman Bernardone qui est mère de poète, on dirait que le soleil a blotti sa tête sur l'épaule de la terre, là, juste au creux du cou, là, dans la vallée de Spolète... Et si le soleil parlait à la vallée de Spolète, que lui dirait-il sinon qu'elle est la plus belle du monde ! Et si la vallée parlait à ce matin, que lui dirait-elle sinon qu'il est le plus lumineux de l'année ! Voyons, mon petit François, tu n'as donc plus envie d'être heureux ?

Elle a tant insisté, maman Bernardone, que François est parti. Mais le matin le plus lumineux de l'année n'a fait que lui blesser les prunelles et la plus belle vallée du monde n'a su que lui renvoyer sa tristesse, ainsi qu'un miroir brisé. Ecoutez-le parler tout seul... Il dit que les vendanges sont faites, que les feuilles tombent et que les oiseaux volent de plus en plus bas... « L'année va bientôt mourir. Et moi aussi, je mourrai. Le bonheur ? Pauvre maman ! Qu'est-ce qu'un bonheur qui ne dure pas ? » Une indicible angoisse descend en son âme et François se demande *Qui* le tourmente ainsi.

Il est retourné chez lui, le cœur trop aride pour être en mesure de pleurer. Mais comme il rentrait, un petit nuage a crevé, juste au-dessus de lui. Il en est tombé quelques gouttelettes qui lui ont mis des larmes sur le visage. Alors, il s'est mis à sangloter doucement, délicieusement, tandis que l'ange, tapi dans la lumière, souriait. Il venait de gagner la troisième reprise.

QUATRIÈME REPRISE

« Ce n'était là qu'impressions superficielles, dit Celano. Le vice est une seconde nature, et l'on n'extirpe pas d'un coup les habitudes mauvaises enracinées dans l'âme. Aussi, dès qu'il se sent vraiment guéri, François se prend-il à préparer de nouveaux exploits. »

Quels exploits ? François rêve toujours de s'illustrer sur la scène militaire, et la guerre qui vient de se rallumer dans les Pouilles lui offre une excellente occasion de recommencer l'entrée qu'il a ratée au Pont Saint-Jean. Un comte d'Assise, nommé Gentil, décide de rejoindre l'armée de Gautier de Brienne qui combat pour le Pape contre l'empereur d'Allemagne et collectionne de prestigieuses victoires. Le chevalier Gentil demande des guerriers jeunes, courageux, ayant de solides références et une excellente présentation. Si les références sont assez discutables, pour ce qui est de la présentation, on peut faire confiance à François. Ainsi qu'au Signor Bernardone qui, pâmé d'avance, lui offre une fois de plus, la panoplie du parfait chevalier.

Emmailloté d'or et de pourpre, voici notre héros qui promène de nouveau sa splendeur à travers la ville. Il caracole de ruelle en ruelle et sait faire le vacarme qu'il faut pour que les fenêtres d'Assise se pavoisent aussitôt de minois éblouis. Superbe, il récolte les tendres sourires et les regards enflammés... Mais il ne s'agit point de parader. Nous avons une guerre à faire et pour tempérer notre humeur intrépide, rien de tel qu'un petit galop sur les grands chemins. Une sorte de répétition avant le « sus à l'ennemi ». Paraissez Pérousins, Teutons et Barbaresques, François Bernardone est prêt à vous essoriller !

Tiens ! Quel est ce cavalier qui s'avance vers nous ? Il manque plutôt d'éclat, dirait-on. Tenons-nous bien ! Relevons un peu le menton et glaçons légèrement notre regard pour toiser comme il convient ce paladin délabré !

L'inconnu s'arrête et montre à François un noble et triste visage de chevalier sans fortune et de guerrier ravagé par la guerre. Son regard expertise à son tour le fringant damoiseau. Seigneur, quel équipage ! Si votre courage ressemble à votre plumage, vous êtes le phénix des chevaliers d'Ombrie. Mais peut-être avez-vous plus de talent pour éblouir les dames que pour terroriser l'ennemi ? Peut-être coulez-vous des jours aussi dorés que votre costume dans le château paternel ?... Bien sûr, le chevalier garde ses réflexions pour lui, mais François sait lire dans un regard et, de toute façon, l'ange est là pour l'éclairer. Aussitôt, la honte l'envahit. Il saute de son cheval et se précipite vers l'inconnu :

— Seigneur, mon donjon n'est qu'une boutique et si j'arbore un si brillant costume, c'est parce que mon père est marchand de drap. Je sens combien je suis indigne de le porter et vous me ferez beaucoup d'honneur en acceptant de l'échanger contre le vôtre :

— Mais le mien n'est qu'une loque.

— Il sera bien trop beau pour moi.

Comprenant que le jeune homme a plus de plaisir à donner qu'il n'aura lui-même à recevoir, le guerrier guenilleux accepte avec simplicité, et l'échange se fait sur le bord du chemin. Avant de repartir, le vieux chevalier pose une main fraternelle sur l'épaule de François. La noblesse d'épée rend hommage à la noblesse de cœur.

CINQUIÈME REPRISE

Debout sur le seuil, le Signor Bernardone voit arriver François. Son œil s'arrondit et son visage exprime le plus vif étonnement.

– D'où viennent ces oripeaux ?

– D'un noble chevalier. Comme ils ne lui seyaient point, je l'ai prié d'accepter mon habit, lequel lui convenait beaucoup mieux. Il a bien voulu m'offrir le sien en échange.

L'explication ne satisfait pas le Signor. Si le geste est normal pour un saint, il est scandaleux pour un fils de commerçant. Pietro Bernardone couvre d'injures le gaspilleur et lui signifie qu'il ne consacrera plus un sou à son habillement. Puis, comme la parcimonie du marchand n'a d'égale que la faiblesse du père, il lui fait faire un nouvel équipement. Mais attention, fiston ! Nous entendons que le placement soit avantageux. Fini la noce et la parade ! La gloire est la seule monnaie que papa puisse accepter désormais.

La gloire ? François se la représente assez bien. Il n'est point de nuit qu'il n'ourdisse un rêve éblouissant. Celui-ci, par exemple, que raconte Celano : « Il vit, en songe, sa maison natale changée en un merveilleux palais rempli d'armes. Les ballots d'étoffe avaient disparu pour faire place à des selles magnifiques, des boucliers étincelants, des lances et des harnais de toute sorte. Cependant, dans une chambre de ce palais, une douce et jolie fiancée attendait celui qui devait l'épouser. Stupéfait, François se demandait ce que tout cela voulait dire, quand une voix lui révéla que ces armes étaient pour ses soldats et que cette belle créature lui était réservée. Il se réveilla au comble du bonheur, cette vision ne pouvant, à son avis, que symboliser les succès qu'il allait remporter. » Mais le frère Thomas se hâte de mettre les choses au point : « Telle n'était pourtant pas la véritable interprétation de ce songe étrange, poursuit-il, et, sans doute, le jeune ambitieux s'en rendit-il compte lorsqu'à sa joie succéda une mélancolie profonde et qu'il dut faire effort pour se mettre en route ». Vous avez compris ? L'ange essaie de reprendre l'avantage ne serait-ce qu'en rafraîchissant la mémoire du candidat chevalier qui se souvient peut-être de la culbute du pont Saint-Jean et des misères de la captivité. Mais la pensée de François saute par-dessus l'objection et repart de plus belle vers les perspectives de lendemains épiques.

Un beau matin, il enfourche son destrier, aspire d'un poumon conquérant le vent de la montagne et pique des deux vers le sud. Rien ne l'arrêtera plus désormais et quand il aura corrigé les Teutons dans les Pouilles, il partira décimer les infidèles en Orient.

Hélas ! il tombe en panne d'enthousiasme le soir même, et nous le retrouvons, l'œil morne, le menton dans les mains et les coudes sur la table, au fond d'une auberge de Spolète où il s'est arrêté pour la nuit. Une angoisse d'enfant perdu l'envahit, cette angoisse qui étreint les cœurs sans refuge à l'heure où le soir tombe et que le pèlerin d'Emmaüs ressent comme la petite chèvre de Monsieur Seguin. Sa pensée qui, ce matin, galopait loin devant lui, voici qu'elle rebrousse chemin vers Assise. Car si ses omoplates sont encore endolories par les vigoureuses bourrades du Signor qui le propulsait vers la gloire avec des arguments sans réplique, son cœur est resté meurtri par le regard de maman Pica, dont la muette imploration essayait de le retenir.

Maintenant, ce regard le rappelle, et vous comprenez bien que l'ange va profiter de la situation. Il tourbillonne autour du guerrier défaillant et vous pouvez compter sur lui pour semer la tempête sous le crâne de François.

« Beau chevalier qui partez pour la guerre
Qu'allez-vous faire
Si loin d'ici ?
Ne savez-vous point que la nuit est profonde
Et que le monde
N'est que souci ? »

Dis, petit François, que vas-tu faire ? As-tu si grande envie d'être tué ? Non, n'est-ce pas ? As-tu si grande envie de tuer les autres ? Encore moins ? Alors ? Ne vaudrait-il pas mieux rentrer chez toi ?

Rentrer chez lui ? Cher ange, mais vous n'y songez pas ! Que dirait papa Bernardone. Ne s'attend-il pas déjà à le voir revenir bras dessus bras dessous avec Gautier de Brienne, précédant de peu le Saint-Père qui aura tenu à venir, en personne, féliciter le Signor Pietro pour la vaillance de son fils ? Non, François ne peut plus rentrer chez lui !

Bien ! Qu'il aille donc se coucher et la nuit lui portera conseil ! « Pendant son sommeil, rapporte Celano, une voix affectueuse lui demanda où il comptait partir ainsi. François expliqua ses projets : il partait faire la guerre dans les Pouilles. Mais la voix :

— De qui peux-tu attendre le plus, du maître ou du serviteur ?

— Du maître, répondit François.

— Pourquoi donc courir après le serviteur au lieu de chercher le maître ?

— Seigneur, dit François, que voulez-vous que je fasse ?

— Retourne au pays qui t'a vu naître ; c'est une réalisation spirituelle que recevra ta vision. »

Quand la voix se fut tue, François se réveilla, bondit hors de son lit et reprit le chemin d'Assise sans plus se poser de questions.

SIXIÈME REPRISE

Pour un retour triomphal, ce fut un retour triomphal. Journée pimpante, soleil radieux, public jovial et nombreux, rien ne manquait pour accueillir le guerrier défrisé. Les premiers quolibets partirent sitôt qu'il eut franchi la poterne et quelques instants plus tard, la réjouissante nouvelle s'étant propagée de ruelle en ruelle, une incœrcible hilarité secouait la ville. Les hommes, les femmes, les enfants, les vieillards, les maisons et les pierres rigolaient. Railleries et sarcasmes glissaient sur François comme l'eau sur les plumes du canard. Imperturbable, il se dirigeait vers la seule maison d'Assise où l'on ne riait pas. Terré dans le fond de sa boutique, les yeux brûlants et les mâchoires tremblantes, le Signor Pietro suffoquait de honte tandis que maman Pica se réjouissait en pleurant.

— Père, je t'ai déçu encore une fois, dit François, l'oreille basse. Je te demande pardon.

Et d'ajouter aussitôt, avec le plus suave des sourires :

— D'ailleurs, tout cela n'a pas d'importance. Tu verras que je n'en serai pas moins quelque jour un grand prince.

Le Signor retient à grand-peine la main qui le démange :

– En attendant, dit-il au grand prince, tu vas commencer par ranger la boutique.

L'ange est plus rayonnant que jamais. Son petit protégé, hier encore si vantard et si fanfaron, a magnifiquement digéré les plus cinglants affronts. Le voilà délivré, semble-t-il, de cette basse vanité qui dégrade les enfants des hommes. Le voici qui découvre la noble humilité des enfants de Dieu.

SEPTIÈME REPRISE

– Ne sois pas fâché, Pietro, dit maman Pica. François n'est pas fait pour la carrière des armes, voilà tout.

Le Signor Bernardone est homme de bon sens :

– Il ne paraît pas très doué, c'est exact. Eh bien ! qu'il revienne aux tissus. Il a commis une erreur en allant trouver les Pérousins avec une lance. Il y a laissé le peu de lard qu'il avait, ses illusions et les miennes. S'il était allé les voir avec mon drap, il serait revenu avec de l'argent. Après tout, mieux vaut être un commerçant riche qu'un chevalier sans le sou. Tu ne crois pas ?

– Mieux vaut faire la volonté de Dieu, a répondu maman Bernardone.

Le marchand n'a pas insisté. Ce que Dieu veut, il le sait. Il veut qu'on fasse la volonté de Pietro Bernardone. François devra se le tenir pour dit. Mais François fait la sourde oreille. Pour mieux dire, son oreille perçoit de moins en moins les insignifiants propos de son entourage. Elle est ailleurs, à l'écoute de voix mystérieuses dont les exhortations ne semblent guère s'accorder avec les exigences paternelles. Le Signor se répand en lamentations courroucées :

– Ça ne va plus du tout, Pica. Il est encore moins doué pour le commerce que pour la guerre. L'autre jour, un client lui demande ce qu'il lui doit. « Rien, répond mon précieux collaborateur. Je n'ai déjà que trop d'argent. » Tu ne crois pas qu'il devient fou ? On peut lui dire n'importe quoi. Il a toujours l'air de tomber du ciel.

D'où voulez-vous qu'il tombe, Signor, puisque c'est là que j'habite ! Il faut vous faire une raison. Vous ne vivez pas à la même hauteur que votre fils et vous avez grand tort de vouloir le faire descendre. Car il remontera. La grâce de Dieu le rend plus léger qu'un nuage et plus aérien qu'un oiseau...

Hélas ! le Signor est aussi lourd qu'un éléphant.

– Pica, reprend-il, j'ai une idée merveilleuse. (Il est ainsi, Pietro Bernardone. Son fils a des lubies ridicules et lui des idées merveilleuses). J'ai peut-être eu tort de le rudoyer. Ce n'est pas avec du vinaigre que je prendrai notre François. C'est avec du vin, des chansons, du plaisir, des amis... Je veux qu'il donne une fête à la jeunesse d'Assise. Un festin de prince puisque tel est son rêve. Je me ruinerai s'il le faut, mais on en parlera jusqu'à Rome et mon fils sera content.

La fête eut lieu et si nous vous disons que les invités de François bambochèrent comme des petits cochons, c'est parce que nous le tenons du frère Thomas de Celano : « Après s'être repus jusqu'à la nausée, ces goinfres se répandirent par la ville endormie en chantant leurs refrains d'ivrognes... »

Papa Pietro suit l'évolution de la fête avec des sentiments que nous dirons divers, faute de loisir pour les analyser. Quand le bruyant cortège vient buter contre la façade de sa maison, il interroge les braillards :

– Où est François ?

Une pâteuse inquiétude s'empare du troupeau :

– C'est vrai, où est François ?

La vérité sort de la bouche d'un ivrogne, peut-être moins atteint que les autres :

– François Bernardone est mort.

– Que dis-tu ? rugit le Signor.

– Il est mort, répète l'ivrogne. C'est lui-même qui nous l'a dit : « François Bernardone est mort, et je vous invite à le porter en terre. C'était un petit imbécile et personne ne le regrettera. » Voilà ce qu'il a dit. Et il a ajouté : « Des funérailles aussi bienvenues, cela doit se fêter. Mangez donc, buvez et réjouissez-vous car vous n'aurez plus jamais l'occasion d'enterrer une jeunesse aussi insensée que la mienne. Dieu soit loué, elle est bien morte ! Maintenant, je vais pouvoir vivre. Oui, Signor, il a dit tout ça !

– Mais où est-il ?

– Il est resté sur la place Saint-Rufin. Il ne peut plus avancer.

– Il a donc tellement bu ?

– Il n'a rien bu du tout, mais il ne peut plus bouger.

Le Signor subodore une nouvelle extravagance :

– Allez le chercher, ordonne-t-il.

Rebroussant chemin, le troupeau se traîne jusqu'à la place Saint-Rufin. François est là, debout sous la lune, mains jointes, plus immobile qu'une statue, l'âme enchâssée dans la Grâce comme un rubis dans l'or. Il est ivre en effet. Ivre de douceur, de joie et d'amour. Mais qui saurait dire ce qu'il a bu ? Peut-être un peu de cette eau vive dont Jésus parlait à la Samaritaine et que l'ange lui aura donnée, dans le creux de ses mains. « Celui qui boira de cette eau n'aura jamais soif, mais elle deviendra en lui une source jaillissante de vie éternelle. »

– Alors, François, lui dit un peu plus tard Pietro Bernardone, on m'a dit que tu avais enterré ta vie de garçon. Songerais-tu à te marier ?

– Oui, père, et celle à qui je compte donner ma foi est si noble, si riche, si belle et si sage que tu n'en as jamais vu de semblable.

– En vérité ? Qui donc est cette merveille ?

– Je la cherche encore, répond François avec une étrange exaltation. Mais je la trouverai, j'en suis sûr...

– Aussi sûr que de devenir un grand prince, sans doute ! murmure le Signor qui a peur de comprendre et commence à se demander si le diable n'a pas dérangé l'esprit du pauvre François.

HUITIÈME REPRISE

Sa première idée n'ayant pas donné les résultats escomptés, le Signor en conçoit une seconde :

– Si je lui offrais un petit voyage à Rome, peut-être que ça le réconcilierait avec les plaisirs de la vie !

Certes, le Signor ne songe pas aux récréations que pourrait proposer à un cœur qui s'ennuie ce que nous appellerions aujourd'hui la Rome by night, mais après avoir visité les églises et les monuments, un jeune homme bien équilibré doit trouver dans la cité pontificale suffisamment d'auberges et de gais compagnons pour se divertir agréablement. Revêtu d'un éclatant costume, nanti d'une bourse fort joliment gonflée et stimulé par les encouragements paternels – va, mon gars et amuse-toi bien ! – François part à la conquête de Rome.

Il se rend d'abord au tombeau de saint Pierre où il commence par se débarrasser de sa bourse. Voyant que les pèlerins y regardent à quatre fois avant de déposer sur l'autel le malheureux denier qu'ils regrettent visiblement de ne pouvoir couper en huit, François le magnifique est scandalisé. Pour montrer à ces lésineurs comment « il sied d'honorer l'apôtre que Dieu a placé au-dessus des autres », il élargit jusqu'aux voûtes le geste auguste du semeur et répand une volée de pièces d'or qui s'éparpillent en tintant sur le marbre.

Le voici délivré de sa petite fortune. Reste le resplendissant costume qui lui gratte encore désagréablement la peau. Devant saint Pierre grouille une population de mendiants qui déploient sur le parvis leurs guenilles, leurs effluves et leurs infirmités. S'approchant de l'un d'eux, François lui propose humblement un échange de vêtements.

Le misérable est abasourdi, mais il ne perd pas la tête pour autant et s'empresse d'accepter avant que le jeune seigneur n'ait retrouvé la sienne. Hélas ! la tenue princière lui sied comme un peignoir de mousseline à un chat-huant et la métamorphose du claquedent épanouit les rates les plus mélancoliques. Mais nul, parmi ces mendiants, ne songe à rire de François qui apparaît plus naturel, plus noble et peut-être plus élégant que jamais dans ces haillons déjà parfaitement ajustés à son âme.

Il serait fastidieux de décrire les réactions du Signor au retour de son fils. Vous vous doutez bien que son visage n'exprimait pas la béatitude et vous êtes habitués à le voir lever les bras au ciel, en se demandant ce qu'il a fait au Bon Dieu pour être affligé d'un pareil héritier. Il est certain qu'il ne mérite pas un tel fils : les épreuves qu'il endure et celles qui l'attendent ne paieront jamais le formidable honneur d'être le père d'un saint.

Ses déceptions ne font d'ailleurs que commencer. François s'éloigne chaque jour davantage. Abandonnant le magasin, fuyant ses compagnons, il quitte la ville aussi souvent qu'il peut. Il se retire sur la montagne, parce qu'il recherche la hauteur, et se réfugie dans les grottes parce qu'il a faim de solitude.

Parfois, un étrange ami l'accompagne, avec lequel il a d'interminables et d'exaltantes conversations. Ils ne se confient point leurs soucis ou leurs peines, ils ne se parlent jamais d'eux-mêmes, et pourtant ils ont le sentiment de tout se dire, absolument tout, pour cette raison très simple qu'ils ne s'entretiennent que de Dieu.

Etrange ami, en vérité ! Celano nous dit simplement qu'il « était de son âge et partageait ses goûts ». Mais nous ne savons point son nom, ni ce qu'il devint par la suite. C'est

pourquoi l'on nous pardonnera d'avancer une timide hypothèse : peut-être que ce merveilleux confident laissait ses ailes
au vestiaire des anges avant d'accompagner François sur les
hauteurs du Subasio.

NEUVIÈME ET DERNIÈRE REPRISE

Le combat touche à sa fin. Il y a déjà longtemps que François ne résiste plus, et jamais l'expression « demander Grâce »
n'a trouvé un aussi solennel emploi. Mais l'ange doit exiger
une capitulation totale afin que le Ciel tout entier puisse glorifier le vaincu.

« Au temps de ma vie pécheresse, rien ne me dégoûtait
comme de voir des lépreux » a dit le saint dans son testament.
Ce n'est pas une originalité. Un homme du Moyen Âge, nous
l'avons déjà dit, passerait plus volontiers une nuit dans une
fosse de vipères qu'une minute dans une léproserie.

Par un matin couleur de miel, François prend son cheval et
va se promener à travers la campagne. Ses pensées sont étales
et son âme repose à la surface du bonheur comme un nénu-
phar sur l'eau calme. Soudain, sur la route blanchie par le
soleil, se dresse une forme sombre : un lépreux ! Le cheval se
cabre à quelques pas de l'effrayante apparition. François
ferme les yeux et s'efforce de rester immobile, mais son âme se
hérisse et recule, recule, portée dans un tourbillon d'horreur.

C'est alors qu'une poigne de fer – je veux dire une main
d'ange – s'abat sur son épaule et qu'une voix lui dit : « Ouvre
les yeux, Jésus est devant toi. » Faisant un effort inouï pour
soulever des paupières que la peur a plombées, François
découvre la terrible face. C'est une venaison noirâtre et san-
guinolente qui n'a plus forme de visage. Seul, le regard vit
encore, un regard éperdu, lamentable, plus déchirant qu'un
cri. « François, dit ce regard, pourquoi me fuis-tu ? »

François reste immobile, soudé à son cheval, vitrifié par la
peur... Puis, lentement, sa poitrine se soulève. Il est comme
quelqu'un qui a cru étouffer et réapprend à respirer... Du ciel,
on le voit avancer comme un funambule sur le fil de la Grâce.
Les oiseaux se taisent, les cigales font silence, le soleil blêmit
et les anges attendent en suspendant leur souffle... Et voici que
soudain François saute à bas de son cheval, se précipite sur le
lépreux et le serre dans ses bras en balbutiant des salutations

éperdues : « Bonjour, seigneur ! Bonjour, doux ami ! Bonjour, petit frère ! »

Le seigneur sans visage et sans mains croit renaître sous cette avalanche de tendresse, tandis que François agonise de félicité. Mais il ne veut pas s'en tenir là. Qu'est-ce qu'un peu d'amour donné à un lépreux quand il y en a par centaines dans les léproseries ? Après avoir réconforté le misérable, il remonte en selle et prend le chemin du prochain lazaret.

Dès le seuil de cet enfer, son regard découvre un grouille- ment hideux, dont la pestilence mettrait les vautours en déroute. Or c'est en souriant qu'il franchit la clôture : « Allons, mon âme, donnez-vous la joie d'entrer. »

Avançant au milieu des lépreux stupéfaits, il serre de san- guinolents moignons, embrasse d'infectes plaies, distribue les maigres richesses enfermées dans sa bourse et les immenses trésors contenus sans son cœur. L'ange du Seigneur a gagné son combat. Mais son adversaire est à peine à terre que, déjà, il lui tend les mains, le relève et le proclame victorieux, sous les acclamations de tous les chœurs du ciel.

Ainsi finit l'histoire du petit Bernardone. Elle se termine au moment où il entre dans la léproserie. Lorsqu'il en sort, com- mence l'histoire de saint François.

6.

François dort la fenêtre ouverte. C'est pour laisser entrer l'aurore qui vient, comme une grande sœur, le réveiller chaque matin. Des centaines d'oiseaux l'accompagnent, qu'elle dispose sur les arbres et les toits d'alentour, avec mission de gazouiller tout leur soûl. Puis, elle se glisse dans la chambre de François, s'approche doucement de son lit et souffle des rayons roses sur ses paupières. François ouvre les yeux, remercie d'un sourire l'aurore et ses oiseaux, se lève d'un bond, s'habille d'un trait et saute par la fenêtre. Rassurez-vous, sa chambre est au rez-de-chaussée ! Mais serait-elle au troisième étage qu'il en sortirait encore de la même façon. Quand on est soutenu par la grâce, on se moque bien de la pesanteur.

Le voici maintenant qui descend la colline. Il y a un petit âne dans le pré. Le petit âne connaît bien le fils de Pietro Bernardone. C'est un ami. C'est un frère. Il a une façon de vous passer la main dans les oreilles qui abolit toutes les distances et vous fait oublier votre condition de bourricot. Aussi, chaque matin, quand le petit âne l'aperçoit, son premier mouvement est-il de trotter à toutes pattes vers son ami François. Mais chaque matin, il s'arrête au bord du chemin. Par discrétion ! Il voit bien qu'à cette heure son frère humain n'a pas envie de faire la causette. Il court trop vite. Son regard brille, son visage rayonne et le petit âne, qui a l'oreille subtile, entend carillonner son cœur. Non, ce n'est pas le moment de lier conversation. Le jeune homme est pressé, ça se voit. Il a rendez-vous, ça se devine. Et il faudrait être le plus sot des ânes pour ne pas comprendre qu'il s'agit d'un rendez-vous d'amour.

Mais voilà qui n'est guère facile à conter. Ah ! si François courait au-devant d'une jouvencelle, nous pourrions vous chanter la rencontre en termes exquis. Mais il s'agit d'une tout autre passion, et si nous avons requis un bourricot pour rendre compte de l'exaltation du jeune homme, c'est parce que notre compétence en matière d'amour surnaturel est celle d'un âne, à la parole près. Alors comment pourrions-nous vous décrire la rencontre de François avec Dieu, comment le pourrions-nous ?

Il vaut mieux que nous restions en arrière et que nous laissions François Bernardone avancer tout seul. Le voici devant Saint-Damien, devant la porte de la petite église. Il s'apprête à l'ouvrir, il approche sa main du loquet... Mais que lui arrive-t-il ? On dirait qu'il hésite... Il a couru comme un fou vers la chapelle et maintenant, voici qu'il hésite, voici qu'il n'ose plus entrer... Regardez-le : il tremble, sa main tremble. Que se passe-t-il ?

Il se passe que François n'entre plus à l'église comme autrefois. Il ne va plus chez Dieu comme chez n'importe qui. (Ainsi que nous, par exemple. Ainsi que vous, peut-être ! C'est vrai, nous entrons dans la maison de Dieu aussi négligemment que dans un salon et nous connaissons d'honnêtes paroissiens qui sont plus troublés en pénétrant dans le bureau de leur directeur qu'en s'approchant du Saint Sacrement.) Si François grelotte d'émotion devant la porte de Saint-Damien, c'est parce que Celui qui fait tourner les soleils, le Roi du ciel et de la terre l'attend à l'intérieur. Il est crucifié sur le mur de la chapelle et il attend François d'Assise. C'est un rendez-vous qui va compter dans l'histoire des hommes...

Mais il doit y avoir autre chose encore. François ne bouge toujours pas. Peut-être qu'un dernier combat se livre en lui. Dieu l'attire irrésistiblement, nous le savons. Mais peut-être qu'il ne l'effraie pas moins. Il l'attire par la perfection de son amour, mais peut-être qu'il l'effraie par l'immensité de son exigence. François sait bien que Dieu lui donnera tout. Mais il sait aussi qu'il ne lui laissera rien. S'il Lui cède – et comment lui résisterait-il ? – s'il Lui cède pour toujours, adieu le monde, adieu les belles, adieu les amis... Adieu même maman Pica, adieu papa Pietro...

Certes, certes, François a déjà pris congé de bien des vanités. Mais il reste encore quelques amarres à couper et qui sont si fortement scellées dans son cœur qu'il ne pourra les rompre sans déchirement. Il y a son père, d'abord. Depuis que Pietro Bernardone le voit « mal tourner », comme il dit, il s'assombrit de plus en plus. Il avait été si fier de son fils ! Trop fier ! A présent, qu'est-ce que vous voulez, il a honte ! Et ça crève le cœur de voir comme il a changé. Lui qui était le plus bavard et le plus gai des hommes, il ne rit plus, il ne chante plus, il parle à peine. Et maman Pica, vous croyez qu'elle ne souffre pas ? Bien sûr, elle est plus clairvoyante que son mari. Elle a compris le mystérieux travail qui s'accomplit en son enfant. Mais elle reste inquiète, angoissée... Une chose qui commence aussi mal, on se demande si elle finira bien ! Or, François a beau vivre les yeux tournés vers le ciel, il voit, il connaît le désarroi de ses parents. Et il sait bien qu'en tirant sur les amarres qui le retiennent à son père et à sa mère, c'est leur cœur à eux qu'il arrache...

Voilà pourquoi, sans doute, il reste figé sur le seuil de Saint-Damien tandis que son âme, affolée par l'approche du Très-Haut comme une boussole par la proximité du pôle, tournoie vertigineusement. Dieu n'a plus qu'à le cueillir...

C'est fait. François n'est plus là. On n'a même pas vu la porte s'ouvrir. Il a disparu sans qu'on s'en aperçoive, aspiré par l'amour divin comme une goutte de rosée par le soleil. Maintenant, nous n'avons plus qu'à attendre en essayant d'imaginer ce qui se passe à l'intérieur. Dans le monde visible, il n'y a qu'un jeune homme agenouillé devant le Christ de Saint-Damien. Dans l'invisible, il y a Dieu tout en haut et cette âme tout en bas, séparés par l'infini et unis par l'amour. (Si l'arc de lumière qui jaillit, ce jour-là, entre la créature et son Créateur avait eu des propriétés *physiques*, il eût embrasé la terre.) Et puis non ! N'essayons pas d'imaginer. Pour savoir ce qui se passe entre François d'Assise et Dieu, il faudrait que nous soyons nous-mêmes des saints.

Regardons plutôt autour de la petite église. Voici que le paysage tout entier, comme s'il avait été mystérieusement averti, s'associe à l'adoration de François. Les cyprès de la colline, les clochers et les tours de la ville, les fumées des toits, tout cela monte vers le ciel et, comme celle de François, l'âme des choses semble chargée d'amour. Tout n'est qu'ascension... Mais que les mots sont lourds, mon Dieu, que les mots sont lourds qui voudraient exprimer tout cela !

Soudain la porte s'ouvre. François surgit. Il rayonne. Il exulte. Il danse. Il rit. Puis, prenant brusquement ses jambes à son cou, il passe devant le petit âne à la vitesse d'un projectile et disparaît en direction d'Assise...

Il était dans un état d'exaltation incroyable, et on l'entendait qui parlait tout seul : « Il faudra des pierres, disait-il, des outils, des compagnons... Donc, il faudra de l'argent, beaucoup d'argent. Eh bien, j'en trouverai ! Je ferai n'importe quoi, mais j'en trouverai ! »

Thomas de Celano nous apprend le motif de ce déchaînement : « Comme il était prosterné devant le crucifix de Saint-Damien, il fut touché et visité de grâces extraordinaires qui le rendirent tout autre que celui qu'il était en entrant. Encore tout ému, il entendit soudain, par un miracle inouï, ce tableau qui lui parlait, l'appelant par son nom : " François, lui disait-il, va et répare ma maison qui, tu le vois, tombe en ruines. " »

Voilà pourquoi nous l'avons vu filer comme un carreau d'arbalète en sortant de l'église. Il est de ceux qui, lorsque Dieu leur demande quelque chose, ne se le font jamais dire deux fois.

∞

Le Signor Bernardone est debout dans son magasin. Les yeux ronds et la bouche ouverte, il regarde fixement les rayons. Il y a, dans la parfaite ordonnance des coupons, un vide. Un vide aussi choquant qu'une brèche de deux incisives dans la denture d'une jouvencelle. Le Signor se frotte les paupières. Il aimerait se convaincre qu'il est le jouet d'une illusion. Hélas ! il est la victime d'un cambriolage et il ne lui reste plus qu'à pousser les clameurs qui s'imposent en pareille circonstance. Il se précipite dans la rue et, par des braillements déchirants, il appelle la population à partager sa fureur et son désespoir.

Malgré l'heure matinale, la cour et la maison se remplissent en quelques instants d'une foule de curieux dont le regard narquois laisse entendre qu'ils ne compatissent guère et qu'ils s'amusent beaucoup. Il ne manque à la fête que le fils de la maison.

– Où est-il encore, celui-là ? grommelle le Signor. Dans son lit, naturellement. Il dort pendant qu'on cambriole son père ! Il ronfle au lieu de poursuivre les scélérats.

Un tel scandale ne saurait durer et le Signor se rue dans la chambre de son fils. Tiens ! Voilà qui est bizarre ! François a disparu ! Le Signor se précipite à l'écurie. C'est pour enregistrer une troisième surprise : son meilleur cheval a pris la clef des champs.

– Nom d'un Pérousin ! grogne le Signor.

À la façon dont il se frappe le front, on devine qu'il est en train de comprendre : son tissu, son cheval et son fils sont partis ensemble. Pietro Bernardone congédie les curieux qu'il a rameutés et, fidèle à ses habitudes, il va déployer sa colère devant son épouse. Thème du réquisitoire : François, n'ayant pas été capable de devenir guerrier et se révélant inapte à faire un commerçant, vient d'inaugurer brillamment une carrière de cambrioleur. Maman Bernardone, avec un sourire triste, interrompt son mari :

– Voyons, Pietro, pourquoi aurait-il volé ?

(*C'est vrai, pense le Signor, pourquoi ?*) Depuis qu'il a été malade, il ne sort plus. Ou presque plus. S'il sort, c'est pour se rendre à l'église. (*Hélas, pense le Signor, hélas !*) Il fuit ses camarades, il vit quasiment comme un saint. Alors, pourquoi t'aurait-il volé ?

Le Signor se concentre. Mais c'est vrai, ça ! Elle a raison, Pica. Un petit saint, ça ne cambriole pas. Donc, si François a volé son père, c'est qu'il n'est pas un petit saint. Ça tombe sous le sens... L'espoir reflue dans le cœur du Signor :

– Ça y est, Pica, j'ai compris. Il est amoureux. Il courtise une jeune fille et il aura voulu lui faire un cadeau. Ou peut-être qu'il entend donner une fête à ses amis et qu'il n'a pas osé me demander de l'argent.

Pica Bernardone calme le Signor. Non, François ne court plus le cotillon et il n'est pas d'humeur à faire la noce. Elle en est certaine. Mais elle est également sûre qu'il n'a pas volé.

– C'est ça ! s'exclame le Signor. C'est le cheval qui a raflé le tissu et qui a pris la fuite. Et notre valeureux fils s'essouffle à lui courir après... Allons, Pica ! Un peu de bon sens ! Cela crève les yeux que c'est lui !

– Tout cela est mystérieux, murmure Maman Pica. En tout cas, s'il a volé, il doit être bien malheureux !

François ? Malheureux ? Ce n'est pas l'impression qu'il donne à ceux qui le voient revenir sur la route d'Assise. Des trois disparitions qui désolent le Signor, il ne reste que lui. Le tissu et le cheval, convertis en deniers au marché de Foligno, gonflent fabuleusement sa bourse.

– Seigneur, monologue-t-il, me voilà riche. Je vais pouvoir vous la réparer, votre église. Vous allez voir, vous allez voir, elle sera la plus jolie de la vallée.

Les oiseaux, les moutons, les ânes et les passants regardent sans comprendre ce jeune homme que la joie fait danser sur la route. Là-haut, à l'orée du ciel, les anges se poussent de l'aile en souriant : « Voilà François d'Assise qui vient de filouter son papa ! » Il ne faut pas le dire, mais tout ça les amuse, eux. Inaugurer une carrière de saint par un cambriolage, ça n'est tout de même pas ordinaire.

Le soir tombe lorsque le voleur inspiré, titubant de fatigue, arrive devant Saint-Damien. Le desservant prend le frais sur le seuil de la chapelle. C'est un vieux prêtre dont le front sillonné de rides se plisse comme un soufflet à la vue de François. Que veut-il encore, celui-là ? Voilà plusieurs jours qu'on le voit rôder autour de l'église. Un drôle de petit noceur, à ce qu'on dit. Qu'est-ce qui peut bien l'attirer à Saint-Damien ?

Mais déjà le jeune homme tend sa bourse au vieux prêtre :

– Tenez, Monsieur le Curé !

Les sourcils de monsieur le curé s'arrondissent. Il ne comprend pas.

– Je vais vous expliquer, dit François. J'étais entré dans votre église pour y prier...

Le vieux prêtre ne bronche pas, mais son regard exprime plutôt la méfiance que la sympathie. Il sait bien que le jeune homme se recueille plus volontiers dans les vignes du Seigneur que dans Sa maison.

– Je priais donc, poursuit le visiteur, lorsqu'une voix m'a dit : « François, répare ma maison qui croule... »

– La voix de Dieu, sans doute ? ironise le Curé.

– La voix de Dieu, répond gravement François.

– Aussi, n'ai-je point perdu de temps. Je suis rentré à toutes jambes à la maison, j'ai pris deux pièces de drap dans le magasin, j'ai couru à l'écurie, j'ai sellé notre meilleur cheval et j'ai galopé jusqu'au marché de Foligno. Là, j'ai vendu le tissu. J'ai aussi vendu le cheval. Pendant que j'y étais, autant rapporter le plus d'argent possible, pas vrai ? Ma bourse est pleine. Prenez-la, monsieur le Curé ! Avec ça, vous allez pouvoir réparer votre église.

– Va-t-en ! dit le vieux prêtre.

– Voyons, monsieur le Curé, vous ne comprenez donc pas ?

Pour le coup, le vieux curé se fâche. Qu'est-ce qu'il ne comprend pas ? Il ne comprend que trop bien, oui. Le petit chenapan a besoin d'une leçon. Du sermon dont le vieux prêtre lui enduit les oreilles, il résulte qu'un jeune homme bien élevé ne devrait boire que de l'eau ; que s'il manque à la sobriété, il devrait aller cuver son vin ailleurs que dans une église ; que s'il échoue néanmoins dans la maison du Seigneur, rien ne l'autorise à prendre les hallucinations de l'ivresse pour des messages de l'au-delà ; enfin que Dieu ne saurait encourager un fils à dépouiller son père et que, en conclusion, le curé de Saint-Damien n'avait pas de temps à perdre avec un écervelé ou un filou.

Vous croyez peut-être que François baisse le nez ? Pas du tout. Pourquoi le baisserait-il ? Il n'entend pas. La voix de Celui qui l'adjure de réparer Sa maison n'a plus cessé de chanter en lui, et la musique dont elle remplit son âme couvre les radotages humains. Les remontrances du curé de Saint-Damien passent au large de sa conscience et ne font plus, dans le lointain, qu'un futile clapotis.

Il arrive qu'un mot plus vif vienne heurter son oreille. « Bambocheur » grogne le vieux curé. Alors, François sourit. « Oui, oui, dit son regard, je vois ce que vous voulez dire. Ce bambocheur-là, je l'ai connu mieux que vous. C'était moi. Je l'ai personnellement enterré. Ce n'est donc pas lui qui a entendu la Voix. C'est à moi que le Seigneur a parlé. Et moi, Signor Curé, vous pouvez me croire ! »

« Filou ! » a dit encore le vieux curé. Là, François a froncé le sourcil. Pourquoi filou ? Parce qu'il a pris un cheval et deux coupons de drap ? Mais nom d'une alouette, il aurait dû vider tout le magasin ! Oui, c'est ça qu'il aurait dû faire. Dire à son père : « Papa, Dieu m'a parlé ! Il ne veut plus voir son église en ruines. Il m'a demandé de réparer Saint-Damien. Dieu me l'a demandé, tu entends ? Il n'y a pas une minute à perdre. Il faut tout mettre en œuvre pour lui donner satisfaction. » Alors, on aurait sorti tous les tissus de la maison Bernardone. Avec l'approbation et même avec l'aide du papa. Et on aurait réquisitionné tous les ânes de la ville. Avec la bénédiction des habitants. Car on leur aurait tout expliqué, à eux aussi. Et on aurait formé une immense caravane qui serait allée d'Assise à Foligno. Et on aurait tout vendu. Les tissus et les bourricots. On n'aurait gardé qu'un seul âne. Pour rapporter l'argent. Si les gens avaient réclamé leurs bêtes, François leur aurait dit : « Vous n'avez pas honte ? Vous n'avez pas honte de chipoter pour un âne quand Dieu vous demande de réparer son église ? » Et ils auraient eu honte. Tellement honte qu'ils auraient demandé que faire encore pour être agréables au Seigneur. Et François leur aurait dit :

« Vous allez retrousser vos manches et m'accompagner à Saint-Damien ! » Et alors...

Alors, vous devriez voir la tête du vieux curé. Les yeux ronds et la bouche en O, son visage exprime le plus intense ahurissement. Parce que François s'est mis à parler tout haut et qu'il est passé du conditionnel au présent.

Après avoir, d'un geste impérieux, rassemblé la population d'Assise autour de Saint-Damien, le voici qui anime un silencieux ballet d'ouvriers invisibles, qu'on devine charriant soit des pierres, soit des poutres, clouant des planches... Lui-même dépense une activité prodigieuse. Son regard construit, ses mains échafaudent, tout son visage travaille, passant et repassant de l'expression d'un effort douloureux à celle d'une joie enfantine. Le vieux prêtre ne sait plus quoi dire, ni même quoi penser. Sa méfiance a fondu comme un glaçon dans une fournaise et sur son visage, où la gentillesse revient de seconde en seconde, s'allume un sourire d'amitié.

– Voilà, monsieur le Curé, conclut François. Voilà comment nous reconstruirons Saint-Damien. Quand tout sera fini, il n'y aura plus qu'un petit coup de balai à donner, pour la toilette inaugurale. C'est vous qui arroserez les dalles et vous ferez des 8 de toute beauté.

Le sourire du vieux curé s'élargit. Si un arrosoir lui poussait subitement dans la main, il n'en serait pas autrement surpris. Mais soudain il s'ébroue, se réveille :

– Oh ! dis, petit, tu ne serais pas en train de rêver, par hasard ?

Rêver ? Oui, ça peut s'appeler ainsi. Mais attention ! Le jeune homme n'est pas de ceux dont les rêves finissent à l'intérieur de l'esprit. Le rêve, chez lui, engendre l'action. Maintenant, les événements vont exploser et vous allez voir des merveilles. D'abord, les habitants d'Assise viendront, comme il l'a dit, réparer Saint-Damien. Mais bien entendu, il ne va pas les attendre...

– Monsieur le Curé, dit François, il reste encore quelques minutes avant le coucher du soleil. La reconstruction de Saint-Damien peut commencer. Je vais aller ramasser des pierres...

Le vieux prêtre regarde le jeune homme. Eclairé par les feux du couchant, le visage de François ruisselle de lumière. C'est un visage à la fois très volontaire et très doux, un visage qui donne confiance. Oui, qui *donne*... La confiance dont le jeune homme rayonne, le vieillard la reçoit comme un don.

Car voici que le soir tombe et c'est l'heure où, d'habitude, le vieux prêtre se trouve un peu triste, un peu seul, un peu perdu. Or, aujourd'hui, il se sent réfugié, protégé, content...

– Alors, Monsieur le Curé, c'est entendu ? Je reste avec vous ?

– Tu restes avec moi, François Bernardone... Mais je ne veux pas de ton argent.

– Mon argent ? Quel argent ! Ah ! c'est vrai...

Riant comme un enfant, François jette sa bourse en l'air. Elle décrit une trajectoire magnifique, retombe sur l'église et traversant le toit crevé, atterrit sur l'encoignure d'une fenêtre avec un bruit clapoteux.

– L'argent, proclame-t-il, on s'en moque !

∞

Grâce à de charitables commères qui ont le cœur sur la langue et rivalisent de zèle pour le mettre au courant, le Signor finit par apprendre la vérité.

– Vous savez où il est, votre François ? Il joue au moinillon dans les ruines de Saint-Damien. Et vous savez ce qu'il a fait de votre argent ? Il l'a jeté.

On dira tout ce qu'on voudra, il faut de la patience pour être le père d'un saint. Pietro Bernardone, rendons-lui cette justice, en a montré beaucoup. Maintenant, ses réserves sont épuisées. Son fils a dépassé la mesure. Il faut mettre un terme à ses folies. Sinon, que n'ira-t-il pas inventer pour tourmenter son père et ridiculiser le nom des Bernardone ?

Le Signor demande des volontaires pour marcher sur Saint-Damien. Il récompensera les braves et prendra lui-même la direction des opérations. Ce serait bien le diable, si quelques douzaines d'hommes décidés, armés de triques solides, ne venaient pas à bout d'un enfant de chœur en oraison.

La chasse fut peu glorieuse. Une escouade de braves envahit Saint-Damien, et l'on pense bien ce n'est pas le diable qui les laissa repartir comme ils étaient venus. À ce détail près, toutefois, que s'ils avaient le gourdin brandi et le regard décidé en descendant la colline, ils la remontèrent la matraque pendante et la mine allongée.

On vous montre encore à Saint-Damien, le renfoncement dans lequel François se serait dissimulé pendant que les chasseurs exploraient la chapelle. La cachette est singulière, et si l'on avait voulu exposer le fugitif à l'admiration des poursuivants, on n'eût pas pu trouver de niche plus ostensible. Or les chasseurs ne le virent point. Peut-être s'était-il tout simplement, selon la belle expression de Dante, « caché dans la lumière » ? S'il faut en croire un de ses biographes (Wadding), les pierres se montrèrent moins dures que les hommes et le mur s'ouvrit miraculeusement pour sauver François. Allons, allons... il s'était simplement retiré dans un refuge plus sûr ! Celano parle d'un cul de basse-fosse dont un seul homme connaissait le secret, mais il y a un trop précieux symbole dans cette partie de cache-cache entre l'enfant de lumière et les aveugles d'ici-bas, pour qu'on en veuille à la légende d'avoir un peu fleuri la vérité.

François demeura terré tout un mois. Il nous manque un adjectif qui serait à ciel ce que *terré* est à terre pour exprimer les délices de sa retraite. Vous en aurez peut-être une très légère idée en vous rappelant les merveilleuses cachettes – sous la table ou sous l'escalier – où l'enfant que vous fûtes mettait ses rêves à l'abri de la réalité. Habiteriez-vous un château ou un hôtel particulier, il nous étonnerait beaucoup qu'il soit aussi prestigieux que la niche à chien où vous receviez Blanche-Neige ou Cendrillon. En partant de cela, peut-être pourrez-vous imaginer la joie de François durant son confinement : il a invité Dieu, et le Créateur du ciel et de la terre est venu habiter son réduit.

Mais la joie n'empêche pas les autres sentiments. Si le bonheur du jeune homme est à peu près sans limites, il n'est pas tout à fait sans remords. On ne l'imagine pas disant : « Qu'importe si mon père meurt de colère et ma mère d'inquiétude, moi je vis avec Dieu ! Je vis en paix ! » Non, François ne dit pas cela. Il ne dit pas cela parce que vivre avec Dieu ce n'est pas vivre en paix. Au contraire. Lorsque Dieu vient habiter une âme, ce n'est pas pour l'endormir, c'est pour la réveiller ; ce n'est pas pour la plonger dans les délices, c'est pour ne plus la laisser en repos. Dieu est un hôte insatiable qui a toujours quelque chose à demander, et François serait bien loin du compte s'il pensait être quitte en rafistolant Saint-Damien. Il réparera la Maison de Dieu jusqu'à la fin de ses jours. Puis, il passera la truelle à ses fils qui resteront voués à la reconstruction jusqu'à la consommation des siècles. Car la Maison de Dieu, Sa Maison de la terre, croule en permanence. Forcément, puisque c'est aussi la maison des hommes ! Et cela fait, comme on dit, un sacré chantier : les légions de méchants, de vicieux, d'avares, de lâches ou d'indifférents qui démolissent à Satan-que-veux-tu pendant que quelques saints, quelques ouvriers de la prière et de la charité, réparent infatigablement les dégâts.

Or, en ce début du XIIIᵉ siècle, les démolisseurs ne reculent devant aucun péché pour dévaster la Maison du Seigneur, et François n'a plus une minute à perdre pour redresser la situation. Il faut qu'il sorte de sa cachette, qu'il aille régler ses affaires avec papa Bernardone et qu'il prenne son service sur les chantiers de Dieu...

Dans le soir qui tombe, un jeune homme pâle gravit le petit chemin qui monte vers Assise. Arrivé devant les portes, il a un instant d'hésitation. Puis, il fait un grand signe de croix et se jette dans la ville. Voici près d'un mois qu'il vit de prière et d'eau fraîche et ce régime l'a rendu transparent. Transparent mais non pas invisible, hélas ! Parce qu'il faut voir comme il est accoutré ! Les commères qui prennent le frais sur le seuil des maisons n'en croient pas leurs yeux. « Si c'est pas malheureux ! Mais il est en loques ! Décidément, il ne sait plus quoi inventer pour se rendre intéressant. »

François, qui voudrait plutôt se rendre imperceptible, est suivi par une douzaine de galopins ; ceux-là mêmes qui escortent habituellement l'idiot du village et qui tournent autour de lui comme des taons autour d'un bourricot. Le plus déluré d'entre eux vient d'improviser une comptine que toute la bande reprend en chœur :

> *Il était une fois*
> *Un vilain François*
> *Qui chipait du drap*
> *A son pauv' papa...*

La comptine vole de ruelle en ruelle et, passant par la fenêtre ouverte, pénètre dans la salle où Pietro Bernardone prend le repas du soir et vient bourdonner aux oreilles du Signor. Le Signor s'essuie la bouche, se lève en renversant sa chaise et se précipite au-dehors. Et il voit, collé contre le mur d'en face, cerné par une marmaille vociférante, son fils.

Dieu du Ciel ! Il fonce sur le petit groupe, disperse les braillards dans un ouragan de calottes, empoigne François par le col, le traîne jusqu'à la maison et le précipite dans l'escalier qui descend à la cave.

Un cri déchirant s'élève. Maman Bernardone a vu son enfant rouler en bas des marches. Mais le père n'entend rien. Il hurle lui-même à faire crouler les murailles :

– Ah ! te voilà, voleur ! Misérable voleur ! Même les enfants te poursuivent et t'insultent ! Tu n'as pas honte, dis ? Tu n'as pas honte ? Tu n'as pas honte ?

Ses interrogations sont cadencées par un gourdin que le Signor a saisi par terre et qui s'abat en sifflant sur François. Les coups pleuvent sur le corps mais c'est l'âme qui les boit, comme une bienfaisante averse. François serre les dents. Ses yeux brûlent, ses oreilles bourdonnent, sa chair est labourée par une douleur ardente mais, dans le fond de son cœur, une joie surprenante s'allume : « Regardez, Seigneur ! Je tiens bon ! » C'est une joie d'enfant, d'enfant qui triomphe de sa peur et de sa faiblesse. Lui qui redoutait la lèpre, il a embrassé des lépreux ; lui qui aimait la gloriole et les fanfaronnades, il s'est réjoui d'être humilié ; lui qui craignait la douleur, voici qu'il brave courageusement les coups. « Et ça fait mal pourtant, Mon Dieu, que ça fait mal ! Mais si Vous m'aidez, Seigneur, je ne serai pas trop indigne de Vous. » Le petit Bernardone sent monter en lui, comme une flamme, la force de saint François.

Mais voici qu'une vapeur de sang vient embrumer son regard. Il glisse à terre, sans un murmure, sans un cri. La fureur, peu à peu, abandonne le Signor. Il répète une ou deux fois : « Tu n'as pas honte ? Tu n'as pas honte ? » Puis, sa voix s'éteint, son bras retombe... Quant à la honte, c'est lui, maintenant, qu'elle envahit.

Il regarde son fils à terre. Il se penche sur lui, en bégayant de maladroites excuses. Son remords est tel qu'il va lui demander pardon. C'est alors qu'il rencontre le regard de François. Et dans ce regard, la joie brille. Elle brille comme un défi.

Pietro Bernardone se redresse et, pour ne pas recommencer à frapper, il sort de la cave, referme la lourde porte de fer et la verrouille rageusement.

Il la rouvrit le lendemain matin. « Alors ? » grogna-t-il sur le seuil. « Alors quoi ? » répondit doucement le regard de François. « Alors, la raclée d'hier soir t'a suffi ? Ou bien veux-tu que je recommence ? » Non, Signor, la raclée d'hier soir ne lui a pas suffi et vous n'auriez jamais assez de force ni de temps pour lui administrer toutes celles qu'il croit mériter. Mais il ne veut pas que vous recommenciez. Il sait bien que cela vous fait plus mal qu'à lui. Comprenez donc, Signor, qu'il ne sert plus à rien de vous obstiner...

Hélas ! le Signor s'obstinait. « Il n'épargna ni les arguments, ni les coups pour venir à bout du rebelle » dit Celano. Mais les arguments restaient faibles si les coups étaient vigoureux. Par exemple, le Signor recensait ses biens – maisons, chevaux, sacs d'écus et tissus en tous genres – et il essayait de glisser ce ridicule inventaire entre son fils et Dieu :

– Tout cela est à toi, François, si tu renonces à tes folies !

– Que sont maisons, chevaux, sacs d'écus et tissus en tous genres, auprès de ce que va me donner Dieu, répondait le regard de François. Je vais être l'homme le plus riche du monde et tu m'offres une situation dans la mercerie.

Mille troupeaux de démons revenaient au galop dans le cœur du Signor. Ses yeux lançaient des flammes, ses poings des coups, sa bouche des imprécations. Son fils était un voleur, un fainéant, un lâche, un ingrat, un fou...

Un sourire traversait la douleur de François. Assurément, il avait été tout cela. Il avait été cent fois pire. Il l'était peut-être encore... Mais si Dieu le voulait, si Dieu lui venait en aide, il ne le serait plus. Et pendant que pleuvaient les injures et les coups, François, étouffant les gémissements que lui arrachait la douleur, priait silencieusement :

– Seigneur, bénissez mon père. Pardonnez-moi de l'avoir mis en colère. Pardonnez-moi de l'avoir forcé à me frapper.

∞

La séance terminée, le Signor Bernardone verrouille solidement la porte et remporte sa colère avec lui :

– Ah ! mauvaise graine, graine de voleur, hurle-t-il dans l'escalier. Je vais t'apprendre à marcher droit.

On pourrait lui répondre que pour apprendre à un jeune homme à marcher droit, on ne l'enferme pas dans un réduit où il ne peut même pas tourner en rond. On pourrait lui dire aussi qu'une graine, ça ne marche pas : ça pousse. À plus forte raison lorsqu'on la met sous terre et qu'il s'agit d'une graine de saint. Pareil au grain de sénevé qui, enfoui dans le sol et nourri par la pluie du Bon Dieu, remonte vers la lumière et devient un arbre magnifique sur lequel se rassemblent les oiseaux du ciel, François, planté dans cette cave et nourri par la grâce, va monter vers la sainteté, donner naissance à un ordre immense et se retrouver avec une multitude de petits frères sur les bras.

Pour l'instant, il germe. C'est une croissance invisible et silencieuse, mais elle se répand à travers la maison comme le parfum de l'encens à travers une église. Il est pourtant bien sage dans son cachot. Il ne bouge pas, ne se plaint pas, respire à peine. Mais on sent palpiter sa présence du sous-sol au grenier. Le Signor ne peut plus y tenir. La colère, le remords, la honte et le douloureux regard de maman Bernardone lui dévorent le cœur.

Délivrer son fils ? Il en meurt d'envie. Mais le désir de le soumettre ne le démange pas moins et le voici constamment partagé entre la tentation de lui rompre les os et celle de lui ouvrir les bras. Bref, depuis que François macère dans la cave, la maison est inhabitable et le Signor ne s'y sent pas plus à l'aise qu'un démon dans un bénitier...

Un beau matin, il fit seller son cheval et partit en voyage. Le geôlier fuyait son prisonnier.

Maman Pica, nous le savons, souffrait davantage encore. Lorsque François remuait dans sa cave, elle le sentait bouger dans son cœur. Le Signor avait à peine tourné les talons que, déjà, elle descendait l'escalier.

La voici devant la porte du cachot. Ses mains tremblent en manœuvrant le lourd verrou. Le battant grince lugubrement. Tout au fond du réduit, étrangement silencieux, François se tient agenouillé. Il n'a même pas tourné la tête. C'est à croire qu'il n'a rien entendu. On dirait... on dirait qu'il n'est pas seul. On dirait que *Quelqu'un* lui tient compagnie. Oui, c'est ça, il semble tendu vers *Quelqu'un*. Tendu de tout son regard, de tout son visage, de toute son âme... Maman Pica se sent presque de trop. Pour un peu, elle repartirait, elle refermerait le cachot...

Mais elle est folle ! A quoi pense-t-elle ? Voici plus de cinq jours que François vit dans les ténèbres. Ça lui a peut-être obscurci l'esprit ? Qu'est-ce qu'elle attend pour le réveiller ? Maman Pica s'approche doucement de son fils : « François ! » murmure-t-elle. Il ne bouge pas. « François ! » répète-t-elle en lui touchant l'épaule. Alors, François se tourne vers sa mère et lui offrant son plus beau sourire, il dit : « Bonjour maman ! Que fais-tu là ? »

Maman Bernardone ne sait pas si elle doit rire ou pleurer. L'habitude aidant, ce sont les larmes qui l'emportent et François s'étant levé, la voici qui sanglote dans ses bras.

– Mon pauvre petit ! Comme tu as dû souffrir dans cette obscurité, ce froid, cette solitude...

Elle a dû tant souffrir elle-même que François n'ose pas lui dire qu'il était divinement heureux.

– Mais c'est fini. Je viens te délivrer. Je ne veux plus que tu restes en cet affreux réduit.

Elle se réjouit tellement que François n'ose pas lui avouer que c'était un endroit merveilleux où Jésus lui tenait compagnie. Mais il proteste un peu tout de même. Que dira son père s'il trouve le cachot vide ?

– Justement, justement, nous lui ferons la surprise, dit-elle en le tirant dehors. Ton père t'adore, tu le sais bien. Il a tout fait pour que tu sois heureux. Et toi, mon enfant, tu ne l'as guère payé de retour, conviens-en. Mon Dieu, quand je songe aux rêves qu'il faisait, aux espoirs qu'il plaçait en toi ! Et maintenant... voilà ce qu'ils sont devenus. Oh ! je sais ce qui te tourmente, mon petit François. Tu voudrais entrer au service de Dieu, au service des pauvres... Je te comprends, tu sais, je te comprends... Mais je comprends ton père aussi. Et comme il dit, le Bon Dieu n'en demande peut-être pas tant. Il ne veut pas le malheur des familles, tout de même... Crois-moi, François, reste un bon fils et deviens, comme ton père, un habile commerçant... Tu gagneras de l'argent et tu pourras les aider, les pauvres, tu pourras les gâter... Ils seront plus heureux de profiter de ta richesse que de te voir partager leur misère. Et Dieu sera content tout de même. Et ton père encore plus. Et moi aussi, François, moi aussi je serai contente... Tu vas me promettre d'être raisonnable. Et quand ton père reviendra, tout sera pardonné, tout sera oublié. Nous serons heureux comme avant, François, comme avant... Mais je parle, je parle et je te laisse mourir de faim. Je vais te préparer quelque chose. Voyons, qu'est-ce tu aimerais manger ?

Tout en parlant, maman Pica s'affaire dans la cuisine. Elle sort le pain, les œufs, le lard, saisit une poêle, va vers la cheminée... François ne dit rien. Mais il s'est approché de la porte et il a mis la main sur le loquet. Son visage est grave, presque douloureux.

– Eh bien ! François, réponds-moi. Qu'est-ce que tu aimerais manger ? répète maman Bernardone en tisonnant les bûches dans la cheminée.

– Maman !

Il a prononcé le mot d'une voix si poignante que maman Bernardone s'est aussitôt retournée.

– Maman, je te demande la permission de m'en aller.

Aussi pâles l'un que l'autre, la mère et le fils se regardent. (Je sais, on fait beaucoup parler les regards dans ce livre. Mais ils sont tellement plus éloquents que les mots.) Celui du fils exprime un déchirement indicible. Celui de la mère une soudaine et totale résignation.

– Eh bien va, François, dit-elle, va !

François ouvre la porte et sort. Il redescend vers Saint-Damien comme le ruisseau vers la rivière. Avant de disparaître au fond de la ruelle, il se retourne. Maman Bernardone est debout sur le seuil. Elle fait un signe d'adieu. François lui répond. Mais il est déjà loin. Il n'a pas vu trembler la main de sa mère. Il n'a pas vu les larmes qui roulent sur son visage.

∞

L'heure est venue, pour nous aussi, de prendre congé de maman Bernardone. Nous ne la retrouverons plus dans ce récit. Les biographes ne font plus mention d'elle : sa dernière apparition aura été pour délivrer son fils. Point n'est besoin de jouer sur le mot pour deviner le sens de cette *délivrance*. Maman Bernardone a redonné le jour à saint François. Elle l'a mis au monde dans la petite étable. Elle l'a remis à Dieu en lui rendant la liberté, en lui donnant la clef des champs célestes. Voilà ! Son rôle est terminé. À présent, elle peut se retirer.

François disparu, elle est entrée dans sa maison. Elle a pris son mouchoir pour essuyer ses larmes. Une quinte de toux est venue la secouer. Alors, elle a porté son mouchoir à la bouche et le sang l'a rougi. Nous ne le savions pas parce qu'elle est discrète. Si discrète que nous ne la verrons même pas s'en aller. Elle partira sans rien dire un soir d'automne, ou de printemps. Elle quittera la scène par le côté du jardin. Le côté du paradis. Puis, elle ira s'asseoir parmi les anges et suivra l'histoire de saint François d'Assise par une croisée du ciel.

7.

La nouvelle a pris le départ sur la place d'Assise et n'a mis que quelques instants pour faire le tour de la ville. Les commères se l'envoient de fenêtre en fenêtre en la gonflant de commentaires.

– Vous ne savez pas ce qu'il a fait, le Signor Bernardone ? Il a cité son fils devant le tribunal. Et vous ne savez pas ce qu'il a fait, le fils ? Il a refusé de comparaître devant les juges du siècle. Il se prétend serviteur de Dieu. Vous vous rendez compte ? Il dit que le tribunal épiscopal est seul compétent. Il paraît que l'évêque est d'accord et que le jugement aura lieu jeudi... Ma chère, il ne faudra pas manquer ça !

Jeudi est arrivé. La place Sainte-Marie-Majeure est noire de monde. Les adversaires sont à quelques pas l'un de l'autre, comme on les voit encore dans la fresque de Giotto.

À gauche : Pietro Bernardone. Père indigné. Commerçant cossu. Propriétaire d'une des plus belles demeures d'Assise. Il représente la sagesse bourgeoise : enrichissez-vous.

À droite : François Bernardone. Fils indigne. Voleur par enthousiasme et dilapidateur par tempérament. Sans domicile fixe, il couche au pied de la croix. Il incarne la folie chrétienne : renoncez aux biens de la terre.

Au centre : le Juge, Monsignore Guido, évêque d'Assise. Mais c'est Dieu lui-même qui tient la balance sur laquelle le prélat va peser le père et le fils. Le plateau du Signor est lourd : cent soixante livres de chair bien nourrie auxquelles s'ajoute le poids de la fortune et de la prétention. Le plateau de François est léger : dans un corps translucide, une âme allégée par le renoncement et soulevée par la grâce. Mais il y a cette bourse qui vient fausser la pesée : elle contient l'argent dérobé qui sert de prétexte au procès. Il est visible qu'elle n'est pas à sa place dans la main du fils et qu'il suffirait de la restituer au père pour faire chavirer la balance. Pour faire descendre le plateau du Signor jusqu'à terre et faire monter celui de François vers le ciel.

L'évêque l'a compris. Il somme François de rendre à son père ce qui appartient à son père. Alors seulement, il pourra rendre à Dieu ce qui revient à Dieu.

François se tourne vers son père. Il s'avance vers lui. Il lui tend la bourse qu'il n'a eue qu'à reprendre là où il l'avait jetée. Le Signor a un grognement de satisfaction. Mais il attend encore. Il veut davantage. Il veut récupérer son fils. Son regard inquiet lui adresse une poignante supplication : « Reviens à ton père, François ! Nous oublierons tout. Nous étions si heureux avant... avant tout cela, si heureux ! Rappelle-toi, François, rappelle-toi ! »

François fixe douloureusement son vieux père. Il y a dans son regard une immense affection pour cet homme dévoué qui l'a comblé de bienfaits : une tendresse infinie pour cet homme irascible qui l'a roué de coups ; une pitié sans bornes pour ce père buté qui ne veut rien comprendre, qui veut s'interposer entre son fils et Dieu. Il faut qu'il comprenne, pourtant, il faut qu'il cesse de lui barrer le passage... « Père, père, dit encore le regard de François, c'est le démon qui se sert de toi ; c'est lui qui te dresse sur ma route. Il sait bien que tu es, avec maman, ce que j'ai le plus aimé et le plus respecté. Il croit que je n'oserai pas t'écarter de mon chemin... Mais il le faut, père, il le faut. Oh ! comme nous allons souffrir tous les deux ! »

François vient de fermer les yeux. Sans doute s'est-il mis à prier. Afin que Dieu lui donne la force de repousser son père. Mais voici qu'il lève à nouveau son regard sur Pietro Bernardone. Il est bouleversé, c'est visible. Ses mâchoires tremblent. Il va parler. Il parle :

— Ecoutez tous, commence-t-il. Jusqu'à ce jour, j'ai appelé Pietro Bernardone mon père...

Sur le mot père, sa voix s'est étranglée. Ce mot qui, depuis vingt ans, contient toute sa tendresse, toute sa reconnaissance, s'est brisé dans sa gorge... Mais il faut poursuivre, il le faut. Il détourne ses yeux de Pietro Bernardone (et voici le mot père qui lui remonte aux lèvres), il lève son visage vers le ciel (le mot emplit sa bouche), il plonge son regard dans l'azur (le mot exerce une telle pression qu'il va jaillir vers Dieu).

– Désormais, s'écrie François, je dirai Notre Père qui êtes aux cieux.

L'assistance est restée silencieuse. De longues minutes passent. Des anges aussi, soyez-en sûr. Soudain, des chuchotements s'élèvent dans la foule et, dans les derniers rangs, les curieux se dressent sur la pointe des orteils :

– Qu'est-ce qu'il fait ?

– On dirait qu'il se déshabille.

– Oui, oui, il se déshabille.

– C'est pas possible ! Il devient fou ?

Avec la grâce d'un jongleur, François envoie, l'un après l'autre, ses vêtements dans les bras de Pietro Bernardone.

– Qu'est-ce ça veut dire ? bredouille le Signor.

Ça veut dire (tenez, attrapez donc cet habit !) ça veut dire, Signor, qu'il entend vous rendre tout ce qu'il tient de vous ; ça veut dire aussi (hop ! voilà la chemise) que le « beau linge » ne l'intéresse plus, qu'il renonce à la société des gens bien habillés pour aller vers ceux qui sont nus ; ça veut dire encore (attention ! voilà les chaussures) qu'il se met, déjà, en tenue de voyage pour gagner la Paradis. Oh ! ce n'est pas tout à fait le costume de lumière qu'Adam portait avant le péché. Non. Regardez, Signor, regardez ce qui enveloppe les reins de votre fils : un cilice.

François, maintenant, est nu. Sauf cette ceinture de crin qui lui étreint les flancs. On n'entend pas un murmure : la foule a le souffle coupé. Des païens qui verraient Vénus émerger de l'onde ne seraient pas plus éblouis que les concitoyens du petit Bernardone en le voyant sortir de ses vêtements. Une gravité lumineuse extasie les visages. Assise vient d'assister à la naissance de saint François.

Monseigneur Guido s'approche et couvre le jeune homme nu de son manteau d'évêque. L'Eglise prend François sous son aile. Dorénavant, elle sera sa mère puisqu'il n'a plus d'autre père que Dieu.

La foule, lentement, se disperse, laissant François à sa nouvelle famille. Il ne reste plus sur la place, écrasé de honte et de chagrin, que le vieux Pietro, avec sa bourse dans la main et un petit tas de vêtements à ses pieds.

∞

« Ah ! Subasio ! Mon vieux Subasio ! Tu as rajeuni de mille ans. Comme tu es beau ! Comme tu es frais ! Comme tu es neuf ! »

Debout dans la lumière et le vent, François glorifie la montagne. Et il est vrai qu'en ce matin d'avril, le vieux Subasio resplendit. Pavoisé de rochers bleus, de pâtis verts, de neige étincelante, une chape d'azur sur les épaules, il prépare une réception grandiose au petit vagabond qui monte vers lui.

François était parti d'Assise au lever du soleil. Il avait passé la nuit sous le toit de l'évêque. « Où vas-tu ? » lui demande le prélat en prenant congé de lui. François pointa l'index vers la montage. Comprenant que son protégé avait une vocation irrésistible pour les cimes, Monseigneur le laissa s'envoler.

Il était vêtu d'un manteau troué que lui avait abandonné le jardinier du palais épiscopal et sur lequel il avait dessiné, à la chaux, une croix blanche. L'évêque le suivit longtemps du regard. De ce petit homme en loques, si chétif et si doux, qui partait vers l'inconnu sans autre bagage que cette croix dans le dos, il se dégageait une telle impression de force et de hardiesse que Monseigneur en fut saisi d'admiration. N'eussent été ses vieilles jambes, ses reins perclus et cette lourde charge d'évêque, il serait volontiers parti derrière lui.

Voici donc François debout sur la montagne. Voici François debout dans le printemps. Il boit le printemps. Il le boit par les yeux, par les oreilles, par les poumons, par toute sa peau. Il le boit de toute son âme. Son âme est gonflée de printemps comme une éponge imbibée d'eau. Son âme ruisselle de couleurs, de parfums, de musique. Son âme déborde de joie, d'amour, de gratitude. « Me voici chez mon Père, songe-t-il. Ce merveilleux jardin est le portail de Sa Maison. Et mon Père est venu sous le portail accueillir Son enfant. C'est Lui qui me parle en ce moment. Lui qui me dit son amour. Il me dit son amour avec des caresses de lumière et de vent, des murmures de sources. Il me le dit avec des pervenches et des perce-neige, avec des alouettes et des papillons, avec... avec...

– Tiens ! Qui sont ces trois seigneurs ? Bonjour, nobles amis...

Tout ce que nous lui faisons dire, François, selon son habitude, le chantait. Il le chantait d'une voix timide et sonore. Si sonore que trois brigands, campés dans la forêt voisine, en eurent les oreilles chatouillées : « Vous entendez ? Un damoiseau qui chante. S'il chante, c'est qu'il est heureux. Et s'il est heureux, c'est qu'il est riche ! » se disent-ils, montrant par là que la logique du brigand n'est pas moins spécieuse que celle de l'honnête homme. Allons le détrousser ! »

– Bonjour mes seigneurs, répète notre chanteur. Que saint François nous pardonne, mais ces trois seigneurs ont une bien sale tête et ce n'est pas la grimace qu'ils font en découvrant le piteux accoutrement du joyeux troubadour qui leur embellit le portrait.

– Qui es-tu ? demandent-ils.

Et François, ôtant son manteau pour montrer la croix blanche qui lui sert de blason, répond avec majesté :

– Je suis le héraut du Grand Roi.

Les brigands se regardent. Ils ont compris : le petit homme est fou. Pour lui faire payer leur déception, ils se jettent sur le ténorino, lui administrant une frottée magistrale et après l'avoir roulé dans la neige fondue comme un beignet dans la farine, l'abandonnent au creux d'un fossé.

François reste un long moment silencieux, comme vous le seriez vous-mêmes si vous aviez les reins en capilotade et un tampon de neige sur la luette. Les brigands s'éloignent en ricanant :

– Vous avez vu cet hurluberlu ? Il s'est laissé rosser sans dire un mot. En tout cas, l'envie de chanter ne le reprendra pas de sitôt.

Mais François s'est déjà relevé et la première chose qu'il fait, c'est de vocaliser quelques arpèges pour éprouver le fonctionnement de son larynx. Les brigands s'arrêtent, ahuris. Piqués au vif par le peu de cas que l'hurluberlu semble faire de leurs coups :

– Je retourne lui plâtrer le bec ! dit l'un.

– Laisse donc ! Tu vois bien qu'il est fou !

Est-il fou ? Mettons-nous à la place du brigand : nous aurions probablement pensé comme lui. Et mettons-nous à la place de François. Imaginons qu'on nous ait trempés jusqu'aux moelles dans la neige fondue. Nous n'aurions pas envie de chanter. Parce que nous claquerions des dents et notre corps frissonnant et transi morfondrait notre âme. Seulement, chez François, c'est l'inverse : son âme en feu a réchauffé son corps grelottant et c'est en chantant de plus belle qu'il essore maintenant sa chemise et ses culottes.

Le printemps qui l'entoure, nous le comprenons à présent, est aussi, et surtout, essentiellement un printemps intérieur. Les papillons, les oiseaux, les fleurettes et les sources du Subasio dansent, chantent, respirent et jaillissent dans le cœur de François.

Il chanta, il dansa, il marcha tout le jour et quand le soir vint bleuir la montagne, il se dirigea, l'âme un peu ivre, vers un monastère des environs. Le frère portier semblait convenablement apprivoisé mais la grimace qu'il fit en ouvrant au vagabond lui conférait un petit air de famille avec les trois brigands. Ignorant, ou ayant peut-être oublié, les prescriptions de la Règle qui commande de « recevoir tous les hôtes comme on recevrait le Christ », il accueillit François d'Assise à peu près comme un chien. Quant aux autres moines, ils le traitèrent un peu moins bien que leurs cochons. Ce n'est pas nous qui le disons, c'est Thomas de Celano : « Pour sa nourriture, ils lui permirent de prélever un peu de ces eaux grasses qui sont la part des porcs. »

François s'en réjouit. Très misérable serviteur du Christ, il ne pouvait décemment prétendre à être reçu comme son Maître. Engagé comme homme de peine et chargé des plus rebutants travaux, il continua simplement de chanter. Mais à voix basse, pour ne pas troubler les méditations des moines et ne pas déranger le sommeil des cochons.

« Dans la suite, ajoute Celano, quand sa réputation de sainteté commença de s'établir, le prieur eut honte de l'avoir traité de la sorte et vint lui demander pardon. » On l'imagine aussi disant : « Qu'est-ce que vous voulez, nous ne pouvions pas prévoir que vous alliez devenir un saint ! » Hélas ! les hommes ne reconnaissent la grandeur que lorsqu'elle est fausse, et François, lorsque baissait en lui la pression de la joie, devait s'interroger sur le comportement de ses semblables. Autrefois, quand il n'était qu'un petit jouisseur sans vergogne, il faisait la fierté de son père, la joie de ses amis et l'amusement de ses concitoyens. Depuis qu'il s'était mis au service du Christ, son père le tourmentait, ses amis le fuyaient, sa ville le reniait, les brigands le rossaient et les moines eux-mêmes le traitaient avec mépris. Quand il songeait à cela, la joie se retirait de son âme et il se demandait avec tristesse si ce n'était pas Son Maître que l'on persécutait en lui.

∞

Le curé de Saint-Damien prend le frais sous un olivier lorsqu'il voit un petit homme, vêtu comme un ermite, descendre la colline. Reconnaissant l'arrivant, il rentre dans sa coquille et fait semblant de sommeiller. Il entend le petit homme s'approcher. Au bout d'un moment, ne percevant plus rien, il soulève prudemment une paupière. Assis dans l'herbe en face de lui, François Bernardone sourit de tout son visage. Le vieux curé se renfrogne.

– Allons bon ! se dit François. Encore un qui ne paraît guère content de me voir.

Non, le vieux curé n'est pas content. Il a eu suffisamment d'ennuis avec lui. Depuis l'invasion de Saint-Damien par la patrouille du père Bernardone jusqu'au procès devant l'évêque où son nom a été mêlé. Sans compter que la réputation du jeune homme ne s'est pas améliorée en ville où tout le monde le tient pour fou. Alors non, le vieux curé n'est pas content.

François entreprend de le réconforter :

– Réjouissez-vous, monsieur le curé, cette fois je reste avec vous...

– Quoi ?

– Je reste avec vous. Oui, je vois à votre mine que vous n'êtes pas content. Vous m'en voulez de vous avoir quitté. Mais il le fallait. Il fallait que je me mette en règle avec mon père. Et avec Dieu. Avec mon père, tout est fini. Et avec Dieu, tout commence. Il m'a déjà, comment vous dire, il m'a déjà comblé de grâces...

Et François raconte le matin sur la montagne. Le vieux curé se déride. François raconte la splendide frottée dont l'ont gratifié les brigands. Le bon curé se désopile. François raconte les quelques jours passés chez les moines et comment il écorniflait le brouet des cochons. Le vieux curé s'indigne : est-il permis de traiter un chrétien de la sorte ?

– Ah ! dit François, tout le monde n'exerce pas l'hospitalité d'aussi bonne grâce que vous...

Bref, une heure plus tard, le vieux prêtre et le jeune sans-logis s'attablent devant une soupe fumante pour discuter de la reconstruction de Saint-Damien.

– Il va falloir des pierres, dit le curé. Et nous n'avons pas un liard.

– Nous en trouverons sans argent. Je les mendierai.

– Tu veux mendier des pierres ? Les gens vont encore te prendre pour un fou. Ils t'en jetteront peut-être, oui. Mais ils ne t'en donneront pas.

– S'ils m'en jettent, je n'aurais plus qu'à les ramasser.

Le lendemain soir, les deux hommes se retrouvent à la même table. La soupe fume encore plus joyeusement que la veille, et François montre un très honorable appétit. Un appétit dont le tas de pierres qui s'élève derrière Saint-Damien fournit l'explication.

– Alors ? interroge le vieux curé. Ça n'a pas été trop dur ?

François raconte en souriant sa journée. Il a commencé par récolter des injures. Les pierres ne sont arrivées qu'ensuite. D'abord des cailloux. Des cailloux qu'on lui jetait, ainsi que le vieux curé l'avait prévu. Oh ! sans méchanceté véritable. Pour rigoler plutôt. « Tu veux des pierres ? Tiens, attrape celle-là ! » Mais le plus souvent on visait à côté. Pour ne pas lui faire mal. Alors, il insistait. Ce n'était pas des cailloux qu'il voulait. C'était des pierres. Et il ne les voulait pas pour lui. Il les demandait pour Dieu, pour la Maison de Dieu. Il disait : « Qui me donnera une pierre recevra du Seigneur une récompense ; qui m'en donnera deux, aura deux récompenses ; qui m'en donnera trois, aura trois récompenses. »

– Alors, poursuit François, alors ils m'ont cru. Ils ont cessé de me jeter des cailloux. Ils m'ont apporté des pierres. Voilà !

Voilà ! C'est pas plus malin que ça, semble-t-il dire. Le vieux prêtre en a les larmes aux yeux.

– C'est un miracle, murmure-t-il.

François éclate de rire :

– Un miracle ? Voulez-vous bien vous taire. Tout cela prouve simplement que les hommes sont meilleurs qu'on ne croit.

Mais le vieux prêtre hoche la tête. Il a soixante-dix ans. Il connaît les hommes. Il sait qu'ils ne sont pas meilleurs qu'on ne croit et que le miracle, justement, c'est de les rendre meilleurs qu'ils ne sont.

Inutile de demander comment François s'y prend. Son secret se lit dans ses yeux. Les yeux dit-on, sont les fenêtres de l'âme. Or, le vieux curé n'en doute plus, Dieu habite l'âme de ce jeune compagnon. Alors, quand le regard de François prend cet insoutenable reflet, n'est-ce pas Dieu lui-même qui sourit ou qui pleure « à la fenêtre ? » Un tel regard, lorsqu'il pénètre une âme haineuse ou méprisante doit la pacifier à l'instant, comme la caresse du maître apaise le chien qui gronde et le fait se coucher. Un tel regard peut transformer le sauvage qui vous lance de méchants cailloux, en ami qui vous offre de belles et de bonnes pierres.

– Demain, je recommencerai, conclut François.

Il recommença. Le miracle aussi. Non seulement les gens lui apportaient leurs pierres, mais tel qui, la veille encore, le traitait de fainéant, voyant ses omoplates s'incurver sous le faix, le délestait de son fardeau. Lorsqu'il eut des matériaux en suffisance, les travaux commencèrent.

François cessa d'aller quêter en ville et ce furent les badauds qui vinrent le voir sur son échafaudage. D'abord, ils vinrent pour rire, puis pour voir, puis pour aider. Saint-Damien reprenait des formes et des couleurs et tout le monde se réjouissait de voir la petite église sauvée de la décrépitude.

Le moins ravi n'était certes pas le vieux curé qui, autant pour récompenser François que pour le maintenir en forme, entreprit de lui mijoter des petits suppléments gastronomiques auxquels lui-même ne touchait pas. François, à qui le travail creusait les dents, les dégusta d'abord sans façon jusqu'au jour où une bouchée trop savoureuse lui resta en travers du palais. « Holà ! se dit-il. Ne serais-je pas en train de ripailler ? » Certes, ce n'étaient point les festins de sa première jeunesse, mais ce n'était pas non plus la frugalité requise par la vie de pauvreté qu'il avait embrassée. Thomas de Celano nous livre les réflexions qu'il s'adressa : « Tu ne trouveras pas toujours un prêtre pour te fournir une telle nourriture ; ce n'est pas prudent de t'y habituer : tu risques de retourner à ce que tu as méprisé et de retomber dans la mollesse. Allons, debout et va-t'en mendier ton fricot de porte en porte. »

Les Assisiates le virent revenir avec une grande écuelle à la main. Il y eut encore des ricanements et des haussements d'épaules, mais il tomba des miettes de presque toutes les tables et des rogatons de presque tous les plats. Malheureusement, cela se mélangeait dans l'écuelle, et lorsque François, inventoriant sa récolte, aperçut une oreille de cochon flottant sur une lagune de confiture, une détresse énorme lui étreignit l'estomac.

S'il lui avait coûté de mendier sa nourriture, le plus dur restait à faire : la manger. Il la mangea. Il l'avala pour l'amour de Dieu. Et Dieu qui l'avait aidé à transformer les lanceurs de cailloux en fournisseurs de pierres, lui fit trouver bon le contenu de l'écuelle. Désormais, il gagnerait son pain à la sueur de son orgueil, réservant celle de son front pour la réparation des églises.

L'orgueil, le petit résidu d'orgueil qui traînait peut-être encore au fond de son âme, fut balayé par une dernière épreuve.

– François, lui dit un jour le curé. Nous n'avons plus d'huile pour la lampe de la chapelle. Tu sais ce qu'il te reste à faire ?

Naturellement qu'il sait. Il faut en mendier. Il remonte en ville et se dirige vers une maison bourgeoise qu'il fréquentait autrefois. Malheur ! On y donne une fête et l'afflux de jeunesse est tel que les invités débordent dans la rue. Parmi eux, François reconnaît, à leurs éblouissants costumes, d'anciens compagnons de ribote. Il rougit, pivote sur lui-même et redescend la ruelle.

Ouf ! Il l'a échappé belle ! Vous ne le voyez pas au milieu de cette splendide jeunesse avec sa guenille de mendiant ! Il aurait eu bonne mine ! Mais... Mais peut-être qu'on l'a vu... Il était si près... On l'a vu, c'est sûr, ses amis l'ont vu, ils le voient... Il sent leurs regards collés sur ses épaules, il entend leurs ricanements dans son dos. «Mon Dieu, j'ai honte, j'ai honte ! » murmure-t-il.

Dieu le voit bien, François, que tu as honte ! Il y a un moment qu'il te regarde, tu sais ? Et pour tout te dire, ta honte ne le rend pas très fier de toi. Quoi ? Tu te prétends son héraut, tu portes les armes de la sainte Pauvreté et tu fuis devant des damoiseaux en brocart ? Tu rougis d'être vêtu comme ton Maître ? Mais qu'est-ce qu'il t'arrive, François, qu'est-ce qu'il t'arrive ?

Ah ! ça n'a pas traîné. Sa honte s'est renversée d'un seul coup, son âme s'est retournée, son corps a fait volte-face et il a remonté la ruelle.

Il entra dans la fête ainsi qu'un vaisseau dans une rade, avec lenteur et majesté. Il y eut, comme une légère écume, quelques sourires qui se voulaient moqueurs et quelques réflexions qui se croyaient spirituelles, mais les éblouissants damoiseaux s'écartèrent sur le passage du guenilleux avec une gêne qui ressemblait fort à du respect. Car si leur ancien compagnon détonnait parmi eux, ce n'était pas à leur avantage. La noblesse de son visage et l'éclat de son regard éteignant la splendeur de leurs costumes, il se trouva qu'au milieu de cette jeunesse dorée, c'était le mendiant qui brillait.

François présenta sa requête au maître de maison et emporta son huile. Comme il retraversait la foule, il crut lire une certaine estime dans les yeux des invités. Alors, il s'arrêta et dit : «Pardonnez-moi de troubler encore un instant votre fête, mais je dois vous dire que je suis un lâche. Si Dieu ne m'en avait pas donné le courage, je n'aurais pas osé paraître devant vous. J'avais honte. Je rougissais de mes vêtements de pauvre. Je suis un lâche. Voilà ! »

Les damoiseaux, troublés, fixaient le bout de leurs chaussures et se sentaient gênés dans leurs jolis costumes.

– Je suis un lâche, se répétait François en s'en retournant. Je ne mérite que mépris.

Comme il allait sortir de la ville, il rencontra son père. Il en fut presque heureux. Il n'y avait pourtant pas de quoi l'être, car, chaque fois qu'il croisait le Signor, l'irascible marchand le criblait d'insultes et de malédictions. Or ce soir où il avait été lâche, François ne trouvait pas de mots assez violents pour se reprocher sa conduite. Aussi, bénit-il l'intervention du Signor. Nul n'eût pu lui servir d'aussi véhémentes injures que Pietro Bernardone.

Et pourtant, les malédictions de son père déchiraient le cœur de François. Elles le déchiraient à tel point qu'il imagina de les conjurer. Il alla trouver un vieux mendiant nommé Albert et lui demanda de l'adopter comme fils : « Je partagerai avec toi les aumônes que je recevrai, mais quand nous rencontrerons mon père et qu'il me maudira, toi tu me donneras ta bénédiction. »

Albert accepta les honneurs et les avantages de cette étrange paternité. Il en remplit consciencieusement les devoirs. Chaque fois que le marchand éclatait en injures, le mendiant se répandait en bénédictions. Pietro Bernardone finit par capituler et nous ne l'entendrons plus vociférer dans ce récit. Car il n'est plus question de lui dans les biographies. On ignore s'il vécut assez longtemps pour assister à la gloire du Petit Pauvre et nous ne saurions dire si la réconciliation du père et du fils eut lieu sur terre ou dans les cieux.

∞

François et le vieux curé sont debout devant Saint-Damien. Les travaux sont finis et la petite église, fraîche comme une fiancée, resplendit dans le matin. Chacune à sa place, les pierres mendiées chantent à présent la gloire de Dieu. Le vieux curé entonne les louanges de François.

Eperdu de reconnaissance, il célèbre son courage, son dévouement, son habileté, et posant sa vieille main sur l'épaule du jeune homme, il conclut :

– Maintenant, tu vas pouvoir te reposer. Tu verras, tous les deux nous allons...

– Tous les deux, nous allons nous quitter, dit François.

Le vieux prêtre pâlit :

– Pourquoi ? balbutie-t-il. Tu n'es pas bien ici ?

Et le bon curé d'énumérer, comme s'il parlait à un candidat sacristain, les petits avantages de la situation : « Tu es logé, tu es nourri, tu es libre... » Mais il se ravise aussitôt en se rappelant soudain ce qui, seul, peut tenter François :

– Maintenant que l'église est réparée, dit-il, tu pourras y prier toute la journée. Tu seras seul avec Dieu.

Etre seul avec Dieu ? C'est assurément le rêve de François. Mais peut-il le réaliser de cette manière ? Sans entrevoir encore sa véritable vocation, il pressent déjà qu'il ne doit pas garder Dieu pour lui seul. Ou plutôt qu'il ne pourra Le posséder totalement qu'en Le partageant avec le monde entier. Il n'a pas restauré Saint-Damien pour que lui, François, puisse y rencontrer Dieu. Il a rebâti Saint-Damien pour que Dieu puisse y recevoir ses enfants. Oui, c'est cela. François commence à deviner le sens profond de sa mission. L'église, cette Eglise que Dieu lui a demandé de relever, elle n'est pas faite avec des pierres. Elle est faite avec des âmes. Et ce sont des âmes qu'il devra mendier...

Mais cette intuition n'est pas encore bien claire. Que répondre au vieux curé qui l'interroge de ses yeux tristes :

– Alors, François, tu restes ?

– Non, monsieur le Curé, il faut que je parte, il faut que j'aille mon chemin.

– Ton chemin, ton chemin, bougonne le vieux prêtre. Qu'y trouveras-tu sur ton chemin ?

Quelques mois plus tard, François eût répondu : des âmes. Mais à présent, il ne sait pas, il ne sait pas encore.

– Il doit y avoir d'autres églises à réparer, dit-il.

Il y en avait. François consola le vieux prêtre et prit congé de lui. Lorsque les Assisiates le virent marcher vers l'église Saint-Pierre, avec des pierres sur le dos, ils comprirent immédiatement ses intentions. Quelques bonnes âmes, qui avaient aussi du biceps, lui prêtèrent leur concours et, quand Saint-Pierre eut retrouvé sa belle mine, François se dirigea vers la Portioncule.

La petite chapelle, qui se trouve aujourd'hui dans l'immense basilique de Sainte-Marie-des-Anges, enfermée comme une perle fine dans un coffre-fort, se cachait alors en plein bois.

Elle était si pauvre et si humble, si franciscaine en somme, que le petit ermite se sentit immédiatement chez lui. Le divin enfant n'eût point dédaigné d'y naître et c'est là que François, qui avait lui aussi vu le jour dans une étable, reçut enfin la lumière.

L'événement eut lieu le 24 février 1209, en la fête de saint Matthias. François, qui avait passé l'hiver à réparer la chapelle, écoutait la messe du matin...

Oui, le prêtre que vous voyez à l'autel est le curé de Saint-Damien. Il ne s'est pas consolé du départ de son jeune ami et, lorsque ses vieilles jambes y consentent, il traverse les bois pour venir célébrer le sacrifice divin à la Portioncule. Et voici qu'il lit l'Evangile du jour :

« Allez, dit Jésus, et annoncez partout que le royaume de Dieu est proche !

Ce que vous avez reçu gratuitement, donnez-le gratuitement !

N'emportez ni or, ni argent dans vos ceintures, ni sac pour la route, ni deux tuniques, ni chaussures, ni bâton ; car le travailleur mérite sa nourriture.

Et quand il vous arrivera d'entrer dans une ville ou dans un village, demandez, là, qui est digne de vous recevoir et demeurez chez lui jusqu'au moment où vous repartirez !

Et quand vous pénétrerez dans une maison, saluez-la en disant : Que la paix soit avec cette maison !

Et si la maison en est digne, votre paix descendra sur elle ; ou bien, si elle n'en est point digne, en ce cas votre paix reviendra vers vous ! »

À genoux au pied de l'autel, François, la bouche ouverte, écoute. Oui, la bouche ouverte. Il boit l'Evangile, il boit la parole du Christ. Elle descend en lui comme un fleuve de feu, déferle à travers son âme dans un grondement d'allégresse, emportant ainsi que des branches mortes les dernières hésitations, les derniers regrets. Et le voici rempli, inondé de lumière. Maintenant, il sait. Il sait ce que le Christ attend de lui. Et, pour la première fois depuis son retour à Dieu, il reçoit avec joie le congé de l'*Ite, missa est.*

Le célébrant est à peine descendu de l'autel qu'il se précipite vers lui. Il veut se faire préciser encore, se faire confirmer le sens de cet *Ite.*

– Le Seigneur a bien dit : « Va et annonce le royaume »...
(L'Evangile dit « Allez et annoncez... » Mais François s'est
entendu tutoyer.) Il a bien dit cela ?

Troublé par l'exaltation du jeune homme, le prêtre répéta
l'Evangile et l'accompagna d'explications que François écouta
sans mot dire. Il les écouta par courtoisie et par humilité, mais
il n'en avait que faire, car ces commentaires n'étaient que
fumée auprès du feu que la parole divine venait d'allumer en
son cœur. « Voilà, dit-il, j'ai enfin découvert ce que je cher-
chais. »

Alors, il sortit et jeta sa ceinture, son bâton, ses chaussures
au diable qui les reçut probablement où l'on pense. Puis,
ramassant une corde qui traînait, il ficela le premier franciscain dans son premier capuchon. Ainsi fagoté, il partit sur les
routes annoncer le Royaume de Dieu.

ᑐ

Cela se passait, avons-nous dit, au matin de la saint Matthias, le 24 février 1209. Suivant une autre version, l'événement se serait produit le 12 octobre 1208, en la fête de saint
Luc. Nous préférons la première date. François s'est envolé
comme une hirondelle et les hirondelles annoncent généralement le printemps.

Les premiers signes du renouveau franciscain sont donc
apparus vers la fin de l'hiver 1209. Des frissons nouveaux cou-
rurent dans l'air d'Assise et dans le cœur des Assisiates. Voyez
un peu, dans les ruelles, dans les chaumières ou les maisons
bourgeoises, les propos des braves gens.

« Sais-tu qui j'ai rencontré tout à l'heure ? dit un marchand
à sa femme. Le fils de Pietro Bernardone. Il va pieds nus maintenant. Et il faut voir comme il est accoutré. On dirait un
épouvantail en vadrouille. D'abord, ça m'a fait rire, et je me
suis un peu moqué de lui... Mais il m'a regardé bien en face et,
avec un gracieux sourire, il m'a dit : « Que Dieu vous donne la
paix ! » Et ça sur un ton si grave et si gentil à la fois que je n'ai
pas su quoi répondre. Je crois bien que je me suis incliné
devant lui. »

« Vous savez pas qui j'ai vu ce matin ?, dit un laboureur à
ses fils, François. François Bernardone. Celui qu'est fou. Eh

ben, les enfants, j'crois ben qu'il est pas si fou que ça ! Sûr qu'il est pas comme tout le monde, mais si tout le monde était comme lui, ça serait peut-être pas plus mal. Figurez-vous que j'étais en train de m'engueuler avec le voisin. Ou plutôt, c'était le voisin qui m'engueulait, rapport à not' chèvre qu'est encore allée dans son pré. Là-dessus, le François qui passe, qui s'arrête, qui nous regarde et qui dit : « Que Dieu vous donne la paix ! » Eh ben, le voisin, sa colère est tombée d'un seul coup. Et la mienne aussi. « Allez, qu'il m'a dit, on va pas se chamailler pour un déjeuner de bique ! » – « Ben sûr que non, je lui ai répondu, mais faudra que je la surveille un peu, cette garce. » François, lui, il a souri et il est parti. »

Voici deux jouvencelles, l'une sage et l'autre folle, qui vont à la fontaine.

– Devine qui j'ai vu, dit la sage.

– Qui donc ? Un jeune élégant ?

– Elégant n'est pas le mot. Il va pieds nus et pas un cro-quant ne voudrait de son costume.

Rire éclatant de la petite folle. Elle a deviné et ne veut pas laisser passer une si belle occasion de plaisanter. Mais l'autre l'arrête :

– Ne te moque pas ! Tu étais la première à lui sourire autre-fois.

– Il était un peu plus séduisant qu'aujourd'hui.

– Je ne trouve pas.

– Il a toujours ses grands yeux sombres ?

– Il n'a plus qu'eux. Et quand il m'a regardée... Parce qu'il ne m'a pas regardée comme les autres garçons. Les autres, leur regard vous griffe, vous mord, vous brûle. Le sien aussi brûle. Mais il brûle vers le haut, tu comprends ? Vers le haut, comme la flamme d'un cierge... Il donne de la lumière...

– Est-ce qu'il t'a parlé ?

– Il m'a dit : « Que Dieu te donne la paix ! »

– C'est tout ?

– C'est tout.

– Il était plus drôle autrefois. Tu te souviens ? Ce bagout qu'il avait ! Dieu, qu'il nous a fait rire !

– Il m'a dit : « Que Dieu te donne la paix, Angéla ! » Et je n'ai pas eu envie de rire. J'ai eu envie de pleurer.

« Moi, raconte un vieillard, l'autre matin, j'étais à Saint-Rufin. Il faisait un froid de loup. François Bernardone était agenouillé sur les dalles, dans le fond de l'église. Il avait le visage tout bleu, et je le voyais frissonner dans sa guenille de bure. Arrivent deux jeunes andouilles, emmitouflées dans d'épais lainages. « Tiens, voilà François. Demandons-lui s'il ne veut pas nous vendre un peu de sa sueur ! » François a tourné la tête et, avec son plus beau sourire, leur a dit : « Je regrette. Mais elle n'est pas à vendre. Je la réserve à Dieu qui me la rétribuera au prix fort. » Les deux benêts n'ont pas insisté.

L'un de ces benêts, disons-le, était le propre frère de François. La sottise qui vient d'être rapportée est de lui. Mais il n'a rien d'autre à dire en ce récit, à quoi bon en parler davantage. D'ailleurs, si François fut renié par ce frère selon la chair, il verra bientôt se multiplier ses frères selon l'esprit.

∽

Voilà comment le Petit Pauvre commença de prodiguer les richesses dont le Seigneur l'avait comblé. Après avoir, au hasard des rencontres, donné à ses concitoyens la paix qu'il avait reçue, il voulut partager avec eux la joie dont il regorgeait. La première distribution eut lieu sur une place d'Assise, un jour de marché.

Une grande foule se trouvait rassemblée, et les campagnards des alentours se mêlaient aux citadins. Le nouveau pêcheur d'hommes ne pouvait rêver d'un meilleur endroit pour jeter ses filets. Il monta sur le perron d'une maison et... Nous allions écrire qu'il prit la parole. Or, il ne la prit pas. Il la donna. Il la répandit. Il n'avait pas préparé ce qu'il allait dire. Il n'eut pas à chercher ses mots. Les mots vivaient en lui et ils s'envolèrent comme des oiseaux de sa bouche tandis que, peu à peu, les rumeurs du marché s'éteignaient.

Il parla de la sainte Pauvreté, des oiseaux du ciel qui n'entassent point dans les greniers, du lys des champs que Dieu vêt plus soigneusement que Salomon, et les symboles évangéliques s'entrelaçaient aux images franciscaines comme, dans un bouquet, bleuets et coquelicots.

Or ceux qui l'écoutaient connaissaient ces paroles. Leurs oreilles les avaient souvent captées, mais leurs cœurs ne les avaient jamais reçues. Parce qu'elles ne vivaient pas dans l'âme de ceux qui les prononçaient, elles tombaient, comme des oiseaux morts, dans l'âme de ceux qui les entendaient. Mais parce que l'Evangile vivait dans le cœur de François, il se mit à chanter dans sa bouche et à retentir dans les cœurs.

Par la voix de François, les paroles du Christ descendirent sur les âmes comme le souffle du printemps sur les neiges de l'hiver. On vit fondre l'indifférence et la méchanceté. Par la voix de François, les paroles du Christ remontèrent dans les âmes comme la sève d'avril dans les chênes verts. On vit bourgeonner la foi, reverdir l'espérance, croître la charité. Parmi ceux qui l'écoutaient, personne ne songeait plus à rire mais beaucoup souriaient, parce qu'ils étaient dans le ravissement, et quelques-uns pleuraient, parce qu'ils entrevoyaient la vérité.

Bref, ce fut une pêche miraculeuse. Mais il y avait beaucoup trop de poissons pour un seul homme, et François se demandait déjà comment il allait relever ses filets. C'est alors qu'il vit venir à lui ses premiers compagnons.

8.

Pour savoir qui étaient les premiers compagnons de François, d'où ils venaient et pourquoi ils le suivirent, nous avons pensé que le plus simple était de leur poser directement la question. Ce n'est pas la parole qui leur manque, car ces hommes du XIIIe siècle sont plus vivants, bien plus vivants que la plupart de nos contemporains.

– Bernard de Quintavalle, vous êtes le premier disciple du Petit Pauvre. Vous avez le même âge que lui. L'avez-vous connu avant sa conversion ?

– Oui, mais je ne le fréquentais pas.

– Pourquoi ? Vous le trouviez trop bambocheur ?

– Je le tenais pour un fort joyeux drille. Mais j'appartenais à un autre groupe de jeunes gens que le sien.

– Vous étiez riche.

– Je l'étais. Mais grâce à Dieu, et grâce à François, je ne le suis plus. Je ne possède plus rien.

– Comment est-ce arrivé ?

– J'étais marchand. Avec Pietro Bernardone, l'un des plus importants de la ville. Mon père m'avait laissé un très bel héritage. J'habitais une vaste demeure et je vivais dans une large aisance. Pourtant, je me sentais à l'étroit. J'aspirais à une vie plus haute, plus exaltante, sans trop savoir laquelle...

« C'est François qui m'a ouvert les yeux. Oh ! pas tout de suite. Au début, j'étais comme tout le monde, je ne marchais pas. La plupart de nos concitoyens, vous le savez, le tenaient pour un imbécile, pour un fou. *Stultus et phantasticus*, disait mon brillant ami Pierre de Catane. Moi, je le prenais plutôt pour un esbroufeur, un épateur de bourgeois. Ce petit gars-là, pensais-je, s'il se déguise en ermite, c'est encore pour faire parler de lui !

Seulement voilà : on ne peut pas dire qu'il recherchait la publicité. Au contraire ! Il fuyait le monde. Il s'éclipsait dans les grottes ou se retirait à Saint-Damien. Il ne réapparaissait que pour mendier. Et je vous assure qu'il ne mendiait pas pour rire. Ça lui coûtait. Ça lui coûtait énormément. La première fois qu'il m'a tendu son écuelle, j'ai vu trembler sa main. Mais c'est quand il a levé son regard sur moi que j'ai compris combien c'était sérieux...

« Alors, j'ai voulu savoir. Ce garçon qui était riche, heureux, comblé, adoré des siens, aimé de tous, j'ai voulu savoir ce qui l'avait poussé à renverser sa vie de fond en comble et à se flanquer tout le monde à dos pour aller mendier, sous les ricanements et les huées, une nourriture dont pas un chien ne voudrait. Oui, j'ai voulu savoir...

Je l'ai donc invité chez moi. Je l'ai questionné. Sans succès. Etait-ce par humilité ? Etait-ce par pudeur ? Visiblement, il répugnait à se livrer. Il s'en tira par des allusions poétiques. Il me dit qu'il s'était armé chevalier du Christ et qu'il portait les couleurs de Dame Pauvreté. J'en ai conclu que toutes ces histoires de chevalerie lui avaient un peu tourné la tête.

Alors, j'en ai parlé à Pierre de Catane, qui est un homme intelligent et subtil. Vous savez qu'il est juriste. Et Pierre de Catane m'a dit : « J'ai une autre explication. Un garçon fait des rêves de gloire. Il veut être chevalier. Ses projets tournent court. Alors, par regret, par dépit, il jette une sorte de dérision sur son beau rêve et se fait chevalier en guenilles d'une Dame fantôme. Que penses-tu de mon explication ? » Je pensais qu'elle était ingénieuse. Je la trouvais aussi totalement absurde. Bref, je n'étais pas plus avancé.

J'ai de nouveau invité François. Je l'ai prié de loger quelques jours chez moi. Il accepta. S'il a un secret, pensais-je, je finirais bien par le découvrir. Pour mieux l'observer, je lui fis préparer un lit dans ma propre chambre. Un soir donc, nous allons nous coucher. François me souhaite une bonne nuit et s'allonge sur son lit. Je m'étends sur le mien. Silence. Il doit dormir, me dis-je. Mais je n'en étais pas sûr. Une idée me vient. Pour lui faire croire que j'ai moi-même succombé au sommeil, je me mets à ronfler comme une bombarde. Savez-vous ce qu'il a fait ? Croyant que je dormais pour de bon, il s'est levé tout doucement, s'est agenouillé plus doucement encore et s'est mis à prier. La chambre était baignée de lune et je voyais des larmes briller sur son visage. Il est resté comme ça toute la nuit. Toute la nuit.

J'avais découvert le fond de son cœur. Son secret était simple. Un secret d'amour... Au matin, ma décision était prise. Je suivrais François. Je commençai par lui demander conseil :

– François, lui dis-je, à ton avis, que doit faire un homme qui a reçu une fortune en dépôt et qui désire s'en débarrasser ?

Il me répondit le plus naturellement du monde :

– Il doit la rendre à celui dont il la tient.

– Bien, lui dis-je. Tout ce que je possède, je le tiens de Dieu. Je voudrais le Lui restituer. Comment dois-je procéder ?

Il me regarda longuement, gravement. Puis, il sourit et, posant sa main sur mon épaule, il répondit :

– Notre Seigneur nous le dira. Demain, nous lui demanderons conseil.

Le lendemain, nous sommes allés consulter l'Evangile. Mais Pierre de Catane, qui était avec nous, vous racontera la suite.

☙

– J'étais juriste, commence Pierre de Catane, ainsi que Bernard vous l'a dit. Mais je ne suis pas intelligent et subtil comme il le prétend. Si j'étais intelligent et subtil, j'aurais compris plus vite...

J'aurais compris plus vite le combat que François livrait pour sortir de la mélasse (Note : par sortir de la mélasse, nous entendons aujourd'hui : échapper à la pauvreté. Pierre de Catane donnait à cette image un sens exactement opposé, autrement dit un sens chrétien.) Car ce fut un rude combat, je vous parle en connaisseur. Pour sortir de la richesse et autres vanités, il ne faut pas seulement batailler contre soi, il faut aussi lutter contre le monde. Le monde qui rampe aux pieds du veau d'or, qui suit le bœuf de la puissance ou le cochon de la luxure, ne souffre pas qu'on tourne le dos à ses idoles pour aller au-devant du vrai Dieu. Moi-même, j'ai pris longtemps François pour un fou.

Pourtant, je n'étais pas un idolâtre. L'argent, le plaisir ne faisaient point mes délices et l'ambition ne me démangeait pas. Je rêvais, comme Bernard, d'une vie moins vaine... Nous en parlions souvent. Nous discutions, nous tâtonnions, nous pataugions, bref, nous cherchions la sortie. François, lui, l'avait trouvée.

Bernard le comprit au cours de cette fameuse nuit. Il est venu me trouver le lendemain. Lui qui est un garçon très calme, très posé, il était dans un état d'exaltation incroyable. Il tremblait. « Je l'ai vu, me disait-il. Je l'ai observé toute la nuit. C'est un saint. Il n'y a plus à hésiter, Pierre. Il nous montre le chemin. Moi, c'est décidé. Je laisse tout tomber et je le suis. Et toi ? »

Moi ? Moi, j'hésitais. Je demandais à voir, comme on dit. « Ecoute, m'a dit Bernard, demain matin, nous allons, François et moi, consulter l'Evangile à Saint-Nicolas. Tu n'as qu'à venir avec nous. »

Bah ! me suis-je dit. Accompagnons-les. Une consultation n'engage à rien. Je verrai le petit saint à l'œuvre et je pourrai juger par moi-même. Le lendemain, dès potron-minet, les deux amis sont devant ma porte. Je sors, un peu troublé tout de même, mais bien décidé à ne pas me laisser monter le coup. Je connaissais François, bien sûr, mais je ne l'avais pas revu depuis qu'il s'était encapuchonné. Eh bien ! ce fut le coup de foudre. Je me sentis comme soulevé par son regard, et sa voix se mit à chanter dans mon âme. Nous descendîmes vers Saint-Rufin. Je sautais sur les pavés, j'escaladais les marches des portes, Bernard de Quintavalle n'en revenait pas de voir son ami le juriste cabrioler comme un gosse autour d'eux. Il m'interpellait du regard : « Hein ? Tu vois ? Je ne t'ai pas raconté d'histoire ! C'est un saint ! » Et moi, de voir François si vivant, si simple, si joyeux et si grave à la fois, je me disais : « Eh bien ! si c'est un saint, alors, vive la sainteté ! »

Arrivés devant Saint-Nicolas, nous entrâmes et, après une prière que nous fîmes ensemble, François se dirigea vers l'autel et ouvrit le missel. Ne souriez pas ! Moi aussi, la veille, je trouvais cette façon de consulter le livre sacré comme un oracle un peu... un peu puéril. Eh bien ! J'étais un sot. François, lui, savait qu'en interrogeant l'Evangile, c'est évidemment le Christ qui répondrait.

Il ouvrit le livre au hasard. Trois fois. La première fois, il tomba sur ces mots : « Si tu veux être parfait, vends tout ce que tu possèdes et donne-le aux pauvres. » La seconde fois, il lut : « Si quelqu'un veut me suivre, qu'il renonce à soi-même, qu'il prenne sa croix et qu'il vienne. » La troisième : « N'emportez rien avec vous, sur la route. »

Nous gardâmes le silence tous les trois. Pour laisser aux paroles sacrées, le temps de descendre en nous. Puis, François ferma lentement le livre. Il souriait. Comme l'écolier qui a bien compris sa leçon.

– Voilà, mes frères, dit-il, voilà ce que vous allez faire. Et voilà ce que feront tous ceux qui voudront se joindre à nous.

Nous sommes immédiatement passés aux actes. Je suis rentré chez moi pour rassembler mes biens. Ayant terminé, je voulus rejoindre Bernard pour voir où il en était lui-même. Comme je traversais la place Saint-Georges, je le vis avec François. Ils étaient assis tous les deux devant un amoncellement de vêtements, de vaisselle, d'objets précieux, de pièces d'or et d'argent. Et, avec des grâces de marchands orientaux, ils distribuaient le tout aux pauvres qui étaient accourus des quatre coins de la ville. Lorsque le commerçant Bernard de Quintavalle n'eut plus rien dans les mains, il se les frotta joyeusement, comme s'il venait de faire la meilleure affaire de sa vie. D'ailleurs, c'était le cas.

Je profitais de ce rassemblement de pauvres pour liquider mes propres biens. Le soir même, François, Bernard et moi, nous quittions la ville pour nous rendre à la Portioncule.

C'était un soir de printemps. Le ciel était pur comme un lac de montagne. Ou comme l'âme de mes compagnons. La mienne était pommelée de mélancolie. L'inquiétude, sans doute. Ou le regret, déjà. François et Bernard marchaient devant moi. Ils chantaient. Moi, c'est à peine si je fredonnais.

Lorsque nous arrivâmes devant la petite chapelle, François, devinant que mon cœur était à la traîne, posa sa main sur mon épaule : « Entre le premier, Pierre ! » me dit-il. J'entrai et la paix descendit sur moi. Une paix indicible. La paix de Dieu. Je me sentais réfugié pour toujours. « Nous voici chez notre Père, dit François. Nous voici chez nous. »

Cette nuit-là, ma première nuit de pauvre, je dormais comme un bienheureux. Je me réveillais le dernier. Cherchant François, je le trouvai debout dans la clairière. Il souriait au soleil et, déjà, les oiseaux venaient se poser près de lui. L'air était doux et limpide, et la forêt proche embaumait. François me souhaita le bonjour et d'un geste inimitable, comme s'il voulait me faire les honneurs de la création, il me montra le ciel et la terre :

– Nous voici chez notre Père, dit-il à nouveau. Lui aussi distribue ses richesses. Et c'est à nous qu'il les donne, frère Pierre. Nous sommes les pauvres de Dieu. Sois donc sans inquiétude, nous ne manquerons jamais de rien.

Avec des branches et de la terre, nous nous construisîmes une cabane pour la nuit. Nous vivions là depuis une semaine lorsque François, qui était parti méditer en forêt, revint un soir avec un nouveau compagnon. C'était Frère Egide. Frère Egide n'est pas très causeur, mais il va tout de même raconter son arrivée parmi nous.

– Mes parents, dit Egide, ont une ferme à la sortie d'Assise. Ils ne sont pas très riches, mais ils ne manquent de rien. Moi, je n'avais pas à me plaindre. Je travaillais dur, je mangeais bien, je vivais tranquille. Souvent, le soir, j'allais chez des amis, passer la veillée. On y parlait beaucoup de François. Au début, tout le monde le critiquait. J'étais seul à le défendre. Mais on me disait : « Un gars dont le père est cousu d'or et qui va mendier dans les rues, tu trouves ça normal, toi ? »

Non, je ne trouvais pas ça normal. Mais justement, je me demandais ce qui pouvait bien le pousser à le faire. Le jour où il a prêché sur la place du marché, moi je n'y étais pas, mais le soir, à la veillée, l'ami Jean m'a dit :

– Toi, qui t'intéresses à François Bernardone, c'est dommage que tu ne l'aies pas entendu aujourd'hui. Ah ! il sait parler aux pêcheurs, celui-là. Même les enfants écoutaient. Ils se faufilaient entre nos jambes pour mieux s'approcher de lui. J'ai vu des gens qui pleuraient.

Vous pensez si mon cœur s'est mis à battre. J'ai demandé : « Qu'est-ce qu'il a dit ? » L'ami Jean s'est gratté la tête : « Ce qu'il a dit ? Des choses qui sont dans l'Evangile. Des choses qui font réfléchir... Pour finir, il a parlé du ciel. »

Or l'ami Jean, pour le faire réfléchir, il faut se donner du mal. Parlez-lui du travail, de la chasse, de la pêche, parlez-lui de la terre... Mais du ciel ! Eh bien, ce soir-là, c'est lui qui m'en parla. François était passé par son âme et l'avait réveillée... Alors, une folle envie me prit. Partir. Partir à la recherche de François. Il devait avoir des choses à me dire, à moi aussi, des choses importantes... Mais la nuit était très avancée déjà. Où l'aurais-je trouvé ?

Où je l'aurais trouvé ? Chez Bernard de Quintavalle. Oui, je l'ai su par la suite, c'était la nuit où Bernard fit semblant de dormir pour le regarder prier. Cette nuit-là, j'en suis sûr, sa prière, en montant vers Dieu, tirait d'autres âmes après elle.

Deux jours plus tard, en arrivant à la veillée, j'ai vu tout de suite, à l'excitation générale, qu'il y avait encore du nouveau. « Il se passe de drôles de choses, me dit l'ami Jean. Le seigneur Bernard de Quintavalle et le seigneur Pierre de Catane ont distribué tous leurs biens aux pauvres. On les a vus, vêtus comme les mendiants, partir avec François. »

Chacun discutait l'événement. Tout le monde y trouvait à redire. Où allait-on si des citoyens aussi considérables que Bernard et Pierre versaient dans la folie de François ? Un vieux laboureur rassura l'assistance : « Tout ça, c'est des caprices de jeunes fous trop gâtés. Et des fantaisies pareilles, ça ne peut germer que dans une cervelle de bourgeois. Nous autres paysans, nous avons la tête plus solide. Pas vrai, Egide ? »

Je souris aussi finement que j'ai pu. Mais je ne répondis point. Parce que dans ma tête à moi, il n'y avait déjà plus qu'une seule idée. Je n'ai pas besoin de vous dire laquelle.

Il ne me fallut que huit jours pour convaincre mes parents. Croyant à un caprice, ils se dirent que la misère me ramènerait bien vite à la ferme et me laissèrent partir sans difficultés. Un peu avant d'arriver à la Portioncule, j'aperçus François qui marchait dans la forêt. Je courus vers lui et je lui demandais de me recevoir parmi ses compagnons. Il ne parut aucunement surpris. Il prit ma main dans les siennes et dit :

– Mon cher Egide, c'est une grande faveur qui t'est faite aujourd'hui. Si l'Empereur venait à Assise pour y choisir un chambellan et qu'il jetât les yeux sur toi, quelle joie serait la tienne. Eh bien, tu peux te réjouir infiniment plus, car c'est Dieu lui-même qui t'invite à le servir dans notre petite milice.

Puis, il passa son bras sous le mien :

– Viens, dit-il, je vais te conduire à notre palais.

Le palais n'était qu'une hutte. Mais ceux qui l'habitaient étaient bien plus riches que des rois. François me présenta ses compagnons. Si j'étais tombé du ciel en costume de séraphin, Bernard et Pierre ne m'eussent pas accueilli avec plus d'empressement.

– Mettons-nous à table, dit François. Nous allons fêter notre nouveau frère.

Je fis le repas le plus léger mais aussi le plus gai et le plus délicieux de ma vie. Nous avons parlé, nous avons chanté, nous avons ri. Jamais je ne m'étais senti aussi heureux. Après le repas, François me dit : « Nous allons nous rendre à Assise pour y chercher de quoi te faire une tunique. » Car j'étais venu avec mon beau manteau du dimanche, lequel ne s'harmonisait guère avec les grossiers vêtements de mes compagnons.

Nous nous mîmes en route et, à la première pauvresse que nous rencontrâmes, François me dit : « Allons, Frère Egide, donne-lui ton beau manteau ! » J'obéis sur-le-champ. Il me sembla que mon aumône s'envolait jusqu'au ciel. Et moi, avec elle, tant j'étais heureux.

Nous revînmes à notre cabane avec une pièce de bure qu'un brave homme, qui voulait en faire un épouvantail, nous abandonna. François m'y tailla lui-même une tunique, dont il me revêtit aussitôt. Mes compagnons me trouvèrent magnifique. Nous nous ressemblions vraiment comme des frères et chacun de nous quatre pouvait lire son bonheur sur le visage des trois autres.

∞

Maintenant, ils sont quatre. Comme les points cardinaux. Et comme les extrémités de la Croix que les fils de saint François vont tracer sur la terre en portant l'Evangile aux quatre coins du monde.

Le premier départ des premiers frères franciscains eut lieu un matin de mai. Le printemps pomponnait joyeusement la campagne et le chemin glissait sous les pieds nus. Les quatre frères chantaient.

Premier arrêt : la place du village. On entonne un cantique pour appâter les pécheurs. Croyant à l'arrivée de ménestrels, les habitants sortent de leurs maisons. De loin, ils sourient. De près, ils se renfrognent et les visages accueillants se muent en trognes hostiles qui s'interrogent du regard : qu'est-ce que c'est que ces guenilleux et que viennent-ils faire par ici ?

Les guenilleux s'arrêtent de chanter. François parle. Egide, Pierre et Bernard guettent une éclaircie sur les visages. Mais les visages restent maussades. Les paysans ricanent ou tournent le dos. La pêche est mauvaise...

François sourit : « Continuons, mes frères ! » On va jeter les filets dans un autre village. Sans plus de succès. François sourit de nouveau : « Continuons, mes frères ! » On repart. On arrive dans une ville. Les citadins seront peut-être moins vilains que les villageois. Ils le sont davantage. Pas un poisson ne mord. Pas une âme ne s'approche. Du moins visiblement.

On s'en va. Egide, Pierre et Bernard baissent légèrement l'oreille. François sourit toujours. Il a l'habitude : hier encore, tout le monde le raillait. Et puis il a confiance : demain, tout le monde l'écoutera. « Allons, mes frères, élevons nos cœurs et remuons nos pieds. Le Seigneur compte sur nous. S'il nous envoie des épreuves, c'est pour nous fortifier. D'abord, la pêche à quatre, c'est beaucoup trop facile. Nous allons nous séparer en deux groupes. Bernard et Pierre vont partir par ici. Egide et moi par là. Nous nous retrouverons à la Portioncule quand nos filets seront pleins. »

On s'embrasse. Défense d'être triste. On se quitte. Défense d'avoir peur. Dieu voyage avec les deux groupes, la liaison sera toujours assurée.

Nous autres, nous allons suivre Egide et François. Ils se dirigent vers la Marche d'Ancône. Egide est heureux. Regardez-le, regardez ces bons yeux d'épagneul, si aimants, si fidèles qu'il tourne de temps en temps vers François. Les voici de nouveau dans un village. François recommence à chanter, les habitants ressortent de leurs maisons et, comme précédemment, changent leur sourire en grimace en découvrant les marmiteux qu'ils prenaient pour des ménestrels.

François leur parle fraternellement, les invite à aimer Dieu et à détester le péché. Quand il a fini, on entend un applaudissement. Un seul. C'est le brave Egide qui soutient son maître. Puis, joignant la parole au geste, il ajoute un petit supplément de son crû au discours de François : « Faites bien ce que mon père spirituel vous recommande, dit-il. Car, vous pouvez m'en croire, il a tout à fait raison et on ne saurait mieux dire. »

Hélas ! les populations font la sourde oreille, et lorsque nos missionnaires, quelques semaines plus tard, reviennent à la Portioncule, ils ne rapportent que du vent dans leurs filets. Mais une surprise les attend dans la cabane en la personne de quatre nouveaux frères venus d'Assise via la sainte Pauvreté.

Les présentations sont vite faites. Ces deux-là, deux braves garçons d'Assise, c'est Morico et Sabbatino. Le troisième, qui est d'Assise également, s'appelle Jean. (Il n'a pas l'air tellement sympathique, mais il faut attendre pour juger). Quant au quatrième, il se nomme Sylvestre. C'est un prêtre, et si vous voulez savoir pourquoi Bernard et François paraissent un peu surpris de le voir, voilà : figurez-vous que le jour où Bernard de Quintavalle distribuait ses biens sur la place Saint-Georges, le prêtre Sylvestre vint à passer. Voyant que François prenait une part active à la liquidation des écus, il s'approcha :

– Tiens, dit-il, mais c'est mon ami François. Justement, je pensais à toi. Je me disais : ce cher étourdi ne m'a jamais payé les pierres que je lui ai données pour réparer ses églises. Tu avais oublié sans doute ?

Le regard que François leva sur le prêtre manqua plutôt de suavité :

– C'est bien possible, répondit-il froidement. Mais qu'à cela ne tienne !

Et plongeant la main dans le sac d'écus, il en remit une lourde poignée au distingué tire-sou :

– Voilà pour toi, dit-il. Et si tu en veux encore, tu n'as qu'à le dire.

Sylvestre était parti sans demander son reste et c'est ce qui explique l'étonnement de Bernard et de François en le retrouvant dans leur cabane. Il ne lui reste plus qu'à se justifier :

– Je vois bien que ma présence ici vous surprend, dit-il. Mais vous allez comprendre. Quand François m'a fourré ces écus dans la main, j'ai eu subitement honte, très honte. J'avais l'impression de tenir une poignée d'ordures. J'ai couru chez moi et j'ai jeté l'argent au fond d'un tiroir. Mais il me sembla que ma main restait souillée, que j'étais souillé tout entier. À tel point que je n'osais plus rien toucher, comme lorsqu'on a les mains sales justement. Je me suis dit : « Tu es fou. Chasse donc ces pensées idiotes ! » Je les chassais, mais elles revenaient au galop. C'est ton regard, François, qui me hantait. Celui que tu m'as jeté en me donnant l'argent. Il me labourait la conscience. « Tu es un avare, un avare... » je n'entendais plus que ce reproche qui n'était pas sorti de ta bouche mais de tes yeux. Et toujours cette impression d'être sale... Ce n'était plus supportable. Alors, hier, j'ai fait comme vous autres, j'ai distribué tous mes biens. Et quand je me suis senti bien propre, bien net, je suis venu.

Ah ! mes enfants, si vous pouviez imaginer le bonheur de François. Regardez-le embrasser son nouveau frère, écoutez-le lui dire :

– Mon bon Sylvestre, il y a plus de joie dans notre cabane pour un avare comme toi qui se fait pauvre par violence que pour quatre-vingt dix-neuf prodigues comme moi. Car, dépensier comme je l'étais, je serais devenu pauvre de toute façon.

À la vérité, c'est nous qui lui prêtons ces propos. Mais s'il ne les a pas tenus, il les a probablement pensés. Car il n'était le plus noble des huit compagnons que parce qu'il était aussi le plus humble. Il n'était le premier d'entre eux que parce qu'il se voulait le dernier.

∞

– Bonjour, François. Assieds-toi ! J'ai des choses graves à te dire. Vois-tu, je crains de ne plus être d'accord avec toi !

François s'assied sur le siège que lui désigne Monseigneur Guido. L'évêque d'Assise l'a convoqué dans son palais et le Petit Pauvre, avec ce regard anxieux de l'enfant qui ne comprend pas pourquoi son père le gronde, interroge :

– Qu'ai-je fait de mal ?

– Mais rien, voyons, rien. Au contraire...

François se rassure. Puis s'inquiète à nouveau. S'il n'a rien fait de mal, au contraire, pourquoi Monseigneur n'est-il pas d'accord avec lui ?

Le temps de se racler un peu la gorge pour s'éclaircir la voix, et Monseigneur va le lui expliquer :

– Tu n'as rien fait de mal. Seulement, tous ces gens qui se sont mis à te suivre, ce n'est pas très sérieux.

Allons bon ! Voilà qu'il n'est plus sérieux de vivre selon l'Evangile ! Dommage que François n'ose pas interrompre Monseigneur qui, toussotant, crachotant et pour tout dire un peu gêné, poursuit sa remontrance :

– Tu comprends ! Au début, quand tu étais seul, je t'ai laissé faire. Je t'ai même encouragé, rappelle-toi. Mais je ne pensais pas qu'on allait t'imiter...

Une nouvelle protestation s'élève en François. Ce n'est pas lui que ses compagnons imitent. C'est le Christ que ses compagnons et lui s'efforcent d'imiter. Un évêque peut-il reprocher cela à des chrétiens ? Il semble que ce soit tout de même assez difficile, car Monseigneur se met à parler de plus en plus haut et de plus en plus vite, comme pour donner à son désaveu la force qui lui manque :

– Que tu recrutes un paysan, un marchand, même un juriste, passe encore ! Mais voilà que tu entraînes les prêtres à présent. Sylvestre, le plus sage, le plus prévoyant de mes vicaires, qui distribue ses biens et se fait mendiant. Avoue que ce n'est pas ordinaire ! (François avoue d'un impayable signe de tête.) Et puis, mes ouailles commencent à ronchonner. Tous ces mendiants qui se multiplient, on se demande où ça va s'arrêter. Certes, vous n'êtes pas des mendiants comme les autres. Mais c'est justement ce que les gens vous reprochent. Je sais ce qu'on dit dans Assise : « S'ils avaient gardé leurs propres biens, ils n'en seraient pas réduits à manger le pain des autres ! » Non, François, crois-moi, tout cela n'est pas raisonnable. Vous ne pouvez pas vivre sans rien posséder. Vous n'êtes pas des oiseaux. Il vous faut un minimum de bien. Tu n'es pas de mon avis ?

– Non, Monseigneur !

– Et pourquoi, s'il te plaît ?

– Parce que si nous avions des biens, il nous faudrait des armes pour les défendre. Et vous savez bien que la propriété engendre des disputes, des procès. Et que ces procès, ces disputes nuisent à l'amour de Dieu et à l'amour du prochain. Vous ne croyez pas, Monseigneur ?

Ne vous étonnez pas de voir Monseigneur baisser la tête et faire semblant de réfléchir. Il se trouve justement en procès avec les bénédictins du Mont Subasio.

– Vous ne croyez pas ?

– Sans doute, sans doute !

– C'est pourquoi, nous ne voulons rien posséder ici-bas. Nous entendons vivre selon l'Evangile. Vous le comprenez bien, Monseigneur !

Monseigneur, cela se voit, est dans ses petits souliers. Mais que voulez-vous qu'il dise ? Un évêque ne peut tout de même pas désavouer le Christ.

– Quant à ceux qui se plaignent parce que nous leur donnons l'occasion de se montrer charitables, poursuit François, qu'ils se rassurent. En réparant les églises du Bon Dieu, j'ai appris à travailler de mes mains. Je continuerai et mes frères en feront autant. Ceux qui n'auront pas de métier en apprendront un. Naturellement, nous ne travaillerons que pour subvenir à notre nourriture et non pour gagner de l'argent. Mais lorsque notre travail ne trouvera pas sa rémunération, alors, en toute simplicité, nous irons à la table que Notre Seigneur a servie pour nous. Je veux dire que nous irons de porte en porte mendier notre pain. Voilà, Monseigneur, c'est tout ce que je peux vous dire !

Monseigneur, entièrement retourné, opine gentiment de la mitre. C'est tout ce qu'il peut ajouter. Il ne reste plus à François qu'à demander la bénédiction de l'évêque.

– Va mon fils, conclut Monseigneur. Retourne vers tes frères et que Dieu vous soit en aide !

François s'incline avec un merveilleux sourire. Un sourire qui dit : « Soyez tranquille ! Nous lui faisons confiance. »

∞

Novembre 1209. Le ciel pleure sur la campagne en deuil. Dans les champs noyés d'ombre et de pluie, les oliviers noircis paraissent tenir les cordons d'un poêle invisible et les cyprès sont plus funèbres que jamais. La forêt se trouve ensevelie sous un suaire de brume et, dans la cabane proche de la Portioncule, François et ses frères voient approcher sans enthousiasme aucun, l'hiver ennemi des pauvres qui fait déjà couler les nez, frissonner les échines et se recroqueviller les âmes.

Oui, novembre avec ses brumes et ses mélancolies a fait son entrée dans les cœurs de nos pénitents. Cela se lit dans leurs regards, cela se décèle dans leurs propos. Hier, le brave Egide, que le froid morfondait, s'est mis à évoquer tout haut la bonne soupe que lui mijotait sa mère :

– Ah ! mes amis, quand elle fumait sur la table...

Il est devenu tout rouge en voyant que François le regardait.

– Tu sais, a-t-il bredouillé, je ne dis pas ça pour...

François ne l'a pas laissé continuer :

– Dieu ne défend pas d'aimer la soupe, frère Egide. Il faudra que tu essaies de nous en faire d'aussi bonnes que ta maman.

Tout à l'heure, c'est le frère Bernard qui a lâché la bride à ses souvenirs. Comme on parlait du feu, il a murmuré : « Chez moi, dans la grande cheminée... » Mais il s'est arrêté aussitôt, il a regardé François et il a dit :

– Ne va pas croire que je regrette d'être ici !

François lui a souri :

– Si tu le regrettais, frère Bernard, tu n'en aurais que plus de mérite à rester.

Non, les frères ne regrettent rien. Mais il faut bien convenir que l'Evangile est plus facile à suivre l'été que l'hiver. François se demande, non sans angoisse, si le zèle de ses compagnons ne va pas s'engourdir. À peine s'est-il posé la question qu'il a trouvé la réponse :

– Mes frères, dit-il, écoutez-moi. Si nous restons dans cette cabane, nous ne résisterons pas aux rigueurs de l'hiver.

121

La surprise écarquille les yeux des compagnons. Qu'est-ce que François veut dire ? Il ne va tout de même pas les renvoyer dans leurs foyers ! Certes, la cabane n'est guère confortable, et s'ils la voyaient avec leurs yeux d'autrefois, ils la trouveraient franchement sordide. Mais ils s'en accommodent et, malgré les glouglous sournois de l'eau qui commence à traverser le toit, ils s'y sentent à l'abri.

– L'hiver, dit l'un d'eux, quand il gèlera, quand il neigera, nous serons toujours mieux ici que dehors.

– Tu te trompes, proteste gentiment François. Nous serons mieux dehors qu'ici. Au lieu de nous préserver tant bien que mal de la neige et du gel, nous les braverons pour l'amour de Dieu. Et si nos oreilles bleuissent, nos cœurs flamboieront. C'est pourquoi nous allons partir.

Ce disant, François montre joyeusement la porte à ses compagnons. Les frères paraissent hésiter et l'un d'eux demande :

– Tu veux que nous partions comme ça ? Tout de suite ? Sans...

– Sans quoi ? Avons-nous des adieux à faire ? Des bagages à préparer ? Nous ne quittons personne et n'emportons rien. Nous avons tout.

Une savoureuse mimique accompagne le propos. François écarte les doigts comme pour dire : rien dans les mains. Il tire sur la corde qui le ceint comme pour ajouter : rien dans les poches. Et tournant son regard vers le ciel, il porte les deux mains à son côté comme pour conclure : tout dans le cœur.

Les frères savent bien ce qui les attend dehors : la pluie, le brouillard, la neige, le gel et les insultes des populations. Mais François, le visage rayonnant, leur désigne à nouveau la porte, montrant la sortie de la cabane avec autant d'enthousiasme que si c'était l'entrée du Paradis. Alors, l'un après l'autre, tandis que François les bénit au passage, Bernard, Pierre, Sylvestre, Egide, Jean, Morico et Sabbatino évacuent la hutte.

Dehors, il ne pleut plus. Une bise aigrelette commence à débarbouiller le ciel et le soleil, bien malade, émerge de ses couvertures pour adresser un sourire pâle aux huit frères. Ils lui répondent par un sourire radieux et, François ouvrant la marche, ils partent joyeusement à la rencontre de l'hiver.

Ils se disaient : « Quoi qu'il arrive, nous serons forts puisque Dieu est avec nous et que nous sommes ensemble. » C'était raisonner juste quant à la protection de Dieu, mais c'était compter sans la volonté de François. Au premier carrefour, il répartit les huit pèlerins en quatre groupes de deux et leur dit :

– Maintenant, il faut nous séparer. Nous allons parcourir le monde pour prêcher la pénitence et la paix. Parmi ceux que vous rencontrerez, il en est qui vous feront bon accueil et qui vous écouteront. Mais la plupart vous repousseront avec des injures. Vous répondrez humblement à ceux qui vous interrogeront, et quant à ceux qui vous persécuteront, vous leur témoignerez votre reconnaissance.

Se rappelant leurs récentes expériences, les frères comprirent qu'ils allaient avoir des trésors de gratitude à dépenser. Ils s'embrassèrent tendrement et, deux par deux, ils disparurent dans le crépuscule.

☙

Sautons quatre ou cinq mois et retrouvons-nous, un soir du printemps suivant, devant la cabane où nos missionnaires, de retour à la Portioncule, évoquent les souvenirs de leur expédition. Assis dans l'herbe, comme des lapins sauvages, ils sont en train de rire aux éclats en écoutant frère Egide raconter comment des villageois qu'il exhortait à aimer leur prochain se précipitèrent sur lui pour le déshabiller en public.

Des histoires de cette farine, ils en ont rapporté de pleines besaces. Ils les jettent dans la conversation comme des bûches dans un feu de joie.

– Moi, dit Pierre, ils m'ont jeté par terre, ils m'ont saisi par mon capuce et m'ont traîné à travers les ruelles comme un sac à grain.

– Moi, dit Sylvestre, j'ai reçu les plus inoubliables volées de ma vie, et mes côtes ont cassé, sans le vouloir, trois ou quatre bâtons. Je vous assure que lorsqu'on est transi, cela réchauffe considérablement.

– A Arrezzo, les gens m'ont jeté de la boue, dit encore frère Egide, et son sourire n'eût pas été plus suave si on l'avait couvert de fleurs.

– Un soir à Florence, rapporte Frère Bernard, il gelait à pierre fendre. Egide et moi, nous attendrîmes une femme charitable qui nous permit de passer la nuit dans un fournil, sous le porche de sa maison. « Je vais vous apporter de quoi vous tenir chaud » nous dit-elle. Sur ces entrefaites, le mari rentre. Il voit son épouse avec des couvertures sous le bras.

– Où vas-tu avec ça ?

– Je vais les porter à deux pauvres que j'ai installés dans le fournil.

Voilà notre bonhomme qui entre en fureur :

– Tu veux donc te faire voler ? Je les vois d'ici, tes pauvres ! Des ribauds, oui ! Des coupe-jarrets, du gibier de potence...

Nous autres, dans le fournil, nous écoutions passer la tempête. « Le Signor aura beau faire, murmurait Egide, il n'aura jamais si mauvaise opinion de nous que nous-mêmes. » Bref, la pauvre femme dut remiser ses couvertures et nous passâmes la nuit à claquer des dents.

François écoute ses frères sans mot dire. Il sait bien que leurs mésaventures ont été moins amusantes à vivre qu'à raconter. Il sait aussi que leur gaieté sonne un peu creux. S'ils se réjouissent d'avoir été persécutés, c'est pour se consoler de n'avoir pas été suivis.

– Toi au moins, François, tu n'es pas rentré bredouille, dit l'un d'eux.

Les regards des sept compagnons se tournent vers un grand jeune homme brun que François leur a présenté tout à l'heure et qui est assis à sa droite dans une attitude naturellement fière et volontairement respectueuse. C'est le noble chevalier Ange Tancrède, que François a cueilli comme une pâquerette sur la route de Rieti. Il lui a mis la main sur l'épaule et lui a dit, en toute simplicité : « Il y a bien assez longtemps que tu portes le baudrier et l'épée du monde. Viens avec moi, je t'armerai chevalier du Christ ! »

Le fier guerrier a obéi sans plus de manières que n'en firent le pêcheur Simon Pierre ou le percepteur Matthieu quand ce même Christ, au nom de qui François réquisitionne, les héla sur les chemins de Galilée. Assis dans la bruyère et ficelé dans sa bure de va-nu-pieds, l'ancien paladin apprend maintenant de ses nouveaux frères comment il faut endurer les coups sans rien dire et supporter les injures en souriant.

À dire vrai, il est un peu surpris. Il a sillonné la vallée de Rieti avec François et jamais personne ne s'est moqué d'eux. Au contraire, le sourire du Petit Pauvre a traversé les cœurs les plus endurcis et l'amour dont il brûle a embrasé les âmes les moins combustibles.

– J'en suis la preuve, avoue très humblement l'ancien chevalier.

Alors, un frère interroge :

– François, comment se fait-il que tout le monde vienne à toi, alors que nous autres, on nous regarde à peine quand on ne nous rejette pas. Est-ce que Dieu te favorise ?

– Notre Seigneur, répond François, mesure sa pitié à notre faiblesse. Si donc il me favorise, c'est parce que je suis le plus indigne et le plus misérable d'entre nous. Mais ne vous inquiétez pas, mes frères, je vous promets une pêche miraculeuse, car Dieu m'a fait une révélation.

Dans un silence impressionnant – celui qui se fait à la messe avant l'élévation – huit paires d'yeux et d'oreilles se tendent vers François. Mais il se tait. Il semble fixer quelque chose. Ou *Quelqu'un*. Son visage brille. Son regard brûle. Excusez-le un instant, chers frères, il s'est absenté !

Il est à quelques semaines derrière vous, à vingt lieues plus loin, à trois mille pieds plus haut. Très exactement dans une grotte de montage, dans les environs de Poggio-Bustone, un matin d'hiver.

Il se revoit. Il est entré dans la grotte en pleurant. Bien moins pour s'y recueillir que pour s'y cacher. Parce qu'il a honte, terriblement honte. Honte de son passé. Ce que nous en avons dit n'est rien auprès de ce qu'il en pense. Comment ose-t-il enseigner les autres après tout ce qu'il a fait ? Durant toute sa jeunesse, il a barboté dans le péché. Son âme en est encore toute poisseuse. Si poisseuse que parfois la nausée l'envahit. Comme ce matin. Oui, après des mois de prière, de pénitence, de pauvreté, de don total à Dieu, il arrive que le passé remonte à la surface de son âme, dont l'eau si claire se trouble et devient bourbeuse. Alors, comme ce matin, il a honte, il se cache. S'il n'avait pas trouvé cette grotte, il aurait, dans son désir de disparaître, éventré le rocher.

Le voilà rentré sous terre. La honte peu à peu se dissout dans le chagrin, l'immense chagrin d'avoir offensé Dieu. Imaginez un fils qui, dans un moment d'égarement, insulte ou frappe le père qu'il adore. Une douleur indicible défait les traits du vieil homme et des larmes jaillissent de ses yeux. En les voyant couler sur le visage vénéré, le fils prend conscience de ce qu'il a fait. La honte, le remords, le chagrin, lui déchirent le cœur avec des tenailles ardentes. Voilà quelles étaient, portées à l'extrême, les souffrances de François !

Mais le brûlant remords du fils n'avait d'égal que la douce pitié du Père. Comme deux océans rongeant leurs rives, l'infinie contrition de la créature et l'infinie miséricorde du Créa-

teur avançaient l'une vers l'autre. L'isthme étroit qui les sépa-
rait encore se rompit et, dans une submersion prodigieuse,
François sentit ses péchés emportés par l'amour divin. Il eut,
dit Celano, la « certitude du pardon complet ».

Alors, dans son humilité, son abandon total à Dieu, un sentiment de puissance irrésistible l'envahit. Son âme n'était
qu'une goutte d'eau dans l'océan de l'amour divin. Mais la
plus infime gouttelette, toute la mer l'entoure et la porte,
toute l'énorme puissance de la mer la soulève. Elle a l'océan
derrière elle. François avait Dieu derrière lui. Il était porté,
soulevé par la toute-puissance de Dieu. Et il sentait que Dieu
le poussait vers les âmes. Et il comprit que Dieu rabattrait les
âmes vers lui.

Alors, il sortit de sa grotte et redescendit dans la vallée. Il
avançait les bras grands ouverts et semblait, en marchant,
cueillir d'invisibles disciples. Invisibles pour nous, car lui les
voyait et les entendait...

C'est ce qu'il est en train de raconter à ses compagnons
émerveillés.

– Oui, mes frères, dit-il, il ne faut plus vous affliger de notre
petit nombre : car le Seigneur fera de nous une foule immense
qui se multipliera et s'étendra jusqu'aux extrémités du
monde... Je vais vous raconter une vision que je devrais garder
secrète si la charité ne me faisait un devoir de parler. J'ai vu
des multitudes venant à nous pour vivre de notre vie et j'ai
même encore dans les oreilles le bruit que faisaient leurs pas.
Ils arrivaient de France, d'Espagne, d'Allemagne, d'Angleterre, de partout...

Les frères ouvraient toutes grandes leurs oreilles et, comme
le vent du soir faisait chanter la forêt, ils entendaient eux aussi
l'immense rumeur d'une multitude en marche.

9.

Le palais du Latran un soir de juin 1210. Un homme de haute taille, droit comme un cierge, vêtu de blanc, arpente fougueusement le grand corridor. Son visage exprime la noblesse et l'énergie, son regard l'intelligence et la volonté. C'est le pape Innocent III. Un grand pape : l'histoire nous l'apprend et ses contemporains le savent.

On le dit orgueilleux. C'est faux. Il se prend simplement pour ce qu'il est : le représentant du Tout-Puissant. On le prétend ambitieux. C'est exact. Il entend rendre au Roi du Ciel l'empire de la terre. Que leurs Majestés impériales et royales veuillent bien se tenir comme des escabeaux sous les pieds du Saint-Père pendant qu'il jongle avec leurs couronnes et leurs prétentions.

Demandez à l'Empereur qu'il a évincé d'Italie, à Philippe de Souabe qu'il a détrôné au profit d'Othon de Brunswick et à Othon de Brunswick qu'il a remplacé par Frédéric II. Demandez encore à Jean sans Terre, aux rois de Hongrie, de Castille et d'Aragon, dont il a fait ses vassaux. Il n'y a que le roi de France, Philippe-Auguste, qui regimbe. Le monarque capétien ayant, à deux reprises, méprisé les avis du pontife romain, Innocent III a dû « lever sa main apostolique ». Mais si le pape a la main rude, le roi de France a le crâne résistant. L'un et l'autre sont retirés sur leurs positions. À ce détail près, Innocent III a solidement établi la gloire de l'Eglise. Sur le plan temporel.

Sur le plan spirituel, les choses vont beaucoup moins bien. Si le Saint-Père arpente impétueusement le corridor, c'est parce que la colère bouillonne en lui. Une colère si juste qu'il pécherait davantage en la refoulant qu'en s'y laissant aller. Ses yeux lancent des flammes et s'il parlait tout haut, au lieu de grommeler entre ses dents, on entendrait des apostrophes comme « ânes puants, pourceaux vautrés dans la fange, chiens muets qui ne sont plus capables d'aboyer. »

Ces gracieuses désignations – puisqu'elles sont venues sous la plume d'Innocent III, on peut conjecturer qu'elles sont également tombées de sa bouche – s'adressent au clergé de l'époque. Aux mauvais pasteurs, il va de soi, qui sont malheureusement aussi nombreux que les bons. Ils délaissent leurs brebis pour courir après l'argent, les honneurs, le plaisir. Ils se livrent à la débauche et pratiquent la simonie. Certains prélats, vêtus comme des gandins, affichent un luxe inouï, et recourent pour mener plus grand train, au trafic des bénéfices ecclésiastiques. Il paraît qu'un nommé Raoul, évêque de Liège, va jusqu'à les faire vendre par un charcutier de la ville, avec l'andouillette et le pied de cochon. De tels scandales mettent le Saint-Père hors de lui, et on l'a entendu exploser publiquement : pour nettoyer tout cela, a-t-il dit, il faudrait « le fer et le feu ».

Quoi d'étonnant si l'indignation que suscite le mauvais clergé se retourne contre la Sainte Eglise ? Quoi d'étonnant si les hérésies pullulent et si les brebis que leurs pasteurs abandonnent désertent à leur tour les pâturages de la vraie foi pour les vénéneux herbages des Cathares ou des Vaudois ? A quoi sert à l'Eglise de faire trembler les rois si elle n'est plus respectée par les peuples. « Non, non et non, grommelle le Saint-Père qui continue d'aller et venir dans son corridor, il faut que cela change ! »

Ah ! s'il existait des hommes de foi brûlante, capables de renoncer aux biens de ce monde en s'inspirant de l'idéal évangélique pour aller porter à leurs frères la parole d'amour et de vérité. Par sa bulle du 19 novembre 1206, Innocent III a bien essayé de susciter de tels apôtres, « des hommes éprouvés qui, imitant la pauvreté du Christ, le grand Pauvre, ne craindraient pas d'aller sous un vêtement humble, mais avec un souffle ardent, trouver les hérétiques pour les arracher à l'erreur, Dieu aidant, par l'exemple de leur vie autant que par la pertinence de leurs discours ». Mais l'appel n'a pas été entendu.

Voilà pourquoi, ce soir, le Saint-Père arpente impatiemment le corridor. Nous risquons peu de nous tromper si nous imaginons le Vicaire du Christ implorant la Providence comme un enfant en détresse :

– Mon Dieu, supplie-t-il, faites quelque chose ! Aidez-moi !
Aider le pape ? Mais la Providence y a déjà pensé. Voici
qu'un petit homme, vêtu comme un croquant et visiblement
gêné de traîner ses pieds nus sur le somptueux dallage du
Latran, se faufile dans le corridor et court au-devant du Saint-
Père...

∞

Depuis le début du printemps, quatre nouveaux compagnons s'étaient présentés à la Portioncule. Ne pouvant frapper
à la porte de la cabane – elle n'en avait pas – ils passaient discrètement le nez à l'entrée. Une guirlande de sourires leur
souhaitait la bienvenue et, l'instant d'après, ils étaient adoptés.
Ils s'appelaient Philippe le Long, Jean de San Constanzo,
Barbare, Bernard de Vigilanzio et portaient à douze le
nombre des disciples du Petit Pauvre. Douze ! Autant que le
Christ, son Maître et son Modèle.

Alors, François forma le projet de se rendre à Rome pour
présenter sa famille au Saint-Père et lui soumettre la règle de
vie qu'il venait de rédiger pour elle.

Les frères prirent le départ un beau matin d'été. La joie leur
mettait des ailettes aux talons et les oiseaux du ciel
gazouillaient dans leur âme. Puis, toutes les cloches de Rome
vinrent y carillonner lorsque, après trois jours de marche, la
Ville éternelle parut à l'horizon. Mais sitôt qu'ils en eurent
franchi les portes, les oiseaux s'envolèrent, les cloches se
turent et la joie s'éteignit. Il n'y eut plus en eux qu'une pesante
appréhension.

Les projets de François étaient grandioses assurément, mais
quel accueil le Saint-Père allait-il leur réserver ? On prétendait
qu'il était peu commode et que les rois eux-mêmes filaient
doux devant lui. N'allait-il pas les confondre avec ces excités
plus ou moins hérétiques dont l'engeance pullulait et qui
rêvaient de réformer la chrétienté ? François rassura ses
frères : le vicaire du Christ saurait bien reconnaître les amis de
Son Maître. Et il leur recommanda de rester bien sagement
devant le palais du Latran pendant qu'il irait parler d'eux au
Saint-Père.

Le cœur tremblant, les douze compagnons le virent disparaître à l'intérieur de l'édifice. (En ce temps-là, on pouvait
entrer dans la demeure du pape aussi facilement que dans la

maison de Dieu.) Après avoir longtemps erré dans les couloirs, François découvrit le Saint-Père qui arpentait fiévreusement le grand corridor. Il se précipita vers lui. Innocent III arrondit les sourcils et son regard lança des flammes sur le guenilleux. Qu'est-ce que c'était que ce gardien de pourceaux ?

– Que veux-tu ? grogna-t-il

Très humblement, François commença d'exposer son projet.

– Laisse-moi tranquille avec ta Règle, grogna le Saint-Père. Va retrouver tes cochons et prêche-leur tous les sermons que tu voudras.

Ainsi vit-on l'un des plus grands papes de l'histoire envoyer promener un des plus grands saints de la chrétienté. François ne se le fit pas dire deux fois. Lorsqu'il réapparut, les douze compagnons se précipitèrent vers lui :

– Alors ? Tu l'as vu ? Qu'est-ce qu'il t'a dit ?

– Il faut absolument que je trouve des cochons, répondit François.

Et sous les regards ahuris de ses frères, il courut à la recherche d'une porcherie.

Une demi-heure plus tard, Innocent III le vit resurgir devant lui. Il était entièrement barbouillé de fumier et souriait humblement. Le Saint-Père fronça de nouveau les sourcils et probablement aussi les narines.

– Seigneur, dit François, maintenant que j'ai fait ce que vous m'avez commandé, n'aurez-vous pas à votre tour la bonté de m'accorder ce que je sollicite ?

Le pape comprit la leçon. L'étrange visiteur apportait autant d'empressement à obéir que d'insistance à solliciter.

– Va te nettoyer, lui dit-il, et reviens me voir demain.

François disparut et le Saint-Père reprit le cours de ses sombres pensées. Les craintes que lui inspirait l'avenir de l'Eglise étaient si obsédantes qu'elles le poursuivaient jusque dans son sommeil. À preuve, le rêve qu'il fit cette nuit-là. Il se trouvait devant la basilique de Latran lorsque soudain il la vit s'affaisser. Il comprit aussitôt qu'elle allait s'écrouler. Il voulut appeler au secours, mais aucun son ne sortait de sa bouche. Alors, il vit quelqu'un se précipiter vers l'édifice. Il le reconnut aussitôt. C'était le jeune homme qui avait couru vers lui dans le corridor et qu'il avait si brutalement congédié. Il voulut le retenir, craignant qu'il ne soit écrasé par la chute de l'église. Mais le petit homme avait atteint la basilique et, le dos contre la muraille, il redressait en souriant l'édifice. Son regard fixait le pape et semblait dire : « Ne vous inquiétez pas, Saint-Père, et faites-moi confiance. Je n'ai l'air de rien, mais la Providence m'a spécialisé dans la restauration des églises. »

Le rêve impressionna le pape à tel point qu'à son réveil, il courut à la fenêtre pour voir si la basilique était toujours debout. Il fut presque surpris de ne pas voir le petit homme arc-bouté contre le chevet. Dans la matinée, il reçut le cardinal de Saint-Paul.

– Seigneur, dit le prélat, hier vous avez promis une audience à un pénitent. Un jeune homme vêtu comme un croquant, avec des yeux très profonds, très doux... Vous souvenez-vous ?

– Certainement, dit le pape au comble de la surprise. Mais comment le savez-vous ?

Comment le cardinal le savait ? C'était bien simple. Le jeune homme le lui avait dit. La veille, après avoir quitté le palais du Latran, François était parti à la recherche d'un gîte avec ses compagnons. Soudain – quoi d'étonnant quand la Providence vous assiste ? – au détour d'une ruelle, il s'était trouvé nez à nez avec l'évêque d'Assise, Monseigneur Guido, de passage à Rome lui aussi.

Etonnement du prélat devant ses treize diocésains : « Que faites-vous ici ? » François l'instruisit du but de leur voyage. « Venez avec moi, dit l'évêque, je vais vous présenter à mon ami, le cardinal de Saint-Paul. » La première réaction de Son Eminence fut une grimace : les treize recrues de l'évêque d'Assise avaient bien mauvais genre. Mais la seconde fut un sourire : les treize protégés de Monseigneur Guido étaient des hommes de bien. Entre la grimace et le sourire, François avait parlé.

– Je vous avoue que cet homme m'a fait une profonde impression, dit le cardinal au pape.

– Il m'a paru très humble, très soumis, reconnut le Saint-Père. Mais également très décidé. Il m'a parlé d'une Règle qu'il aurait écrite et qu'il voudrait me soumettre. Vous êtes bien sûr qu'il n'est pas de ces maudits réformateurs qui prétendent faire la leçon à l'Eglise ?

– J'en suis certain. Il ne nourrit pas, comme tant d'autres, le projet de réformer le clergé. Mais si Votre Sainteté veut lui faire confiance, il me paraît fort capable de transformer les fidèles.

– Figurez-vous que cette nuit...

Le Saint-Père raconta son rêve et le cardinal écarquilla les oreilles.

– Voilà qui est étrange, dit-il quand le pape eut fini. L'évêque d'Assise qui est mon ami et qui n'est pas éloigné de prendre son diocésain pour un saint, m'a dit qu'un jour, dans une chapelle de son pays, le jeune homme aurait entendu le Christ lui dire : « François – il s'appelle François – va, et répare ma maison qui croule. » D'après Monseigneur Guido, il aurait d'ailleurs, après cette mystérieuse injonction, restauré plusieurs églises de sa cité. Je me demande si...

– Allez me chercher ce nommé François, dit le Saint-Père.

∽

Voici de nouveau François d'Assise devant Innocent III. Pour écouter celui qu'il avait d'abord envoyé sermonner les cochons, le pape a convoqué tous les cardinaux de son entourage. Les regards du Saint-Père et de leurs Eminences sont braqués sur le guenilleux qui recroqueville ses pieds nus sur les mosaïques du parterre.

– Alors, dit le pape, explique-nous un peu tes projets.

François lève les yeux au ciel. Il est facile d'imaginer la prière qu'il est en train de lui adresser. « Seigneur, doit-il supplier, ce n'est pas le moment de m'abandonner. Votre Vicaire et les successeurs de vos apôtres sont là, autour de moi, et ils ouvrent toutes grandes leurs oreilles. Leur intelligence est très haute et la mienne est très mince. Leur science est immense et la mienne est nulle. Il me faut cependant les convaincre. Alors, ayez pitié, Seigneur, et soufflez-moi ! »

Le Seigneur a dû l'exaucer, car il s'est mis à parler dans un langage si simple et si modeste qu'il ne peut être inspiré que par l'Esprit Saint.

– Seigneur, dit-il au pape, mes compagnons et moi vous demandons la permission de vivre comme le Christ.

Et il expose la Règle qu'il a conçue. Tandis qu'il parle, François voit naître des sourires ou s'esquisser des moues sur le visage des cardinaux. Il voit la bouche des uns s'approcher de l'oreille des autres et la tête de ceux-ci faire oui ; mais c'est pour approuver ceux-là dont la tête fait non. Aucun doute, l'auditoire est récalcitrant. Alors, François se tait et il attend humblement que le Saint-Père, approuvé par leurs Eminences, l'envoie promener une seconde fois.

Les cardinaux ouvrent le feu :

– C'est de la folie !

– C'est une règle insensée !

– Des religieux ne peuvent pas subsister sans biens ni revenus !

Le pape lui-même hoche la tête d'un air embarrassé. Mais le cardinal de Saint-Paul demande la parole :

– Invoquer de pareils prétextes pour rejeter la demande de ce pauvre, n'est-ce pas affirmer que l'Evangile est impraticable ? N'est-ce pas renier le Christ ?

Le visage de leurs Eminences prend la couleur de leur robe. François fixe obstinément le bout de ses pieds. Ce que le cardinal a dit, il osait à peine le penser. Mais puisque l'auditoire est muet, c'est peut-être le moment de placer la réflexion que le Saint Esprit vient de lui mettre sur le bout de la langue :

– Seigneur pape, dit-il, je me remets de tout sur Monseigneur Jésus-Christ. Il nous a promis la vie éternelle et la béatitude céleste. Comment pourrait-il nous refuser une chose aussi insignifiante que le peu dont nous avons besoin pour vivre sur cette terre ?

Un sourire bienveillant éclaire le visage du pape. Son regard interroge les prélats, semblant dire : « Que pouvons-nous répondre à cela ? » Puis, le Saint-Père se tourne vers François :

– Mon fils, va prier le Christ de me révéler Sa Volonté. Quand j'en serai mieux instruit, je pourrai t'accorder, avec plus de sécurité, ce que ta générosité désire.

∽

Les détracteurs d'Innocent III, ceux qui lui reprochent son orgueil et son despotisme, devraient méditer cette humble réponse lorsque le grand pape semble dire au petit mendiant : « Puisque tes rapports avec le Christ semblent plus étroits que les miens, prie-le donc d'éclairer Son Vicaire ! »

François ne se le fit pas répéter. Il réunit ses compagnons dans les jardins du cardinal de Saint-Paul et leur expliqua ce que le pape attendait d'eux. Les frères firent un cercle, se mirent à genoux et allumèrent un véritable brasier de prières. Un brasier dont les invisibles flammes montèrent toute la nuit vers le ciel. Un brasier dont la surnaturelle lumière dut éclairer l'âme d'Innocent III, qui méditait à quelques pas de là. À preuve, la douce et affectueuse lueur qui brillait encore dans le regard du pape lorsque, le lendemain, François et ses frères se présentèrent devant lui.

Les cardinaux entouraient à nouveau le Saint-Père, mais leurs mines, sensiblement moins renfrognées que la veille, donnaient à penser que la lumière avait dû les atteindre eux aussi.

– Nous t'écoutons, mon fils, dit le pape.

Alors, François décerna son plus gracieux sourire à son grave auditoire et, pour mieux captiver les très savants prélats, il eut recours au langage le plus clair, le plus simple : celui de la parabole, le langage du Christ.

– Très Saint-Père, dit-il, il était une fois dans un désert une femme pauvre, mais belle. Un roi s'éprit d'elle. Ils s'aimèrent, s'épousèrent et elle lui donna des fils très beaux. Quand ils eurent grandi et que leur éducation de chevaliers fut accomplie, leur mère leur dit : « Mes enfants, ne rougissez pas de votre pauvreté, car vous êtes les fils du roi. Allez donc trouver votre père qui vous reconnaîtra et vous donnera tout ce dont vous aurez besoin. » Emerveillés et ravis à l'annonce de leur filiation royale et de leurs droits d'héritage, ils imaginent déjà leur misère transformée en opulence. Ils se présentèrent au roi avec assurance et ne craignirent pas celui dont leur visage reproduisait les traits. Le roi, en effet, se reconnut en eux et leur demanda : « Qui est votre mère ? » Ils répondirent : « C'est la pauvre femme du désert. » Rempli de joie, le roi les pressa sur son cœur : « Soyez sans crainte, leur dit-il, vous êtes mes fils et mes héritiers. Si je reçois à ma table des étrangers, à plus forte raison, serai-je heureux d'y admettre mes enfants. » Et il fit dire à la femme du désert de lui envoyer aussi tous ses autres fils pour les élever à la cour.

« Très Saint-Père, continua François, le désert, c'est ce monde, stérile en vertus ; cette pauvre femme, c'est moi ; le roi, c'est le Fils de Dieu qui m'a donné des enfants que la sainte pauvreté rend semblables à leur père. Et le Roi des Rois m'a dit qu'il se chargeait de l'entretien de tous mes descendants ; car Lui qui nourrit si généreusement toutes ses créatures, les pêcheurs y compris, comment laisserait-il dans le besoin les enfants de sa maison ? »

Dès le début de la parabole, un sourire avait illuminé le visage d'Innocent III. Puis, l'une après l'autre, ce furent les sombres figures des cardinaux qui s'éclairèrent. Quant aux

134

douze compagnons de François, si le trac les avait un instant pétrifiés, leurs visages brillaient à présent comme douze lampes branchées sur la joie de leur père.

Promenant son regard autour de lui et voyant l'auditoire entier plongé dans le ravissement, Innocent III remercia la Providence de lui avoir envoyé François. « Il nous parle comme à des enfants, songeait-il. Et c'est comme des enfants que ces vieux cardinaux et moi, le souverain pontife, nous l'écoutons. Or, s'il arrive à charmer de la sorte mes sentencieux prélats et leur insupportable pape – car je suis un ours, tout le monde le dit – combien plus aisément captivera-t-il les cœurs simples et les âmes accueillantes. En vérité, mon rêve ne m'a pas trompé et c'est par ce petit mendiant que l'Eglise de Dieu sera rétablie sur ses bases. »

Alors, le Souverain Pontifie descendit de son trône et il embrassa le petit mendiant. Puis, bénissant les treize gueux qui souriaient aux anges, il leur dit :

– Allez mes frères, et que le Seigneur soit avec vous. Et s'il Lui plaît de vous multiplier, revenez sans crainte auprès de moi. Je vous accorderai de plus grandes faveurs et je vous confierai aussi de grandes tâches.

François et ses compagnons reprirent le chemin d'Assise en rendant grâce à Dieu. Ils marchaient l'un derrière l'autre dans la douce chaleur d'un soir d'été. Les coquelicots des champs brûlaient comme des flammes, le soleil couchant incendiait l'horizon et les petits frères sentaient descendre en eux le feu de l'Esprit Saint.

☙

Après deux jours de marche, François et ses frères arrivèrent au pied des Monts-Sabins. Ils furent séduits par la beauté de la montagne et s'arrêtèrent pour la contempler. On eut dit un grand navire mauve ancré dans le ciel et qui semblait attendre ses passagers. Or, le pape ayant béni leur mariage avec la Pauvreté, les petits frères se trouvaient pour ainsi dire en voyage de noces. Ils pensèrent que Dieu lui-même leur envoyait ce vaisseau de roche et qu'il les invitait à bord avec leur douce épouse. Alors, ils gravirent la montagne et, dans la splendeur de l'été, ils vécurent une éblouissante lune de miel.

Pour commencer, ils découvrirent avec émerveillement qu'en s'unissant à la Pauvreté, ils avaient épousé la fortune.

Leur merveilleuse compagne leur apportait en dot d'incomparables richesses, et d'abord le ciel et la terre où nos treize compagnons s'installèrent comme chez eux. Le jour les voyait priant sur la montagne, le visage contre le ciel et la terre à leurs pieds. La nuit les trouvait couchés à même le sol, la nuque dans l'herbe tiède et les pieds sur la lune. Quand d'aventure ils regardaient la vallée et qu'ils apercevaient en bas les châteaux et les maisons où seigneurs et bourgeois verrouillaient leur misérable vie, ils bénissaient la pauvreté qui les logeait, avec les fleurs et les oiseaux, sous le toit de Dieu.

Quel roi, quel empereur pouvait se glorifier d'une plus somptueuse demeure ? Chauffée par le soleil, éclairée par les étoiles, elle avait pour clôture les quatre horizons. Quant au confort, les locataires du Bon Dieu disposaient, entre autres merveilles, d'un garde-manger superbe, à savoir un tombeau étrusque dans lequel ils entreposaient les nourritures mendiées dans la vallée. Car si l'altitude élevait leurs âmes, elle creusait aussi leurs estomacs, et les treize compagnons, vous pouvez nous en croire, avaient un solide appétit.

En ce domaine encore, la Pauvreté faisait merveille, donnant aux nourritures les plus austères une saveur inconnue des gourmets : sous le palais des frères, le pain sec fondait comme une friandise et l'eau des montagnes leur illuminait la gorge. On dit, pour exprimer la félicité des riches, qu'ils nagent dans l'opulence : l'image évoque des carpes barbotant dans l'eau grasse. François et ses frères voltigeaient dans la pauvreté comme des papillons dans l'azur. Ils étaient libres. Ils étaient heureux.

« François, disait parfois l'un d'eux, relis-nous notre Règle ! » Et François, qui savait par cœur le texte que Dieu lui avait inspiré, en émiettait les plus émouvants passages à ses frères qui les becquetaient comme un merveilleux froment :

– Nous nous sommes réunis pour imiter le Seigneur Jésus dans son humilité et sa pauvreté... La place des hommes somptueusement vêtus étant, selon l'Evangile, dans les palais royaux, nous porterons des habits très pauvres que nous rapiécerons de sacs et de haillons... Jésus, Notre Seigneur, ayant déclaré que c'est aux chefs d'Etat d'agir en maîtres et aux grands de donner des ordres, nous n'aurons pour notre part aucune autorité l'un sur l'autre, et celui d'entre nous qui voudra être le premier se mettra au dernier rang en se faisant le serviteur de tous... Aucun frère ne fera de la peine à un autre, nous éviterons la colère, la calomnie, la médisance et les murmures ; plutôt que de disputer avec qui que ce soit, nous garderons le silence ou nous répondrons humblement : « Nous sommes des serviteurs inutiles »... Nous ne jugerons ni ne condamnerons personne, nous considérons plutôt nos propres fautes... Nous montrerons à tous la plus grande douceur ; notre plus grande joie sera de nous mêler aux lépreux, aux mendiants et autres misérables, et nous recevrons avec bonté les voleurs et les brigands... Si un frère tombe malade, les autres le soigneront et tous auront l'un pour l'autre les mêmes attentions qu'une mère a pour son enfant...

Les petits frères dégustaient la Règle d'amour et souriaient à l'avenir. Le monde que François leur montrait à travers l'Evangile, c'était tout simplement le monde renversé. Demain, la pauvreté triompherait de la richesse, l'humilité de l'orgueil et les bons des méchants ; les mendiants seraient honorés comme des princes, les lépreux les plus terrifiants seraient traités en frères bien-aimés et les bandits les plus redoutables deviendraient des amis sûrs et fidèles. Cette perspective les soulevait d'allégresse, et chacun sentait son âme grandir et s'accroître de toutes les âmes des frères présents et à venir.

La nuit de juin tombait. Elle avait déjà recouvert entièrement les vallées. Mais le soleil frangeait les cimes d'une lumière de corail, et tandis que la terre entière paraissait abolie dans les ténèbres, la montagne brillait en plein ciel comme un reposoir de la Fête-Dieu. Une lumière ardente baignait le visage des frères et l'entourait d'un halo doré où scintillaient des promesses d'auréole. Et François pleurait de félicité.

Mais soudain, sa joie se fêla. Son cœur s'étoila d'inquiétude... Parce qu'ils observaient l'Evangile, ses frères et lui brûlaient dans l'allégresse comme la montagne dans les feux du couchant. Et comme la montagne, leurs âmes étaient serties de lumière. Mais en bas, dans les vallées, les hommes restaient plongés dans l'ombre. L'ombre que tissaient les vanités, les égoïsmes, les violences, les plaisirs et l'argent. Ils ignoraient la joie de vivre comme les oiseaux du ciel et les fleurs des champs. François comprit qu'il n'avait pas le droit d'exiler plus longtemps Dame Pauvreté sur la montagne. Il fallait la ramener parmi les hommes et la faire aimer par le monde entier afin que toute la terre soit heureuse.

– Nous ne pouvons plus rester ici, dit-il à ses compagnons.

Ils lui firent remarquer que c'était bien dommage, car ils s'y plaisaient plus que nulle part ailleurs. François répondit que c'était une raison de plus pour qu'ils s'en aillent.

Le lendemain, au premier chant du soleil, les frères tombèrent à genoux et rendirent grâce à Dieu pour le bonheur dont il venait de les combler. Puis, ils quittèrent la montagne et redescendirent vers les hommes.

10.

C'est l'automne et c'est dimanche. (Un dimanche d'automne est plus qu'un autre exquis : l'homme et la nature se reposent ensemble.) Assise s'est réveillée sous un ciel de satin bleu. Par les fenêtres s'échappent des interrogations impatientes du genre « Où est ma chemise ? » et « Qu'as-tu fait de mes chaussures ? » La ville s'habille fiévreusement. Voici que toutes les cloches se mettent à sonner. Des rafales de bronze secouent les maisons, et les maisons se vident comme des tirelires. Une foule multicolore envahit les ruelles qui coulent, ainsi que des ruisseaux en crue, vers la place Saint-Rufin. François Bernardone, dont on dit qu'il a conquis le pape, doit prêcher à l'église ce matin et Assise ne veut pas manquer ça.

Il y a des curieux : « On se demande bien ce qu'il va dire ! » Des sceptiques : « Suffit pas de se déguiser en moine pour parler comme un curé ! » Des rieurs : « Autrefois, quand il levait le coude, le bon vin l'inspirait. Savoir si le Bon Dieu lui rendra le même service ! » Et ce que nous appellerions aujourd'hui des sympathisants qui, sachant à quoi s'en tenir, gardent la bouche close et s'apprêtent à ouvrir attentivement leurs oreilles et leur cœur.

Maintenant, la foule se presse dans l'immense nef de Saint-Rufin. Debout dans la chaire et pâle comme un cœur de laitue, François regarde cette forêt vivante qui vient de pousser à ses pieds. Une soudaine anxiété l'étreint. Il ne sait pas ce qu'il va dire. Il n'a rien préparé. Il attend. Avec, entre les tempes, une lourdeur désagréable et d'incœrcibles contractions du gosier. Il attend que le Saint Esprit l'allume... Voilà qui est fait. Son âme commence à grésiller, le feu prend, François parle.

L'assistance n'ouvre pas seulement les oreilles. Elle écarquille les yeux et ces mille visages expriment tous le même étonnement. Personne ne reconnaît François Bernardone. Les uns avaient encore en mémoire le joyeux bambocheur de jadis. Les autres, l'humble et souriant mendiant qui vous souhaitait la paix quand il vous croisait dans la rue. D'autres encore, qui l'avaient déjà entendu, gardaient le souvenir d'un doux troubadour chantant d'une voix suave l'amour et la pauvreté. Or il avait tant changé qu'on ne s'y retrouvait plus. Pourtant, François était plus doux, plus humble, plus pauvre que jamais. Mais sa douceur avait pris de la gravité, son humilité de l'éclat, sa pauvreté de la magnificence. Dans sa guenille de bure, le héraut du Grand Roi avait la majesté d'un prince.

Quant à sa parole (ah ! disaient les connaisseurs, on ne résiste pas à son charme), eh bien ! sa parole ne se contentait pas de charmer. Elle frappait, mes amis. Elle frappait affectueusement, mais elle frappait. Et au bon endroit. L'orgueilleux à la tête, l'égoïste au cœur, l'avare à la bourse. Il y avait, dans le fond de l'église, quelques pieds plats qui la recevaient, sauf votre respect, comme un coup de sabot dans le derrière ; il y avait, dans les stalles des chanoines, deux ou trois docteurs en pédanterie qui avaient l'impression qu'on leur tirait la barbe. Cette parole qui était la même pour tous atteignait chacun personnellement. Elle exerçait une poussée plus ou moins grande selon la curiosité de l'auditeur, mais elle passait partout, s'infiltrait par toutes les fissures, emportait toutes les résistances et finissait par tout inonder de cette eau vive qui nettoie les âmes et qui s'appelle la vérité.

C'était là tout le secret de François. Un secret, grâce auquel nous l'avons vu et le verrons conquérir encore des cœurs innombrables. Celui des seigneurs comme celui des manants, celui du pape comme celui des oiseaux, celui d'un loup buveur de sang comme celui de la jeune fille que nous voyons maintenant resplendir à quelques pas de la chaire.

Ses yeux, deux étoiles bleues dans la virginale clarté du visage, sont levés sur l'amoureux de la Pauvreté et chantent un silencieux alléluia. L'enfant blonde ne bouge pas un cil, pas un nerf de son visage ne frémit, pas un souffle ne s'échappe de sa bouche : c'est une statue de la béatitude.

À côté d'elle, sa tante, une vieille demoiselle, est troublée par cette fixité radieuse. Elle pose doucement la main sur le bras de la jeune fille :

– Claire, souffle-t-elle, où es-tu ?

Mais la jeune fille ne répond pas. Elle est absente. Elle est ensevelie dans la joie. La tante se tait et retire sa main. Son regard, comme s'il suivait un rayon, va de sa nièce au Petit Pauvre ou du Petit Pauvre à sa nièce. Mais elle distingue à peine cette lumière que Dieu met sur le front de François et que le front de François renvoie sur le visage de Claire.

∞

À une demi-lieue d'Assise, au lieu dit Rivo-Torto, se dresse (c'est une façon de parler) une masure si rachitique qu'on se demande ce qu'elle attend pour s'écrouler dans les broussailles. Si elle ne l'a pas encore fait, c'est parce que François et ses compagnons l'empêchent de se laisser aller.

Lorsqu'ils eurent quitté la montagne, François dit à ses frères :

– Je sais, non loin d'Assise, une cabane que les hommes ont abandonnée aux ronces et aux orties. C'est la plus misérable demeure que je connaisse. Elle sera donc notre palais.

Il est probable que les frères firent la grimace en découvrant leur nouvelle résidence. Se recroqueviller dans cette masure après s'être épanoui sur les sommets, c'était, pouvait-on dire, tomber de haut. Mais François les réconforta : Dieu, qui les avait reçus chez Lui, dans la splendeur des montagnes, allait leur faire un honneur plus immense encore en venant s'établir chez eux, dans ce refuge de la Pauvreté. Ce qu'entendant, les frères se précipitèrent sur les orties et les ronces comme des criquets sur une récolte.

La cabane fut nettoyée en un tournemain. Lorsqu'ils la jugèrent suffisamment présentable, ils se mirent à genoux et prièrent Dieu d'entrer. Alors, comme l'avait annoncé François, Dieu revint parmi eux et la fête qu'il leur avait donnée sur la montagne recommença.

Mais comment décrire l'existence de ces premiers franciscains ? Si les techniciens de la sottise qui s'emploient à crétiniser la jeunesse n'avaient galvaudé le mot, nous dirions qu'ils vivaient comme d'incomparables copains, festoyant d'un même cœur à la table de joie que le Père Céleste tenait servie pour eux. Cette joie qui gonflait leur âme dilatait aussi leur univers : chaque journée, chaque heure prenait un immense, un merveilleux contenu. Le pauvre Sisyphe poussait son rocher de misère tout seul et sans espoir de le voir s'alléger. Eux roulaient tous ensemble un ballon de félicité qui faisait boule de neige au fil des jours.

Est-ce à dire qu'il n'y avait jamais de couacs dans ce chœur fraternel ? Si, bien sûr, il y en avait ! Mais lorsqu'un frère s'embrouillait dans ses notes, lorsqu'une retombée d'enthousiasme amollissait les âmes, François rétablissait aussitôt la cadence et l'harmonie. La chronique de Rivo-Torto est remplie de scènes où nous le voyons tirer gentiment les oreilles à ses frères pour leur apprendre à chanter toujours plus juste, nous voulons dire à vivre toujours plus pauvres, plus humbles, plus aimants, plus heureux.

Exemple : voici, devant la cabane, plusieurs compagnons. Parmi eux, frère Jean qu'on appelle aussi frère Chapeau. À cause de ce galurin que vous voyez sur sa tête et dont il n'a jamais voulu se séparer. Frère Chapeau n'est pas une mauvaise brebis, mais il a l'humeur assez grognonne et le sourire plutôt parcimonieux. Ainsi, ce soir, sa figure est plus allongée que de raison. François, qui l'observe depuis un moment, l'interpelle :

– Si ce sont tes péchés qui t'affligent, frère Chapeau, c'est Dieu que cela regarde. Va Lui demander pardon et reviens-nous avec un meilleur visage.

Frère Chapeau se retire et va cuver ses aigreurs dans les bois.

∞

Autre scène. C'est la nuit. Les frères sont allongés dans la paille. Ceux-ci dorment. Ceux-là méditent. Il en est un qui gémit doucement :

– Je meurs, soupire-t-il, je meurs...

François l'entend, se lève et va près du malheureux :

– Et de quoi meurs-tu, mon frère ?

– De faim, répond l'autre.

Le brave garçon, ayant trop présumé de sa résistance, jeûne depuis plusieurs jours. Il a comme une caverne dans l'estomac. Alors François :

– Levez-vous tous ! Notre frère a faim. Nous allons le restaurer et manger avec lui.

Timide protestation des pénitents : ils viennent eux-mêmes de commencer le jeûne et se font scrupule de l'interrompre. François, d'un regard sans réplique, leur impose silence : ne voient-ils pas que leur frère a honte de s'être plaint ? Ne comprennent-ils pas qu'il n'osera jamais manger tout seul ? Ils voient et ils comprennent.

Tout le monde se mit à table et si ce ne fut pas un réveillon gastronomique, ce fut un véritable festin de fraternité.

∞

Le lendemain, François mit ses compagnons en garde contre les excès d'austérité : « Notre frère le corps, leur dit-il, a besoin d'une juste ration de nourriture et de sommeil. Si vous les lui refusez, lui aussi vous refusera ses services et, découragé, répondra : " Comment veux-tu que je m'adonne à l'oraison, aux veilles et aux bonnes œuvres, quand, par ta faute, je ne parviens même plus à tenir debout ? " »

Cependant les frères ne mangent guère et dorment peu. Ils prient ou ils travaillent. Pendant que l'un d'entre eux va quêter la nourriture de la communauté, les autres s'emploient comme hommes de peine dans les environs. Ils retournent la terre, gardent les troupeaux ou, le plus souvent, vont se mettre au service des lépreux dans les lazarets. Depuis quelques jours, un nouvel arrivant dont la trogne rubiconde siérait davantage à un disciple d'Epicure que de François d'Assise, sévit à Rivo-Torto.

Le premier soir, il a si prestement lapé le contenu de son écuelle que les frères, le croyant affamé, lui ont tendu la leur. Le lendemain, il battait le record de gloutonnerie qu'il avait établi la veille, et si les frères lui abandonnèrent à nouveau leur part, ce fut bien moins par charité que pour connaître les limites de son appétit. Or, ils ne les connurent point, car le goinfre, sans forcer pour autant sa nature, parvenait chaque jour à se surpasser.

Ce matin, son tour étant venu d'aller quêter la nourriture, François lui tend la hotte à provisions :

– Va, lui dit-il, et si tu apportes autant d'ardeur à la remplir que tu mets à la vider, tes frères te rendront grâce.

Le glouton rechigne : il lui répugne de mendier, figurez-vous ! François perd patience et son regard s'assombrit :

– Va ton chemin, frère mouche, dit-il. Tu n'es bon qu'à dévorer le miel amassé par les abeilles.

Frère mouche lisse ses pattes et s'en va. Les abeilles s'agenouillent et prient Dieu de convertir en faim spirituelle l'insatiable appétit du glouton.

Voici maintenant un épisode en deux tableaux. Premier tableau : la cabane est vide, les frères sont aux champs. Un étranger traverse la clairière et se dirige vers la chaumière. Il est habillé bourgeoisement. Il doit être riche. Il tire quelque chose de sa ceinture. C'est une bourse. Il pénètre dans la masure et dépose la bourse sur un petit autel que les frères ont dressé près de l'entrée. Puis, il ressort et, aussi discrètement qu'il est venu, s'en va. (Non, nous ne savons pas qui est cet homme. Sans doute un bourgeois bien intentionné qui veut « faire quelque chose » pour les frères. Simple hypothèse qui n'engage que nous : c'est peut-être le père Bernardone qui a entendu son fils prêcher à Saint-Rufin et qu'un retour sur lui-même... Mais n'imaginons point.)

Second tableau. Les frères reviennent du travail. On les voit traverser la clairière et disparaître l'un après l'autre dans la cabane. Un instant passe, tout peuplé d'anges. Puis, l'un des frères ressort. Il tient la bourse entre le pouce et l'index et va la jeter sur un tas d'ordures qui s'élève à proximité. La bourse crève, et l'on voit fulgurer sur le fumier des pièces d'or.

Grand branle-bas sur la route qui mène à Rome. Dans un immense déploiement de lances et d'oriflammes, l'empereur Othon s'avance, suivi de nombreux cavaliers. Il va se faire couronner par le pape. Bien qu'on le redoute et que les soudards de son escorte soient exécrés des populations, le flamboyant cortège attire les foules. Qui voudrait manquer un aussi prestigieux spectacle ?

À Rivo-Torto, personne ne bouge. Qu'est-ce qu'un empereur et que signifie toute cette pompe ? Rien. Alors, pourquoi se dérangerait-on ? Eh bien, justement, pour rappeler au tout-puissant monarque qu'il n'est qu'un ver de terre et que les sentiers de la gloire conduisent au tombeau. Mais on ne va pas mobiliser toute la communauté pour ça. Un seul frère suffira. Il se faufilera dans le cortège, déposera son avertissement dans les oreilles du souverain et regagnera la cabane, si le redoutable Othon ne le fait pas assommer par ses reîtres.

Naturellement, tout le monde est volontaire. Alors, François désigne le premier venu (l'histoire ne dit même pas qui) et voici notre petit frère qui s'avance vers l'empereur, s'approche de son cheval et, posant une main ferme sur le cuissard d'Othon IV, rappelle au terrible sire qu'il n'est que poussière et qu'en poussière il retournera.

– Et qu'a dit l'empereur ? demanda François lorsque le frère fut de retour dans la cabane.

– Il m'a écarté d'un revers de main, comme on chasse un frelon.

– Un jour, conclut François, quelqu'un viendra qu'il ne pourra pas congédier, et l'orgueilleux souverain se retrouvera sans couronne, sans sujets, sans empire, immobile et muet pour toujours dans un petit sépulcre de six pieds sur deux. Quant à son âme... Prions mes frères, et demandons à Dieu d'avoir pitié d'elle.

∽

C'est le soir. Dans la cabane, les frères s'apprêtent à faire oraison. Soudain, des braillements déchirants raclent le silence et deux oreilles d'âne apparaissent à la porte. Elles sont suivies par un manant. « Entre, mon vieux, entre, tu es ici chez toi ! » dit l'homme à la bête et, toisant les pénitents ahuris, il ajoute : « Tous ces ânes à deux pattes ne peuvent en dire autant. »

Voilà nos frères visiblement agacés. Il y a de l'orage en eux, cela se devine à un léger flamboiement des prunelles et à une certaine crispation des mâchoires. Tandis que l'ânier, déjà vautré dans la paille, tire une calebasse de sa besace, le brave Egide serre les poings, et le regard de l'ancien chevalier Tancrède semble chercher une trique.

François, d'un geste, apaise les siens et se tourne vers le baudet :

– Frère âne, dit-il, je te plains d'avoir un aussi grossier compagnon. Mes frères ont grande envie de le rosser, mais le Seigneur – hélas ! – nous l'interdit. Nous nous contenterons de prier pour lui, afin que Dieu le rende aussi courtois et aussi aimable que toi. Car, nous voyons bien que sa conduite te fait honte. Aussi, pour te mettre à l'aise, allons-nous quitter cette maison.

Pendant le discours qu'il adressait à l'âne, François fixait l'ânier. Il y avait, dans son regard, un si douloureux reproche

145

que le manant finit par baisser les paupières en bredouillant d'imperceptibles regrets. Quand il les releva, les frères avaient quitté la cabane.

Ils marchaient l'un derrière l'autre dans le doux crépuscule, songeant non sans vertige à toutes les âmes qui, de l'empereur aux âniers, avaient encore besoin de lumière et d'amour.

– Où nous conduis-tu, François ? demanda l'un d'eux.

– A la petite église d'où nous sommes partis.

C'est ainsi qu'un soir de printemps, François et ses frères revinrent à la Portioncule comme des hirondelles à leur nid.

∽

Une intense animation règne autour de la Portioncule. La clairière a pris l'aspect d'un chantier. Transportant de la terre ou traînant des branchages, les frères ne cessent d'aller et venir. De loin, leur pelure brune aidant, on croirait une république de fourmis. En vérité, c'est, comme François l'a voulu, une communauté d'oiseaux. « Nous voulons vivre comme les oiseaux du ciel » a-t-il dit.

Chacun construit son nid, autrement dit sa hutte, avec des matériaux d'oiseaux. Ils sifflent ou fredonnent, et leur chant monte vers Dieu comme celui des oiseaux. Et lorsqu'ils vont boire au ruisseau, car le travail donne soif, comme des oiseaux qui renversent la tête pour mieux distiller chaque gorgée, ils tournent leur visage vers le ciel et rendent grâce au Seigneur pour la fraîcheur de l'eau.

Au bout de quelques jours, tous les nids, pardon toutes les huttes sont prêtes. Et il y en a plus que vous ne pensez, car de nouveaux frères sont venus se poser sur l'arbre franciscain. Nous avions oublié de vous les présenter.

Voici donc frère Massée, de Marignan. Un garçon d'une taille et d'une prestance exceptionnelles. Son visage est d'une grande noblesse et sa parole d'une rare éloquence. On le verrait plutôt à la tête d'une armée qu'à la queue d'une procession. Bref, il a tout ce qu'il faut pour se mettre en avant ; aussi, se tient-il toujours en arrière. Etant physiquement le plus superbe des frères, il s'efforce de rester moralement le plus humble. On l'aime beaucoup dans la communauté. Son allure de prince confère un éclat singulier à la condition de mendiant. D'ailleurs, quand il va faire la quête, il rapporte toujours les meilleurs morceaux.

Voici frère Rufin. C'est l'opposé de frère Massée, bien qu'il soit comme lui de noble lignage. Il est de la famille des Sciffi. C'est le cousin de cette petite Claire que nous avons vue, à la basilique d'Assise, boire les paroles de François. Rufin les a bues lui aussi. Elles lui ont tourné la tête (vers le ciel), de sorte qu'il s'est fait pauvre et qu'il a rejoint les pénitents de Rivo-Torto. Il est sérieux comme un séminariste, ne sourit guère et ne parle quasiment jamais. François l'a d'abord trouvé un peu triste. Puis, il a deviné les raisons de son silence et de sa gravité. Frère Rufin est en adoration permanente, car il n'y a pas un pouce de son âme qui ne soit occupé par Dieu. Lorsque, en son absence, François parle de lui, il dit « saint Rufin ».

Un qui n'économise pas les sourires, c'est le doux, c'est l'angélique frère Genièvre. Il semble si détaché de ce monde qu'on se demande ce qui peut bien le retenir au sol. Ce doit être l'amour de ses frères. Son regard limpide et son visage d'enfant comblé ont un charme irrésistible. On ne peut voir Genièvre sans avoir envie de lui sauter au cou. Ne serait-ce que pour l'empêcher de s'envoler ! Il manie l'impair avec un talent inégalable, et le dénombrement de ses bévues fait les délices de la communauté. Tout cela parce qu'il est distrait, parce qu'il est *ailleurs*, et parce qu'il mélange ingénument la terre et le ciel.

À propos d'ingénuité, voici frère Jean, dit le Simple. Simple comme l'Evangile qui promet le royaume des cieux aux âmes de sa qualité. C'est un jeune paysan que François a cueilli dans un champ des environs d'Assise, un jour de mission villageoise.

– Que dois-je faire pour entrer dans votre compagnie ? lui demanda Jean.

– Renonce à ce que tu possèdes et donne-le aux pauvres ! répondit François.

Jean s'en fut chercher le bœuf qui constituait sa part d'héritage. Voyant cela, ses parents se mirent à pleurer d'abondance. Perdre un fils, pour eux, c'était un drame. Mais perdre encore un bœuf, c'était une catastrophe. François eut pitié d'eux. Il les pria de conserver l'animal et, les voyant à peu près consolés, il emmena le jeune homme.

Depuis, frère Jean le Simple ne quitte plus son nouveau père. Quand François marche, il marche, et quand François s'arrête, il s'arrête. Quand François s'agenouille et lève les bras au ciel, Jean s'agenouille et lève les bras au ciel. Il pleure quand François pleure et rit quand François rit. Le jour où le petit Pauvre lui a demandé pourquoi il agissait de la sorte, il a répondu :

– Mon Père, j'ai résolu de me sanctifier en suivant tous tes exemples et c'est pourquoi je ne voudrais pour rien au monde en laisser passer un seul sans l'imiter.

Il a raison. L'imitation de saint François est un excellent entraînement à l'imitation de Jésus-Christ. Ce n'est que lorsque François parle que Jean le Simple ne l'imite pas. Alors, il ferme les yeux et il ouvre la bouche. Ainsi qu'un enfant à qui on fait surprise d'une friandise.

Enfin, voici frère Léon. Une âme d'enfant, lui aussi. Mais tous les frères, si divers qu'ils soient, ont une âme d'enfant et leur père, François, tout le premier. Celle de Léon est d'un cristal si mélodieux que si François l'effleure d'un regard ou d'un mot, elle tinte et vibre à l'infini. C'est la cithare ou la viole du Petit Pauvre, et quand une chanson se forme en François, c'est sur l'âme de Léon qu'il la joue le plus volontiers. Cela nous promet un merveilleux récital. Enfin, Léon est prêtre. Avant d'être compagnon de François, il était déjà serviteur de Dieu. Voilà qui montre en quelle estime Dieu tient François : il lui confie Son serviteur.

À présent, tout le monde est en place. Chaque frère a regagné son nid et la nuit recouvre la clairière. Notre-Dame-des-Anges qui, hier encore, semblait une église-enfant, a pris ce soir la majesté d'une mère. Elle veille sur les huttes où les frères dorment, ou méditent, ou prient. Il règne un silence ineffable : c'est la musique que font leurs âmes.

ॐ

À quoi rêvent les amoureux ? Ils rêvent d'être toujours ensemble et que cela ne finisse jamais. Hélas ! chez les couples ordinaires, la réalité vient presque toujours détruire le rêve. Chez nos amoureux de la pauvreté, le rêve dépasse constamment la réalité. À la Portioncule, ce n'est plus, comme dit le poète, « l'Habitude qui met à l'Amour une robe grise », c'est l'Amour qui donne à l'Habitude une robe d'or. Toutes les heures sont privilégiées. Elles passent, claires, sereines, belles, riches et vont s'enrouler comme un fil d'allégresse sur le merveilleux rouet de Dame Pauvreté. Mais dévidons l'écheveau.

Les frères se lèvent avec le soleil. Ils sortent de leur hutte comme des poussins de leur coquille. Ils se réfugient à la Portioncule comme des poussins sous l'aile de leur mère. Ils tombent à genoux, et François salue Notre Dame. Aussi gracieusement que l'archange Gabriel au matin de l'Annonciation. Par la porte ouverte, un rayon d'or entre dans la chapelle : le regard de Marie peut-être. Par la porte ouverte, on entend le chant du vent dans les arbres : la voix de Marie sans doute. Et les frères répètent à la suite de François :

Ave Domina sancta
Regina sanctissima...

Mais la Vierge n'est pas venue seule. Comme ils baissent les paupières pour mieux se recueillir, les frères découvrent, dans la nuit d'or de leurs yeux clos, six nobles dames au visage de lumière que François salue tour à tour :

Nous te saluons, Sagesse, ô reine ! Que le Seigneur te garde, ainsi que ta sœur, la sainte et pure Simplicité.
Nous te saluons, sainte dame Pauvreté ! Que le Seigneur te garde, ainsi que ta sœur, la sainte Humilité.
Nous te saluons, sainte dame Charité ! Que le Seigneur te garde, ainsi que ta sœur, la sainte Obéissance.
Vous toutes, très saintes vertus, que vous garde le Seigneur de qui vous procédez...
Il n'est point d'homme en ce monde qui puisse posséder l'une de vous sans mourir d'abord à lui-même.
Quiconque a l'une, n'offense pas les autres et les possède toutes.
Quiconque offense l'une, offense toutes les autres et n'en possède aucune...

Ainsi chante François. Et les frères élèvent leurs mains jointes vers la Vierge et les saintes vertus ; et leurs cœurs sont des fontaines de tendresse.

Ensuite, toute la journée s'est déroulée dans la joie. Les frères l'ont passée à soigner les lépreux et la douceur qu'ils témoignèrent à ces malheureux leur fut, à eux-mêmes, bien douce.

Ce soir, les frères se sont bien divertis. Des paysans leur avaient donné trois vieilles poules que frère Genièvre, présentement commis à la cuisine, était chargé d'accommoder. Craignant d'offenser la sainte Simplicité par une préparation trop savante, il dédaigna de plumer les volailles et les fit bouillir dans leur costume. Quand les frères rentrèrent du travail, ils trouvèrent le marmiton de service penché sur son chaudron et considérant d'un œil légèrement étonné le margouillis de plumes qui flottaient sur la soupe.

À part frère Chapeau, qui a l'estomac revendicateur, tout le monde a fait contre mauvais potage bon cœur et les frères ont remercié frère Genièvre de leur donner une aussi plaisante occasion de jeûner.

C'est au tour de François de divertir ses frères. Il est parti de bonne heure avec frère Léon, porter la bonne nouvelle aux paysans de la vallée. Ils ont prêché dans les champs, dans les cours de ferme et même, une fois, dans une étable. Le soir, François a tellement parlé que Léon, par sympathie, se sent la gorge sèche. Voyant son compagnon tirer la langue, François est saisi de pitié. Avisant une vigne qui borde le chemin, il y entre pour y cueillir une grappe. Il en sort presque aussitôt, suivi du vigneron. Un vigneron vociférant qui cogne à bâton-que-veux-tu sur les épaules du maraudeur.

François a une pensée attendrie pour papa Bernardone et rend grâce à Dieu. Puis, quand le vigneron épuisé a regagné sa vigne, il tire de sa manche, avec une grimace de douleur, la grappe qu'il a chapardée et l'offre à frère Léon avec un sourire de satisfaction.

Au retour, François, qui a mis l'aventure en chanson, la fredonne à ses compagnons :

> *Frater Leo est bene refectus*
> *Sed frater Franciscus est bene percussus*
> *Frater Leo bene comedit*
> *Sed frater Franciscus suo corpore bene solvit.*

Frère Léon s'est refait une santé
Mais frère François s'est fait bien assommer.
Frère Léon s'est bien désaltéré
Mais frère François, dans son corps, l'a payé.

JEUDI

Aujourd'hui, journée pleine de grâces, bien que frère Genièvre, avec sa désarmante bonté, ait troublé la paix de la communauté. Ce matin, frère Jacques le Simple, qui depuis une semaine était très malade, s'est enfin senti mieux. La fièvre l'a quitté et la faim l'a saisi. Une fringale de convalescent qui a pris très vite une forme obsessionnelle en se cristallisant autour d'un pied de cochon.

– Je sens que ça me ferait du bien, répète doucement le frère Jacques.

Le bon Genièvre, qui n'a pas quitté le chevet du malade, entend sa prière. Il ne balance point. Il se rend à la cuisine, y prend un grand couteau et se dirige vers une porcherie des environs où les pieds de porc abondent. Malheureusement, ils sont solidement assujettis à leurs propriétaires, et frère Genièvre...

Ames sensibles qui ne supportez la charcuterie que dans votre assiette, ne vous récriez pas ! Ce n'est pas sans répugnance que frère Genièvre se jette sur sa victime. Mais il obéit à la charité, et si son compagnon avait exprimé le désir de manger des pieds de moine, il n'aurait pas hésité une seconde et se serait coupé lui-même les deux extrémités.

Tandis qu'il ampute la bête, frère Genièvre lui explique, aussi fraternellement que possible, la nécessité de l'opération :

– Je t'en supplie, ami cochon, ne crie pas si fort. Frère Jacques a été très malade. Il est maigre comme un bâton et toi plus rond qu'un tonneau. Tu peux bien donner une patte pour un plus malheureux que toi !

Mais il saute aux oreilles que l'animal ne comprend pas la situation. Il crie comme un porc qu'on ampute et frère Genièvre doit emporter la patte sans son consentement.

Il est en train de la rôtir lorsque le porcher fait irruption chez les frères. Il ne crie pas moins que son cochon et dispose en plus d'un solide répertoire d'injures. François, occupé à

151

converser avec les anges, n'en croit pas ses oreilles et sort de sa hutte pour apaiser l'excité :

– Voyons, ami porcher, tu nous connais bien ! Alors, comment peux-tu émettre de pareils soupçons ?

Mais c'est qu'il n'émet pas de soupçons, l'ami porcher ; il profère une certitude, il la clame à tous les échos :

– J'ai vu le voleur, je vous dis. Je l'ai vu s'enfuir avec la patte. Même qu'en partant, il criait des consolations au cochon... Qu'il devait se réjouir, que son sacrifice rendrait la vie à un moribond et autres sornettes de ce genre... Ah ! si je n'avais pas dû m'occuper d'abord de la bête et si le gredin n'avait pas eu ce grand couteau, je l'aurais empoigné par le capuchon et...

François, d'un geste, calme le paysan. Ce voleur qui réconforte sa victime, ce n'est évidemment pas ordinaire. N'y aurait-il pas du Genièvre là-dessous ? Il fait venir le suspect qui arrive le sourire aux lèvres :

– Frère Genièvre, ne serait-ce pas toi, par hasard, qui aurais coupé le pied d'un cochon dans le bois ?

Le sourire du bon frère s'étend à tout son visage :

– C'est moi, dit-il.

Et il attend les félicitations. Le porcher le couvre d'injures, et l'on voit la figure joviale de frère Genièvre se changer en visage consterné. Son regard exprime un si douloureux étonnement que, faute de riposte, la colère du paysan s'éteint. Il évacue un dernier juron et quitte le terrain, laissant entendre qu'on aura bientôt de ses nouvelles.

– Cette fois, frère Genièvre, tu es allé trop loin, dit sévèrement François.

Mais déjà le voleur par compassion s'explique. Avec une conviction si touchante que François doit se retenir de lui décerner des louanges. Il lui conseille simplement de courir après le porcher et, puisqu'il l'a mis hors de lui, de l'aider à rentrer en lui-même. Frère Genièvre s'enfonce dans le bois.

Il revient quelques heures plus tard, marchant entre les brancards d'une civière dont le porcher porte l'autre bout. Sur la civière gît un cochon trucidé. C'est un cochon trijambiste.

Les frères s'approchent et, leur faisant hommage de l'animal, Genièvre dit :

– Voilà, c'est un cadeau de notre frère porcher.

Puis, s'adressant à François :

– Il n'est plus fâché, tu sais ! C'est pour montrer qu'il me pardonnait qu'il a donné le cochon tout entier. N'est-ce pas, frère porcher ?

– C'est vrai, dit le porcher. Et je ne regrette qu'une chose, c'est de ne pouvoir vous en donner plusieurs. Car frère Genièvre est un saint homme. Il m'a tout dit, tout expliqué. Il m'a... il m'a fait pleurer.

Ce disant, le porcher, que l'émotion étrangle encore, commence à renifler. Et voilà notre frère Genièvre qui se met à sangloter lui aussi. Doucement. Tendrement. Joyeusement.

– Puisque ce cochon guérit les malades, balbutie-t-il, nous devrions le porter aux lépreux du lazaret. Veux-tu m'aider, frère porcher ?

Aller chez les lépreux ? C'est que le porcher n'y tient pas, non vraiment pas. Mais frère Genièvre l'enveloppe de son bon, de son irrésistible regard.

– Puisque tu me le demandes, j'irai, dit le porcher.

Alors, ils reprennent la civière et s'en vont. François, lui aussi, a les yeux mouillés.

– Ah ! murmure-t-il en les regardant s'enfoncer dans le bois, que n'ai-je toute une forêt de ces genévriers !

VENDREDI

Aujourd'hui, comme hier et demain, c'est un jour d'allégresse. Les frères se sont rassemblés pour lire la Règle. François veut qu'on la ressasse afin que les nouveaux s'en pénètrent et que les anciens ne l'oublient point. Comme on arrive au passage où il est dit : « Qu'ils soient petits *(minores)* et qu'ils se tiennent pour inférieurs à tous », François interrompt le lecteur :

– J'ai trouvé un nom pour notre fraternité : ce sera l'ordre des frères mineurs. Et pour mériter ce beau nom, mes frères, nous serons obligés, tant en paroles qu'en exemples, d'être plus humbles que tous les autres hommes.

À ces mots, les frères baissent instinctivement la tête et se font tout petits. S'ils pouvaient, ils disparaîtraient dans la terre, comme ces bébés crabes qui s'enfoncent en frétillant dans le sable mouillé. Et si parfaite est leur humilité qu'ils n'en soupçonnent pas la grandeur.

Jour de joie bien qu'il ait assez mal commencé. Frère Rufin, l'irréprochable, a contrarié François. Et François, le miséricordieux, a chagriné Rufin. Mais c'est la peine faite à l'autre qui a le plus affligé chacun d'eux.

Frère Rufin, qui vit apparemment dans les nuages (mais en réalité dans le ciel), prie, agenouillé depuis des heures, à la lisière du bois. François l'aperçoit. Il se dit : « Notre saint frère a dû faire encore si grande provision de lumière qu'il saura mieux que personne éclairer ceux que le péché tient plongés dans la nuit. » Il l'appelle :

– Frère Rufin ! J'ai promis au curé de Saint-Georges que l'un de nous prêcherait dans son église aujourd'hui. Tu vas y aller.

L'émotion fait bégayer Rufin :

– Moi ? dit-il. Mais... mais que dirai-je ? Tu sais... tu sais bien que... que je ne sais pas parler.

– Dieu t'inspirera.

Mais Rufin secoue la tête comme un enfant effrayé :

– Non, Père. Pas ça ! Ne me demande pas ça !

Il se fait un silence. Un nuage passe devant le soleil, et toute la clairière frissonne.

– Quitte ta tunique, frère Rufin, dit François.

Et son regard brille, inflexible. Rufin se cache la tête entre les mains.

– Puisque tu n'as pas obéi sur-le-champ, frère Rufin, je t'ordonne par la sainte obéissance de quitter ta tunique et d'aller prêcher demi-nu.

Affolé, Rufin jette son habit et part en courant vers Assise. Les larmes qui roulent sur son visage ôtent toute envie de rire aux frères qui le voient passer. Ils se rendent auprès de François et constatent qu'il pleure lui aussi. Mais bientôt il se reprend et s'emporte contre lui-même :

– Puceron prétentieux ! Arrogant vermisseau ! Tu as osé humilier un homme qui est mille fois plus noble et plus généreux que toi. Parce qu'il a obéi sans broncher à tes extravagances, il va passer pour un fol ! Eh bien, puisque tu sais si bien rabaisser les autres, tu vas te rabaisser de la même façon.

Alors, il se dévêt à son tour et s'élance sur le chemin d'Assise. En voyant arriver ce second gymnaste, les gens que vient

154

de surprendre le passage de Rufin, se frappent le front de l'index en disant : « Voilà où conduisent les excès d'austérité ! »

Quand François pénètre dans l'église, frère Rufin se tient dans la chaire, le visage aussi blanc que son torse nu. Tremblant, bégayant, balbutiant, il exhorte à la pénitence un auditoire hilare et sarcastique.

Soudain, la parole de François retentit sous les voûtes. Les fidèles se retournent, mais si pathétique est la voix du Petit Pauvre qu'ils ne prennent pas garde à sa tenue :

– Ne riez pas, dit-il, ne riez pas, mes frères ! Songez plutôt à Notre Seigneur. Quand les soldats, sur le calvaire, ont arraché sa tunique, tout le peuple a ri. Tout le peuple a ri de cet homme nu qui était Dieu. Et pendant que tout le monde riait, les bourreaux empoignaient leur marteau et préparaient les clous. C'est pourquoi je vous le dis : ne riez pas de vos frères qui sont nus, car vous riez de Notre Seigneur. N'humiliez pas vos frères qui sont nus, mais vêtez-les d'amour et de miséricorde.

Debout dans la chaire, Rufin tremble de tous ses membres. Mais de joie. Des larmes coulent sur son visage et toute l'église pleure avec lui.

11.

... Ainsi passent les heures à la Portioncule. Elles coulent à travers les âmes comme un fleuve de joie tranquille qui a sa source en François et son embouchure en Dieu. Sans doute faudrait-il y plonger, mais votre serviteur ne sait pas nager en eau profonde et tout ce qu'il peut vous proposer, c'est de rester encore un peu sur la rive, à regarder passer les événements.

Tenez, voici frère Genièvre qui revient de la quête. Non seulement, il rentre les mains vides, mais il n'a plus rien sur la peau. Plus rien qu'une misérable culotte, et comme il fait passablement frisquet et que le maigre frère n'a pas une once de graisse pour lubrifier ses frissons, on entend grelotter ses vertèbres.

Inutile de lui demander ce qu'il a fait. Il a donné le produit de sa quête à un famélique, et comme le croquant était encore plus loqueteux que lui-même, pour faire bonne mesure, il lui a fait cadeau de ses vêtements. On le morigène fraternellement :

– Frère Genièvre, la charité doit certes s'exercer sans réserve, mais cela fait quatre jours qu'à la culotte près, tu rentres dans la tenue de notre père Adam. Cela ne peut pas durer et sans vouloir entraver ton bon cœur, nous t'enjoignons de ne plus te dépouiller de la sorte.

Frère Genièvre promet d'obéir, on le rhabille avec ce que l'on trouve, vingt-quatre heures se passent et le voici qui revient de sa tournée dans la même tenue que la veille. Il a rencontré un mendiant qui grelottait sous ses haillons.

– Mon pauvre ami, lui a-t-il dit, tu tombes bien mal. Figure-toi qu'on m'a fait défense de me défaire de ma tunique. Mais si tu veux me la prendre, ce n'est pas moi qui t'en empêcherai.

L'invitation était si engageante que le mendiant ne se l'était pas fait répéter.

Que faire pour modérer le zèle que l'incorrigible Genièvre apporte à se dépouiller ? Porter le cas devant François ? Il est encore plus inconséquent. Le matin même, une mendiante est venue lui demander l'aumône. François a cherché partout quelque chose à lui donner. Il n'a rien trouvé. Alors, il lui a remis le seul objet de valeur qui se trouvait à la Portioncule : le livre des Evangiles.

Un dont on ne peut pas dire qu'il n'a rien sur le dos, c'est frère Jacques le Simple. Regardez-le qui rentre à la Portioncule, ratatiné sous le fardeau qu'il porte. Il a ses manies, lui aussi. Frère Genièvre a pris l'habitude de rentrer sans vêtements ; frère Jacques a contracté celle de ramener des lépreux. C'est l'un de ces réprouvés qu'il a sur les épaules. (Nous avons déjà parlé de l'effroi que provoquaient alors ces malheureux. Imaginez l'intrusion d'un rat d'égouts dans un institut de beauté, imaginez l'horreur qu'il soulèverait en évoluant sous les fauteuils de ces dames, vous n'aurez qu'une pâle idée de la répulsion qu'inspiraient les lépreux aux gens du Moyen Âge. Or, il n'est point de misérables qui soient plus chers au cœur de François. Il les appelle ses « frères chrétiens », donnant à ceux qui les rejettent, autant dire à tout le monde, une magnifique leçon de christianisme.)

Cependant, il ne saurait être question de transformer la Portioncule en maladrerie et François, à la vue de frère Jacques et de son lamentable cavalier, ne peut retenir un reproche :

– Frère Jacques, observe-t-il, ne t'ai-je pas déjà dit qu'il n'était pas convenable d'installer ici nos frères chrétiens.

Mais à peine a-t-il prononcé ces mots qu'il voudrait les ravaler. Car le réprouvé le fixe douloureusement, et François connaît bien ce regard. Tous les lépreux ont le même : c'est le regard de Jésus-Christ. Alors, il se précipite, délivre frère Jacques de son fardeau et transporte le malheureux dans sa propre hutte. Puis, il fait chauffer de l'eau, y ajoute des herbes odoriférantes et se met à laver consciencieusement les plaies du lépreux effaré.

Vient l'heure du repas. François installe le réprouvé à la place d'honneur. Il le sert avec humilité. Puis, le repas fini, il boit ce que le lépreux a laissé dans sa coupe et mange ce qui reste dans son écuelle. Enfin, il le reconduit dans sa hutte avec autant d'égards que s'il raccompagnait un prince. Car ce n'est pas de la pitié que François témoigne au misérable : c'est de la vénération.

Mais frère Jacques ne ramène pas un lépreux tous les jours, et les repas de François sont parfois plus agréables. Ce soir, par exemple, il mange du poulet. Frère Genièvre le couve d'un regard attendri : c'est lui qui a rapporté la volaille.

– Voilà plusieurs jours que je t'observe, tu es maigre et quand tu tousses on entend cliqueter tes os. Alors, j'ai pensé qu'un bon poulet te redonnerait des forces et ce matin j'ai demandé à Giovanni, le fermier, de m'en plumer un. Tu vas pouvoir te régaler.

François s'est résigné à goûter la volaille, estimant qu'il s'en tirait à bon compte, car l'incorrigible Genièvre eût été fort capable de démantibuler un autre cochon pour ravigoter son père spirituel. Mais l'appétit vient en mangeant, et si le bon Genièvre ouvre ses yeux émerveillés, c'est qu'il n'a jamais vu son maître grignoter d'aussi bon cœur. François lui-même est tout surpris d'avoir, en quelques bouchées, décharné un pilon. Mais comme Genièvre lui tend l'autre, il arrête son geste, se lève et invite son frère à le suivre.

Les voici tous deux qui marchent sans mot dire sur le chemin d'Assise. Genièvre voit bien que son maître est mécontent, mais il n'ose pas l'interroger. D'ailleurs, François va d'un pas si rapide qu'il a peine à le suivre. Alors, comme le silence devient de plus en plus pesant, il cherche quelque chose à dire :

– Eh bien ! père François, on dirait que le poulet t'a donné des ailes.

La réponse arrive comme une calotte :

– Tu te trompes, frère Genièvre, il m'a donné des remords. Parce qu'en le mangeant, j'ai trompé les braves gens qui s'imaginent que je vis dans l'austérité. C'est pour les désabuser que je t'emmène en ville. Dès que nous en aurons franchi les portes, tu me passeras ma corde au cou et tu me promèneras par les rues en criant : « Ce François, que vous preniez pour un homme tempérant, n'est qu'un misérable glouton. Vous croyez qu'il jeûne, mais il s'empiffre de fine volaille. »

Genièvre veut protester, mais François invoque la sainte obéissance et la promenade expiatoire commence. Genièvre est au supplice. Il n'ose pas désobéir, mais ce que sa bouche proclame, tout son visage le dément. « N'écoutez pas ce que je vous dis ! déclarent ses grimaces et ses clignotements d'yeux. Tout cela n'est qu'une pénitence que mon père spirituel s'impose. Regardez-le. Est-ce qu'il a l'air d'un glouton ? »

Au bout de sa corde, plus diaphane, plus translucide, plus immatériel que jamais, François ressemble à un séraphin capturé par les hommes. « Est-ce qu'il a l'air d'un glouton ? » répète le regard suppliant de Genièvre. Et les Assisiates, qui en croient plutôt leurs yeux que leurs oreilles, hochent la tête comme pour dire : « Ma foi, non ! Il a plutôt l'air d'un saint. »

Terminons sur une image qui nous est déjà familière : du haut de la chaire de Saint-Rufin, François « raconte » le Royaume des cieux à ses concitoyens. Sa parole se répand sur les âmes comme une rosée. Une rosée qu'on voit briller dans les innombrables regards qui montent vers lui. Mais au premier rang de l'assistance, au point qui, la fois précédente, était le plus lumineux, une place est vide. La jeune fille que nous avons vue resplendir sous le regard de François n'est plus là... Voici quelque temps, dans la nuit de Pâques fleuries, le Petit Pauvre l'a cueillie dans le jardin des âmes pour l'offrir à Dieu.

Dans cette épopée d'amour qu'est la vie du saint d'Assise brille, comme la lune dans le champ des étoiles, la merveilleuse histoire de Claire et de François. Fassent la sainte et le saint que nous sachions vous la conter.

∞

Une fontaine, un églantier penché sur la fontaine, un pinson posé sur l'églantier et la douce lumière d'un matin de printemps : il ne manque plus qu'une jeune fille pour animer le décor. La voici : c'est Claire. Mais il était inutile de la présenter : son nom se lit sur son visage.

Elle n'est pas seule. Sa tante Bona l'accompagne et c'est tant mieux. Claire va lui faire des confidences et nous saurons ce que l'enfant radieuse vient chercher auprès de cette fontaine à sept heures du matin, quand le seigneur de Favarone, son père, la croit encore au lit.

– C'est une bien belle idée que tu as eue, ma tante, de lui donner rendez-vous ici.

– L'idée n'est pas de moi, ma petite Claire. C'est lui qui m'a dit qu'il t'attendait près de la fontaine sur le chemin de Saint-Damien. Mais nous n'aurions pas dû arriver les premières.

– Je préfère qu'il en soit ainsi, ma tante. C'est à moi de l'attendre.

– N'exagérons rien ! Que dirait ton père, s'il apprenait que ce va-nu-pieds délirant, comme il l'appelle, est en train de tourner la noble fille du seigneur Favarone en...

– En quoi, ma tante ? En humble servante du Seigneur Jésus-Christ ? Je ne sais pas ce qu'il dirait... Mais je le saurai bientôt. Parce que j'ai décidé de vivre comme François.

Les sourcils de tante Bona s'arrondissent :

– Qu'est-ce que tu dis ?

Claire sourit et répète :

– Je veux vivre comme François. Dans la pauvreté.

Tante Bona roule des yeux de plus en plus ronds :

– Ciel ! s'exclame-t-elle sans percevoir l'ironie de l'invocation. Et sans se douter qu'en cette affaire les responsabilités célestes sont infiniment plus lourdes que les siennes, elle répète : « Ciel ! Qu'est-ce que j'ai fait ! »

Qu'est-ce qu'elle a fait ? A quoi pensait-elle en ménageant cette entrevue entre Claire et François ? Elle ne pensait pas à mal, comme on dit. Elle a fait ça comme ça. Par gentillesse. Par curiosité surtout. Toutes ces histoires qu'on raconte sur le fils Bernardone, ces hommes qui ont tout abandonné pour le suivre et parmi eux des gens bien et même des gens très bien, avouez qu'il y avait de quoi exciter l'intérêt d'une vieille demoiselle ! Et puis, il y a eu ces sermons de Saint-Rufin. La tante et la nièce n'en ont pas manqué un. Elles en revenaient bouleversées. Alors, hier, quand Claire a exprimé le désir de rencontrer François, elle a trouvé ça naturel, tante Bona. Elle aussi, elle était curieuse de voir le fils Bernardone d'un peu plus près. « Si je le rencontre, avait-elle promis, je lui parlerai. »

Une heure plus tard, elle le rencontrait. Comme si la Providence le faisait exprès. Il se rendait à l'église avec un compagnon. Chose étonnante, elle se sentit soudain si troublée qu'elle n'osa pas l'aborder. D'abord, elle ne savait pas comment le saluer. Etait-ce un religieux, oui ou non ? Chose plus étonnante encore, ce fut lui qui vint à elle. Alors, elle se troubla plus encore, bafouillant n'importe quoi : « J'aime beaucoup vos sermons. Oui, oui, beaucoup... Ils sont... Comment vous dire ? Ils sont émouvants, c'est ça, émouvants ! » Mais avisant sa misérable tunique et cette corde grossière qui le ceignait, elle se trouva soudain ridicule de minauder ainsi devant ce guenilleux. Lui, courtois, souriant, semblait attendre qu'elle se tût. Ce qu'elle fit. Alors, toujours souriant, il dit : « Il y a longtemps que je désire parler à Mademoiselle Claire. » Et il avait fixé lui-même le rendez-vous.

Cela avait d'autant plus impressionné tante Bona qu'elle n'avait pas encore fait allusion à sa nièce. « Il doit lire dans les pensées », s'était-elle dit. Pourtant, en se rappelant le ravissement de la jeune fille durant les sermons, elle avait eu l'intuition qu'il se passait quelque chose entre Claire et François. Ce matin, si elle l'avait laissé faire, la petite serait partie bien avant l'aube pour être la première à la fontaine. « Ma parole, ne croirait-on pas qu'il s'agit d'un rendez-vous d'amour ? » avait dit la tante en riant... Maintenant, elle ne rit plus, tante Bona, elle gronde :

– Tu es une enfant, une véritable enfant. Mais je ne te laisserai pas commettre une pareille folie, tu m'entends ?

Non, Claire ne semble pas entendre. Elle joue. Elle plonge sa main dans la fontaine, l'élève dans le soleil et contemple, amusée, les diamants qui tombent de ses doigts. Une enfant, c'est bien vrai.

Tante Bona s'impatiente :

– Tu vas me faire le plaisir de rentrer à la maison. J'attendrai ce jeune homme toute seule et je lui parlerai.

Trop tard ! Le jeune homme est là. Il salue tante Bona et s'incline respectueusement devant Claire.

– Que le Seigneur vous donne sa paix, dit-il.

À présent, il regarde la jeune fille. François dont on a dit qu'il baissait prudemment les yeux devant les femmes, François regarde Claire qui brille dans le matin. Si nous disions que le matin brille en Claire, ce serait plus exact, car le matin brille en elle comme le ciel dans un lac. Et ce que François regarde ainsi, ce n'est pas autre chose que le reflet du ciel sur le visage de la jeune fille, ce n'est pas autre chose que la présence du ciel dans ses immenses yeux bleus. Claire regarde aussi François. Et ce sont aussi des reflets d'En-Haut qu'elle voit briller sur le visage radieux du mendiant et dans les yeux profonds qui la contemplent.

– Quel beau matin ! dit-elle

– Oui, répond-il, quel beau matin !

Une merveilleuse histoire d'amour vient de commencer. Sur la bouche de Claire, fleurit le premier aveu :

– Je voudrais vivre de votre vie, dit-elle.

Du cœur de François, monte une action de grâce :

– Soyez béni, dit-il.

Restée à l'écart derrière la fontaine, tante Bona ouvre à nouveau des yeux ronds. Il est visible qu'elle ne comprend pas ce qui se passe entre sa nièce et le mendiant. Sur l'églantier, le pinson lui aussi penche la tête, et son petit œil darde le regard interrogateur de quelqu'un qui aimerait bien qu'on lui explique. Mais comment ferions-nous ? Nous n'en savons pas plus que lui.

Une histoire d'amour, avons-nous dit ? Certes, mais si l'amour entre l'homme et la femme n'est le plus souvent qu'un accord fragile entre une soif et une source, ce qui se passe entre Claire et François est l'accord de deux soifs, deux soifs inextinguibles tournées vers une source éternelle. Si leur amour était de ce monde, ils iraient l'un vers l'autre. Mais ils demeurent absolument immobiles et leurs âmes, comme les parallèles, ne se rejoignent que dans l'infini. C'est ce qui donne aux regards qu'ils échangent un éclat incompréhensible aux pinsons et aux vieilles demoiselles. Le mystère, pourtant, doit être simple : si Claire et François se contemplent avec tant d'amour, ne serait-ce pas que Dieu se tient entre eux et que c'est Lui qu'ils voient ?

Claire, la première, rompt le silence et revient sur terre. Mais c'est parce qu'elle a grande hâte d'en prendre congé. Il n'y a pas une minute à perdre quand on s'engage pour l'éternité.

– Quand deviendrai-je votre sœur ? Quand pourrai-je vous rejoindre dans la pauvreté ?

Si François n'écoutait que son cœur, il dirait à l'impatiente enfant de le suivre. Mais Claire n'est pas seule au monde et ne saurait prendre un engagement aussi définitif sans l'accord de ses parents.

Tante Bona se réveille :

– Elle ne l'obtiendra pas, s'écria-t-elle. D'abord son père veut la marier. Et pas au premier venu, figurez-vous. À un chevalier. Alors, vous pensez !

Le visage en feu de tante Bona exprime clairement ce qu'elle pense elle-même. Elle pense que ce François Bernardone est vraiment dangereux. Il ne lui suffit plus de faire perdre la tête aux jeunes gens. Voilà qu'il s'en prend aux jeunes filles. Et naturellement, il commence par Claire... Il y aurait de quoi rire s'il n'y avait lieu de s'inquiéter. Claire est le plus beau parti de la ville, et le chevalier auquel son père la destine est un garçon mille fois supérieur à ce... ce... Tante Bona cherche une définition méprisante pour François, mais le mot ne vient pas. Car elle dévisage le petit pauvre et la voici bien obligée de reconnaître qu'il y a quelque chose en lui qui dépasse dix mille fois le brillant chevalier. Et bien que son cœur de vieille demoiselle ne comprenne guère qu'une jeune fille puisse renoncer aux joies du mariage pour dépérir dans le célibat, elle ne doute plus de la décision de Claire. Il n'y a qu'à voir la façon dont les deux jeunes gens continuent de se regarder.

Car les grands yeux clairs de la jeune fille et les grands yeux sombres du mendiant poursuivent leur mystérieux dialogue. Ceux de Claire se sont faits suppliants : « Vous avez entendu tante Bona ? disent-ils. Mon père veut me marier et moi je veux vous suivre. Si je lui désobéis, sa colère sera terrible. Alors, il faut que vous m'aidiez ! » Ceux de François expriment une intense émotion. Cette imploration dans le regard de Claire, qu'est-ce donc qu'elle lui rappelle, qu'est-ce donc ? Mais oui, c'est ça. C'est incroyable, mais c'est tout à fait ça. Le regard suppliant de cet admirable visage est le même, exactement le même que celui qu'il a vu, le jour de sa conversion, dans la face ravagée du lépreux...

François comprend. Il comprend que c'est Dieu qui, de nouveau, l'implore. Il le regarde avec les yeux de Claire comme il le suppliait avec ceux du lépreux. Dieu n'est pas seulement dans le ciel. Dieu est aussi dans les âmes. Et c'est du fond des âmes qu'il crie vers François.

Cela semble inconcevable, mais Dieu Tout-Puissant a de plus en plus besoin de ce petit homme. N'y a-t-il pas des années qu'il le harcèle ? « François, répare ma maison qui croule... François, qu'attends-tu pour embrasser ce lépreux... François, jette tes chaussures et pars annoncer mon royaume... Va trouver le Saint-Père et inspire-le... » A présent, c'est une jeune fille que Dieu lui confie. Afin qu'il la prenne par la main et qu'il l'emmène sur les chemins de la pauvreté. Et si le père de la petite fait autant d'histoires que le père Bernardone, qu'il lui montre comment un enfant modèle doit s'y prendre pour désobéir. Les papas terribles, ça le connaît. Les solutions audacieuses aussi... Avant tout, il faut empêcher ce mariage. Ensuite...

– Je vais en parler à mes frères, dit François. Nous trouverons sûrement un moyen de vous aider. Il faut avoir confiance, petite sœur !

Aussitôt, comme un soleil, la confiance s'est levée dans le regard de Claire. Et la joie, comme un soleil, a illuminé le visage de François. S'il se laissait aller, il embrasserait les joues si fraîches de la merveilleuse enfant. M'est avis que s'il s'est fait terriblement violence pour sauter au cou de son frère lépreux, il doit se retenir avec autant de force pour ne pas presser sa sœur Claire sur son cœur. Mais il vaut mieux qu'il ne le fasse pas. Que dirait tante Bona ?

Tante Bona ? Elle continue de gronder intérieurement. « Pauvre petite Claire, dit-elle. Ce François l'a complètement subjuguée. Mais ça ne se passera pas comme ça. Je vais parler à son père. Je vais le convaincre de la marier au plus tôt. »

François, cependant, s'est tourné vers elle :

– Il faut, Madame, que vous convainquiez le père de Mademoiselle Claire que ce mariage n'est pas faisable. Nous pouvons compter sur vous, n'est-ce pas ?

Tante Bona ouvre la bouche comme pour faire un éclat. Mais aucune protestation n'en sort... Alors, elle la referme et baisse humblement la tête, elle fait signe que oui.

∞

Quand François revint à la Portioncule, il rassembla ses frères et leur dit :

– Réjouissez-vous, car vous allez avoir une petite sœur.

Et ce fut comme dans une famille qui ne compte que des garçons quand le père annonce enfin l'arrivée d'une fille. Tous les visages s'illuminèrent, sauf celui de frère Chapeau, qui fit une grimace et dit à part lui : « Nous n'avions pas besoin de ça ! » Puis, on interrogea François. On voulut savoir qui et comment était la petite sœur.

– C'est Claire de Favarone, dit-il. Elle est belle comme un ange, car Dieu lui a donné le visage de son âme.

Les petits frères se regardèrent. Sous le rapport du charme physique, on ne pouvait guère dire que Dieu les avait gâtés. Ils étaient, pour la plupart, barbus, poilus, maigres et secs. François lui-même avait le teint passablement noiraud. Ils remercièrent donc le Seigneur de leur envoyer une petite sœur aussi belle. Mieux que leurs trognes d'ermites, son visage d'ange rendrait témoignage à leur idéal. Le bon Genièvre, qui avait quelquefois des accès de lyrisme, dit :

– Dans les champs de Madame Pauvreté, dont nous sommes les chardons, elle sera le lys.

Et voyant que François souriait, il renchérit :

– Dans le pré de Madame Pauvreté, où nous sommes les moutons noirs, elle sera le petit agneau blanc.

Mais frère Chapeau, le galurin rabattu sur le front, lève le bras. Il a des objections à présenter. Lys ou agneau, Mademoiselle de Favarone est une personne du sexe féminin, et cette particularité pose des problèmes qui... des problèmes que...

François coupe le discours du raisonneur. C'est plus fort que lui, mais ce rabat-joie de frère Chapeau l'agace. Il n'a pas vraiment l'esprit de pauvreté. Il se croit toujours plus malin que les autres, alors qu'avec son chapeau rond sur les yeux il ne voit pas plus loin que le bout de son nez. Qu'est-ce que ça veut dire, des problèmes ? François n'en connaît pas. Il connaît l'Evangile, un point c'est tout. Et si Claire de Favarone veut vivre selon l'Evangile, sa place est à côté de ses frères.

Mais l'homme couvert de feutre rembouche sa trompette. Il faut penser aux conséquences. Se rappeler le mal qu'ont eu les frères pour se faire accepter par la population. N'ont-ils pas longtemps, et François tout le premier, passé pour des fous ? Ne les a-t-on pas accusés de donner un déplorable exemple à la jeunesse ? Voire de démembrer les familles ? Maintenant, grâce à la bénédiction du pape, ils ont acquis droit de cité. On les respecte, on les estime, on apprécie les sermons des plus éloquents d'entre eux. (A voir l'expression d'humilité que frère Chapeau s'efforce de faire prendre à sa tête de corbeau sentencieux, il est évident qu'il se range parmi ces derniers). Bref, tout va pour le mieux dans le meilleur des ordres. Alors, est-ce bien le moment d'ouvrir la porte à cette jeune personne ? Ne risque-t-on pas de tout gâcher ? C'est une femme, frère Chapeau le répète, et les femmes... Il ne voudrait pas en médire, mais quoi, on les connaît... Et puis, cette Claire de Favarone est de la meilleure noblesse. Sa famille risque de faire du grabuge, et il pourrait en cuire à toute la confrérie...

Mais ce n'est pas tout. Mademoiselle de Favarone, à ce que dit François, est d'une extrême beauté. Est-ce qu'en retirant du monde une aussi ravissante créature, on ne va pas déplaire à bien des gens ? Supposez que d'autres belles suivent le mouvement... Sans compter que ça peut faire jaser. Franchement, il y a longtemps que frère Chapeau voulait le dire, mais François... Eh bien, François manque de prudence... Il ne se soucie pas assez du qu'en-dira-t-on, il vit trop dans les nuages, etc, etc... (vous voyez bien ce que peut dire un homme qui a les pieds sur terre et qui est lui-même isolé des nuages par son vaste chapeau).

François, nous le savons depuis longtemps, est bon. Il est doux. Il est patient. Mais il a les oreilles extrêmement délicates. Si délicates que les radotages de l'homme au galurin les ont considérablement échauffées.

— Frère Chapeau, lui dit-il en substance, je voudrais bien mériter tes reproches. Je voudrais bien manquer de prudence. Comme les premiers chrétiens, par exemple. Car si les saints martyrs avaient eu la sagesse d'éviter l'huile bouillante, les tenailles rougies ou les lions affamés, ils auraient évidemment rendu l'âme dans leur lit. Mais nous, frère Chapeau, nous n'avons bravé ni fauves, ni bourreaux. Tout au plus la mauvaise humeur des familles et des populations. Et cette imprudence-là ne réclame pas un courage exceptionnel. C'est pourquoi nous allons récidiver. Notre petite sœur Claire se meurt d'amour dans sa prison dorée. Nous devons la délivrer. Nous le ferons la nuit, quand les siens dormiront. Demain, je la verrai et j'arrangerai tout avec elle.

Voilà frère Chapeau consterné :

— Mais ce sera un enlèvement, souffle-t-il.

— Un enlèvement ? dit François. Décidément, frère Chapeau, tu aimes les grands mots. Notre petite sœur Claire est la propriété de Dieu. Ce sera donc une restitution.

∞

Ça y est. C'est pour cette nuit. Encore quelques heures et la petite Claire quittera pour toujours sa maison. Vous dites ? Que ça n'a pas traîné ? Vous savez bien qu'avec François, ça ne traîne jamais. Il y a du conquérant dans ce guerrier manqué, et frère Chapeau n'a peut-être pas eu tort de parler d'enlèvement.

Sans doute y eut-il – c'est Thomas de Celano qui le rapporte – « quelques rendez-vous clandestins entre Claire et l'homme de Dieu ». Mais ce fut, je pense, pour régler les détails du *ravissement*. (Un mot qui dit bien les deux choses qu'il veut dire.) La veille de Pâques fleurie, hier matin donc, François a prévenu la jeune fille : « C'est pour demain, lui a-t-il dit. Vous quitterez votre maison à minuit. Dieu vous attendra à la Portioncule. Il y aura aussi mes petits frères et moi. »

À présent, Claire est dans sa chambre, et ne croyez pas que la joie la submerge. C'est la fin du jour, ou plutôt cette heure grise, mélancolique, qui est comme une écluse entre le jour et la nuit. Et l'âme de la jeune fille a pris un peu de cette couleur, de cette tristesse-là. Elle aussi, elle est entrée dans ce passage entre le jour et la nuit. Et ce jour qui va finir, voici qu'elle le regrette : une vie de jeune fille ne s'enterre pas sans déchirement. Et cette nuit qui va commencer, elle a beau la savoir éblouissante, voici qu'elle la redoute : épouser à dix-huit ans un Dieu couronné d'épines, savoir qu'on passera le restant de sa vie terrestre au pied d'une croix et ne pas trembler serait d'une folle, pas d'une sainte.

Mais oui, Claire ! A la façon dont vous regardez vos poupées d'enfant – quelle petite fille soigneuse vous avez dû être, elles n'ont pas une égratignure – à la façon dont vous caressez les rideaux de votre lit, nous voyons bien que ça fait mal de quitter tout cela. Et cette tapisserie là-bas, que vous brodez depuis des mois et que vous ne finirez pas, nous voyons bien qu'il vous coûte de la laisser inachevée...

Mais si ces choses inanimées vous attachent, que sera-ce tout à l'heure quand vous fuirez sans un baiser, sans un adieu ceux que... Ils doivent dormir à présent. Les gens du treizième siècle se couchent de bonne heure. Ils ne se doutent de rien, bien sûr. Tout ça va les secouer durement, vous savez. Votre père surtout. Vous étiez la lumière de sa vie. Aucun père n'a jamais été plus fier de sa fille. Quand il sortait avec vous, quand il marchait à côté de vous dans les rues d'Assise, on aurait dit un roi montrant la perle du royaume à son peuple. Et comme il fondait de tendresse en parlant de vous : « C'est une enfant qui ne m'a jamais fait la moindre peine » disait-il. Voilà une phrase qu'il ne prononcera plus.

Certes, il voulait vous marier. Mais sans gaieté de cœur, croyez-le. Vous ne savez pas ce qu'il en coûte à un père de donner sa fille. Si le seigneur de Favarone s'y est résolu, c'est parce qu'il se sent vieillir, parce que le jour approche où il ne sera plus là pour vous chérir et vous protéger. C'est pour cela qu'il voulait vous confier à ce garçon qu'il avait choisi non point tant pour sa noble origine que pour sa droiture et son mérite. Oui, Claire, c'est par amour que votre père voulait vous marier ! Et il n'a pas imaginé une seconde que vous ne seriez pas d'accord. « Ma petite fille est l'obéissance même, disait-il encore, elle fait toujours ce que je veux. » Voilà encore une chose qu'il ne répétera plus ! Quant à le mettre au courant... Tante Bona a essayé de le faire et mal lui en a pris...

Soyons juste et reconnaissons-le : depuis ce jour où François lui a fait promettre d'aider sa nièce, elle a été parfaite, tante Bona. Exemple : un soir, à table, pour attacher le grelot, elle laisse entendre que le mariage, après tout, n'est pas un idéal tellement exaltant, qu'une jeune fille pourrait aspirer à une vie plus haute. Gros rire (gros et légèrement gras) du seigneur de Favarone. Il dit que ce sont là propos de vierge dédaignée, que ce raisin nuptial qu'elle déclare trop vert en 1212, Bona l'aurait trouvé succulent si elle avait pu l'atteindre vers 1180. Tante Bona baisse tristement son long nez de vieille fille. Puis, rassemblant son courage, elle revient à la charge et entreprend l'éloge de François. Cette fois, Monsieur de Favarone explose. Il est chrétien. Il a l'esprit large, il n'a rien contre les nouveautés, mais ces va-nu-pieds délirants (décidément, il est content de l'expression) ces va-nu-pieds qui vont mendigoter dans les campagnes, il est contre. Carrément contre. Si on veut son avis, la place des curés est à l'église et celle des moines au monastère. Mais ces religieux vagabonds, non ! Ils font peut-être honneur au vagabondage, mais ils font sûrement tort à la religion. Et puis, d'excès en excès, jusqu'où n'iront-ils pas ? N'a-t-on pas vu Sylvestre, le prêtre Sylvestre, travailler sur un chantier ? Comme un ouvrier ! Un prêtre ! Non, tout cela n'est pas raisonnable, et si Monsieur de Favarone était le pape...

Vous écoutiez, Claire, gronder votre vieux père. Et ces sarcasmes qu'il soufflait au visage de tante Bona, vous les receviez en plein cœur. Vous entendiez aussi les ricanements de vos frères, deux incorrigibles brutes traînant partout leur couteau de chasse et dont le divertissement favori était l'égorgement des biches ou le massacre des oiseaux. Ils renchérissaient sur les propos du seigneur de Favarone et se gaussaient de François. « Il paraît, rapportait l'un en se tapant les cuisses, il paraît que lorsqu'il aperçoit un ver sur la route, il le met de côté pour ne pas qu'on l'écrase. » – « On m'a dit, reprenait l'autre, que ce saint homme désapprouvait la chasse. Qu'il se serait mis devant la fronde d'un manant pour l'empêcher de tirer un oiseau. Je ne sais pas ce que je ferais si je le trouvais sur mon chemin... »

Votre patience ne tenait plus qu'à un fil. Vous l'avez cassé et levant vos grands yeux sur votre frère, vous avez dit : « Moi, je le sais. » Un ange et un diable passèrent dans le grand silence qui se fit. L'ange s'arrêta près de vous et le diable se posta derrière vos frères. L'aîné fronça le sourcil et dit : « Qu'est-ce que tu sais ? » – « Je sais ce que je ferais si j'étais un homme et si je me trouvais sur le chemin de François. Je le suivrais ! »

Si vos beaux yeux ne s'étaient pas mis à brûler (je sais, lecteur, je les ai déjà comparés à des lacs de montagne. Et alors, vous n'avez jamais vu flamber des lacs ?), vos frères eussent éclaté de rire ou de colère. Mais vos yeux brûlaient, non point d'indignation, mais d'amour contenu, et cela malgré le démon qui s'agitait derrière les deux sacripants pour les dresser contre vous. Ce fut Dame Hortolane, votre maman, restée silencieuse jusque-là, qui trouva les mots qu'il fallait : « Dieu merci, dit-elle, notre petite Claire n'est pas un homme ! » (Permettez-moi de prétendre qu'elle se trompait et qu'il y avait en vous plus de mâle énergie qu'en vos deux frères qui se conduisent comme de sales gosses, plus de vigueur d'esprit qu'en votre père qui raisonnait comme un enfant.)

Votre mère ! C'est à elle que vous pensez maintenant. Vous ne lui avez rien dit – c'eût été la rendre complice de votre départ – mais quand on découvrira demain que votre chambre est vide et que votre lit n'a pas été défait, c'est elle qui sera la moins étonnée. Car il y a longtemps qu'elle a vu clair en vous. Oh ! non, ce n'est pas un jeu de mots ! Je pense à cette révélation qu'elle a eue, quelques jours avant votre naissance. Une voix lui a dit qu'elle donnerait le jour à un enfant de lumière. Si elle a voulu qu'on vous appelât Claire, c'est parce qu'elle a cru cette voix. Demain, lorsqu'elle apprendra votre départ, elle comprendra que sa petite Claire est allée remplir la promesse contenue dans son nom, qu'elle est entrée dans la clarté. Et dans les larmes qui noieront son visage, il y aura peut-être plus de joie que de chagrin.

Il en ira de même de votre sœur Agnès. Sa douleur de vous savoir partie n'aura d'égale que son désir de vous rejoindre. Quant à tante Bona, comme elle sait tout, elle priera le Ciel de l'aider à persuader votre père qu'elle ne savait rien. Car le seigneur de Favarone sera partagé, lui aussi. Entre la douleur et la colère. Et pour peu que vos frères, grands amateurs de querelles, attisent son courroux, il se pourrait fort bien qu'il les laissât tirer vengeances des... des ravisseurs de sa fille.

Cela, vous l'avez dit à François. Il a souri. Il a fait un geste qui voulait dire : « Et alors ? La vie est le seul bien que nous avons gardé. Si vos aimables frères viennent nous la prendre, nous la donnerons avec plaisir ! » Vous avez souri, vous aussi, comprenant soudain qu'on ne peut rien contre l'amour, que les serviteurs de Dieu sont invulnérables et que ceux qui leur veulent du mal ne peuvent que leur faire du bien...

Il n'y avait plus qu'à fixer la date de vos fiançailles avec le Christ. François l'a fait hier matin. (S'il a choisi cette nuit, ce ne doit pas être par hasard : c'est la nuit où commence la semaine sainte.) A partir de ce moment, vous ne vous apparte-nez plus. L'amour s'est emparé de vous. Vous êtes sortie du monde. Votre silence, votre regard absent ont étonné les vôtres. « Qu'est-ce que tu as, disaient-ils. Tu es dans les nuages ? » Vous souriez sans répondre. Vous étiez plus haut.

Ce matin, à la messe des Rameaux, tout Assise a défilé devant l'évêque pour recevoir de ses mains les palmes bénies. Vous êtes restée à votre place. Je pourrais dire que vous y res-tiez parce qu'en esprit vous n'y étiez plus. Monseigneur Guido s'en aperçut. Alors, il descendit les marches du sanc-tuaire, s'approcha de vous et vous remit la palme entre les mains. Cela vous a beaucoup impressionnée. Ce rameau bénit que Jésus vous offrait en la personne de l'évêque d'Assise, c'était un peu comme un bouquet de fiançailles. (Mais je m'en souviens soudain : lorsque François prit congé du monde en envoyant promener ses vêtements devant le tribunal épisco-pal, c'était déjà Monseigneur Guido qui présidait aux adieux. Voilà un évêque qui sait reconnaître les saints !)

Tout ce dimanche, vous l'avez passé dans la béatitude. Ce n'est qu'à la tombée du soir que l'angoisse est venue... Mais voici que l'heure approche. Vous semblez moins inquiète à présent. Que dis-je ? Vous paraissez radieuse. Au moment de fuir les vôtres, vous avez l'air heureuse. C'est parce que vous ne les abandonnez pas. Vous faites exactement le contraire. Votre père, votre mère, votre sœur et même vos sacripants de frères habitent votre cœur. Et comme ce cœur, vous le donnez à Dieu, les voici réfugiés pour toujours !

Votre visage devient plus lumineux encore. C'est la pré-sence de Dieu qui l'éclaire. S'il y avait une horloge dans votre chambre et qu'elle marquât l'heure juste (il est minuit moins le quart), je dirais que Dieu s'approche de votre âme comme la grande aiguille de la petite. Encore quelques instants et

170

vous ne ferez plus qu'un avec lui, encore quelques instants et vous vous sauverez dans l'éternité...

⌘

Voici le veilleur qui annonce minuit ! Claire quitte sa chambre, descend silencieusement l'escalier et comme elle ne veut pas sortir par le grand portail, elle se dirige vers une issue condamnée qu'obstruent de lourdes pierres. Une à une, elle les dégage. Elles sont à peine maniables, mais ses petites mains blanches ne sentent plus leur faiblesse. La voici dehors dans son grand manteau blanc ! Elle reprend son souffle, adresse un sourire aux anges qu'elle devine autour d'elle et, d'un pas aérien, comme si elle marchait déjà dans le ciel, elle s'envole vers la Portioncule. La lune est pleine, les étoiles innombrables et la nuit est si claire que je me demande si ce n'est pas Claire qui fait briller la nuit.

⌘

Maintenant, les enfants, il va falloir ouvrir les yeux. Oui, c'est à vous que je parle, très honorés lecteurs et ne soyez pas offusqués parce que je dis « les enfants » ! J'en vois parmi vous qui ont une barbe blanche, les palmes académiques ou la légion d'honneur. J'en vois qui sont dames patronnesses ou chanoines vénérables. Mais qui que vous soyez, très honoré lecteur, vous devez bien avoir, dans un coin de votre âme, sous la poussière des ans, des titres et des dignités, un restant, un tout petit restant d'esprit d'enfance. Retrouvez-le et venez avec moi ! Comme disent les gosses, dans ce langage merveilleux où le conditionnel a raison du présent, on serait en 1212, dans la nuit des Rameaux, on serait derrière la porte de la Portioncule, on la pousserait un peu et on regarderait...

Chut ! La minuscule église est remplie de petits frères. Ils sont tous là, debout, rangés devant l'autel comme des livres dans une bibliothèque. Ils ont l'air, comme les livres, de tourner le dos à la vie. Mais si on pouvait les prendre et les ouvrir, c'est la vraie vie que l'on trouverait en eux. Qu'est-ce que vous dites ? Que ça n'a pas de sens de les comparer à des pichets ? Pas à des pichets de vin, bien sûr. À des pichets de joie. Et je dirais qu'ils sont remplis de joie jusqu'au goulot parce que, depuis l'instant où ils se sont rassemblés dans l'église pour l'attendre, leur petite sœur Claire s'est trouvée parmi eux. Il ne manque plus que sa présence physique. François s'est avancé vers l'autel :

– Elle ne devrait plus tarder, dit-il. Viens, frère Genièvre, nous allons allumer les cierges.

La petite église s'illumine. On voit l'ombre des frères se découper sur la voûte. Celle de leurs oreilles surtout, que l'on devine dressées, tenues vers l'extérieur, intensément attentives... Les nôtres ne perçoivent que les palpitations de la nuit, mais les leurs écoutent, plus léger qu'un bruit d'ailes, le pas de la jeune fille qui accourt vers eux...

Un rayon blanc traverse la clairière. Elle approche. La voici ! Elle s'arrête devant la chapelle. Elle est si belle que si nous étions là réellement, si nous pouvions la contempler réellement durant ce court instant où elle reprend son souffle, nous perdrions le nôtre. À présent, elle joint les mains. Puis, lentement, majestueuse comme une reine, humble comme un enfant, Mademoiselle Claire de Favarone fait son entrée à la Portioncule.

Musique, petits frères ! Il faut de la musique... Assurément, il en faut, mais ce n'est pas ce qui manque. Les frères se sont, tous ensemble, tournés vers le radieux visage de l'arrivante, et si vous n'avez jamais vu chanter des regards, *écoutez* donc l'hymne qu'entonnent toutes ces prunelles émerveillées. François, le ravisseur, est le plus ravi. « Seigneur, semble dire le cantique que son regard élève vers le ciel, loué sois-tu pour cette jeune fille que tu as envoyée parmi nous. Tu l'as, dès sa naissance, comblée de tous les dons. Tu lui as donné la beauté, la noblesse, la fortune, la supériorité... Loué sois-tu, Seigneur, de faire de la plus comblée de tes filles, la première de nos sœurs... Ce que je ressens pour elle, Seigneur, ce n'est pas à toi que je l'apprendrai. Mais cet écrivailleur qui se mêle de raconter ma vie, comme si le surmulot pouvait parler de l'hirondelle, je voudrais lui dire qu'il n'y a pas de plus grand amour que celui qui nous unit, cette jeune fille et moi, parce que cet amour est le Tien... »

∞

Mais voici Claire qui s'approche de l'autel. Pour faire honneur à la pauvreté, elle a mis ses plus riches parures.

« Notre petite sœur est splendide » répètent les yeux des frères.

Mais François dit à Claire : « Nous allons vous rendre belle. Pour Jésus, votre époux. »

Et il fait signe à frère Genièvre.

Et frère Genièvre disparaît derrière l'autel.

Et le voici qui revient, portant à deux mains d'impressionnants ciseaux.

Et il les tend à François, lentement, gravement, avec le recueillement de l'enfant de chœur présentant les burettes.

Alors, François prend les ciseaux.

Et sa main tremble.

Mais Claire s'agenouille et défait le bandeau qui retient ses cheveux.

Et sur ses épaules, c'est comme un ruissellement de lumière.

Alors, François approche son autre main.

Et celle-là tremble aussi.

Et celle-là plonge dans le fleuve lumineux.

Et maintenant, on voit les grands ciseaux noirs qui coupent, coupent, coupent les éblouissants rayons.

Et le silence est si fin qu'on entend, après la morsure des lames, tomber ces gerbes blondes qui font aux pieds de Claire un tapis de clarté.

∞

Voilà ! C'est fini. François rend les ciseaux à frère Genièvre. Claire se relève. Elle retire son beau manteau blanc. Elle enlève les étoiles qui scintillent à ses oreilles et la parure qui ensoleille sa gorge. Genièvre emporte le tout derrière l'autel et revient avec une pèlerine de bure. François la prend, s'approche de Claire et l'en revêt. Puis de nouveau, il la contemple. Longuement. Avec cette tension que prend le regard quand on est sur le point de reconnaître quelqu'un. Et soudain, c'est l'illumination. Cette enfant tondue, cette fille au teint de neige qui frissonne dans sa bure rapiécée, c'est la dame de ses rêves, la reine de ses pensées. S'inclinant devant Claire, avec infiniment de respect, infiniment d'amour, François salue la Pauvreté.

Vous et moi, lecteur, nous sommes restés derrière la porte, passant le nez par l'entrebâillement et contemplant les frères dans leur contemplation. Et bien que les merveilleux excès de François nous aient habitués à tout, nous écarquillons les yeux nous aussi. Parce que tous ces hommes – combien sont-ils ? plus d'une vingtaine – tous ces saints hommes rassemblés dans une chapelle à deux heures du matin pour couper les cheveux d'une jeune fille, ce n'est tout de même pas un spectacle ordinaire. Lorsque, la tête rasée et sa beauté charnelle ensevelie sous la pèlerine de bure, Claire leur est apparue dans sa beauté véritable, les yeux des frères se sont encore agrandis. Maintenant, ils sont comme ceux de la jeune fille, immenses, illimités. Et sans doute est-ce le chant de toutes ces prunelles qui produit ce merveilleux silence.

Quelques pas à peine, avons-nous dit, nous séparent de cette scène. À la vérité ce sont quelques siècles. Mais cela compte-t-il ? Telle œuvre de Rembrandt, et par exemple *Les Pèlerins d'Emmaüs*, est-elle contemporaine des personnages qu'elle évoque, du maître qui l'a peinte ou de l'amateur qui l'admire ? Il existe un passé qui ne passe pas. Voilà pourquoi Claire et ses frères nous sont présents, pourquoi nous voyons brûler ce brasier de regards, ce brasier d'âmes que la jeune fille et les moines ont allumé cette nuit pour toujours. Et s'il nous fallait donner un titre à ce tableau spirituel, nous pourrions évidemment l'appeler *La vêture de Claire* ou *La naissance d'une sainte*. Mais si nous en oublions les personnages, si nous ne retenons que ce qu'ils représentent, nous lui donnerons un titre plus simple et plus significatif. Nous l'appellerons *L'Amour*.

☙

À présent, Claire est pauvre. La voici donc riche ! Elle a quitté ses parents. La voici donc fille de Dieu ! Dorénavant, elle habitera comme François chez son Père qui est aux cieux. À une lieue et demie d'Assise, s'élève l'église Saint-Paul, où vit une communauté de sœurs bénédictines.

– Frère Léon et moi allons vous y conduire, sœur Claire, dit François.

Ils partent tous les trois dans la nuit finissante. François marche au milieu. Il ne dit rien. Sa sœur et son frère l'écoutent se taire, car ce qui naît de son silence n'est pas moins éloquent que ce qui vient de ses paroles.

L'orient blanchit quand ils arrivent au monastère. La mère abbesse est prévenue. L'adieu n'engendre pas la mélancolie. On ne se quitte que pour mieux vivre ensemble et c'est un véritable « à Dieu ».

– A Dieu, nous vous laissons, chère sœur !

– A Dieu je vous recommande, chers frères !

Les deux frères retournent à la Portioncule. François ne dit toujours rien. Mais Léon, dont l'âme est ultra sensible, le sent plein d'un immense tumulte intérieur. D'un joyeux, d'un merveilleux tumulte. Et il se demande ce qui peut bien le transporter ainsi.

Voulez-vous que je vous dise, frère Léon ? Eh bien, je crois que c'est Claire, la douce petite sœur Claire qui l'a mis dans cet état. Je crois – naturellement, je peux me tromper et ne vous gênez pas pour hausser les épaules si c'est le cas – je crois qu'elle lui a révélé la beauté. Pas la beauté de la femme, bien sûr, encore que la femme, et particulièrement la jeune fille, soit l'un des plus harmonieux chefs-d'œuvre du Bon Dieu, mais la beauté de la création. Surtout, surtout, elle lui a révélé la fraternité des créatures.

Cette parenté de l'homme avec tous les êtres et toutes les choses créées, certes il y a longtemps qu'il la ressentait. Mais il se disait : « Moi, François, je serais le frère du soleil ? Ou ce noiraud de Jacques celui de la lune ? Ou ce lourdaud de Chapeau celui du vent ? Allons, allons, nous sommes sans doute les frères du ver de terre, du campagnol ou du poireau... À la rigueur du perroquet. Mais ça ne peut guère aller plus loin... » Et puis Claire est venue, l'admirable jeune fille qui est si visiblement la sœur du soleil, de la lune, des étoiles, de la brise, de la neige, de la source, de la colombe, de la rose et de toutes les merveilles de la création... Et la céleste enfant étant devenue la sœur du Petit Pauvre, il se trouve que toutes ces merveilles qui sont les sœurs et les frères de Claire sont à présent les frères et les sœurs de François.

Voilà pourquoi vous le trouvez si exalté, frère Léon ! Il est en train de refaire connaissance avec son innombrable famille. Avec sœur Lune, toute pâle au bord du ciel, si pâle qu'elle va probablement défaillir (elle est comme vous, frère Léon, elle n'a pas dormi) ; avec frère Soleil qui vient de paraître, salué par tous les coqs de la péninsule et qui, tout au contraire, éclate de santé ; et maintenant avec sœur Eau, qu'il est en train de boire à cette fontaine où il a parlé à Claire pour la première fois et près de laquelle – ça ne vous a pas fait un grand détour – il a voulu repasser.

Oui, frère Léon, François est en train de redécouvrir le monde et c'est comme – je sais bien que la référence ne vous dira pas grand chose – c'est comme dans l'éclosion d'un grand amour humain, quand on passe brusquement du *vous* au *tu* et au *toi*. Un poète que vous avez peut-être déjà rencontré quelque part dans le ciel, un poète qui s'appelle Paul Claudel, a dit : « Il ne s'agit pas de friser ou de pommader la nature, il s'agit d'y mettre le feu. » Si ce feu s'appelle l'amour, on peut dire que François l'a mis partout où il a passé. Et c'est probablement parce qu'il brûle encore que la merveilleuse Assise, la tendre vallée de Spolète et tant d'autres doux lieux ont gardé cette lumière « franciscaine » que le touriste le plus pachydermique, le plus imperméable aux radiations spirituelles, perçoit encore aujourd'hui. Saint François a embrasé tout cela, frère Léon, mais je vous le dis, je ne serais pas étonné que ce soit sainte Claire qui lui ait tendu les tisons.

☜

À propos de Claire, nous allions oublier sa famille. Comme on pouvait s'y attendre, sa famille ne l'oublie pas. En apprenant ce qu'il appelle la trahison de sa fille, le seigneur Favarone est tombé de haut. Il est tombé de l'amour dans la haine. Pour faire une chute aussi verticale, il fallait que le diable le précipitât. Voici l'ignoble bouc donnant ses coups de corne dans le cœur du vieil homme : « Ta fille est dénaturée, souffle-t-il. C'est une ingrate, une hypocrite qui, sous prétexte de se vouer à Dieu, poignarde son vieux père. Mais tu ne vas pas la laisser faire, Favarone, tu ne vas pas la laisser faire ! »

– Non, certes non ! gémit le pauvre homme en donnant des coups de poing dans les murs.

Il appelle ses fils. Ont-ils du cœur ? Alors qu'ils se démènent ! Qu'ils cavalent à Saint-Paul ! Qu'ils fassent n'importe quoi, mais qu'ils ramènent leur sœur ! Les deux bravaches sautent sur leurs carnes et foncent au monastère où ils arrivent, traînant la botte et sacrant jusque dans la chapelle. Jamais on ne fit un si vilain vacarme dans la maison des filles de Dieu.

Soudain, Claire apparaît. Droite, assurée, silencieuse. Elle défait le voile qui la coiffe et ses deux frères découvrent sa tête rasée. Il semble que, de leur sœur, il ne reste plus que ces yeux immenses dont l'insoutenable regard fait papilloter les leurs.

« Ce n'est pas vrai, mais ce n'est pas vrai ! » répètent-ils. Il n'est pire aveugle que celui qui ne veut pas voir, mais ils ont beau cligner et recligner les yeux, fermer et rouvrir les paupières, ils sont bien obligés de reconnaître que c'est vrai tout de même : leur sœur est tondue, défigurée, apparemment perdue pour la famille. Mais allez donc demander à des butors pareils d'accepter l'évidence ! Les voici qui tempêtent à nouveau, qui menacent, qui insultent et qui ordonnent à Claire de les suivre à la maison et plus vite que ça...

Debout devant l'autel, Claire ne dit pas un mot et ne fait pas un geste : le Seigneur est son rocher. La parole selon laquelle une montagne peut être soulevée par la foi trouve en cette jeune fille, que la foi rend plus inébranlable qu'une montagne, une renversante application. Mais il faut croire que nos deux croque-mitaines ne sont pas aussi bêtes que j'ai pu le dire. Ils ont soudain l'air de comprendre qu'il est inutile d'insister. « Bon ! disent-ils, puisque tu ne veux pas nous suivre, nous dirons à notre père que tu refuses de rentrer. » Et ils s'en retournent, honteux comme deux gros chiens qu'une tourterelle aurait soumis.

Quinze jours plus tard, la même scène s'est reproduite. Avec la petite Agnès, cette fois. Agnès, qui a rejoint son aînée dans la pauvreté et que Dieu a rendue aussi lourde que le mont Subasio quand ses frères ont voulu la reprendre...

Puis, la famille s'est apaisée. Cette plaie que le départ de ses filles a laissée béante dans le cœur du seigneur de Favarone, ses filles ont prié Dieu de la refermer. Et Dieu, qui sait ce qu'un père peut souffrir, les a exaucées... Ainsi, rassemblés dans l'amour divin, le père et ses enfants sont de nouveau inséparables.

Claire n'est pas restée longtemps chez les sœurs bénédictines. Approuvé par Monseigneur Guido, François lui a donné Saint-Damien pour refuge. C'est dans ce havre d'où lui-même est parti pour sa grande aventure qu'elle vient de jeter l'ancre pour toujours. Et tandis que François et ses frères s'en vont pêcher les âmes au large, Claire et ses sœurs prient jour et nuit pour que le Seigneur remplisse leurs filets.

12.

Quel est, en ce printemps 1213, l'homme le plus célèbre d'Italie. Le pape ? Non. L'empereur ? Non plus. François ? Pas encore. L'homme le plus célèbre d'Italie est le troubadour Guillaume Divini. Rome vient de le proclamer « roi des vers ». Il promène sa gloire de château en château, distrayant les seigneurs et ravissant les dames. Tendres, ses vers font battre les cils et palpiter les poitrines ; équipés, ils font bomber les torses et frissonner les moustaches. Le « roi des vers » divertit royalement le peuple.

Il n'y a qu'un seul homme qui s'ennuie en la compagnie de Guillaume Divini : c'est lui-même. Il est, comme bien des gens extérieurement comblés, intérieurement vide. Et dans son âme grise, il n'y a rien d'autre que du brouillard gris.

Arrivé hier dans la petite ville de San Severino, il a récolté d'une ouïe lasse et d'un cœur blasé les habituels bravos. Mais il a tout de même un peu froncé le sourcil lorsqu'une admiratrice lui a dit :

– Demain, cher et illustre maître, vous aurez un concurrent.

– Ah oui ? Qui donc ?

– Ce petit moine d'Assise, vous savez ? Il se nomme François.

– François d'Assise ? Connais pas.

– Pourtant, on ne parle que de lui. Ses sermons sont étonnants, paraît-il. On dit qu'il a séduit le pape et des amis qui l'ont entendu prétendent qu'il parle divinement.

Le « roi des vers » sourit avec indulgence. Voyons, Madame, si quelqu'un parle divinement, ce ne peut être que le Signor Divini. Vous n'allez pas comparer les radotages d'un moine probablement inculte avec la poésie du plus illustre des troubadours.

– Vous devriez l'écouter quand même, a dit l'impertinente.

Voici donc l'illustre Divini dans le couvent où le petit moine d'Assise va prêcher. Il n'est pas venu seul. Il a entraîné quelques amis, histoire de s'amuser un peu. On échange des sourires à l'apparition de François. C'est ça, le divin prédicateur ? Si son ramage ressemble à son plumage...

Mais François vient à peine d'ouvrir la bouche que le miracle s'accomplit. Sa parole fait irruption dans l'âme du « roi des vers », en expulse les vieilles muses qui s'y prélassent encore et y installe Jésus-Christ. Agenouillé, sanglotant, ravi, le plus célèbre poète de son temps découvre enfin la poésie. En même temps que la vérité.

Le lendemain, comme François marchait sur la route avec ses compagnons (parmi lesquels une bonne douzaine de nouveaux frères qu'il avait aspirés d'un regard ou d'un mot), ils entendirent derrière eux le galop d'un cheval. Quelques instants plus tard, ils étaient rejoints par un cavalier en toilette princière qui sautait à bas de sa monture et se jetait aux pieds du Petit Pauvre.

– Laissez-moi venir avec vous, implorait-il.

L'ayant relevé, François lui demanda son nom.

– Je m'appelle Guillaume Divini.

– Le roi des troubadours ?

Le « roi » haussa les épaules, comme pour dire : « Ne me faites pas rire ! » François demeura songeur. Peut-être pensait-il à ce qu'il eût pu répondre au troubadour. Il eût pu lui dire : « Si je vous avais rencontré voici dix ans, c'est moi qui me serais prosterné devant vous. Je vous admirais par-dessus tout. Je courtisais la gloire et j'hésitais alors entre la lyre et l'épée. Mes goûts me portaient plutôt vers la poésie que vers la guerre et si l'on m'avait demandé ce que je rêvais d'être, j'aurais probablement répondu : Divini ou rien. Dieu n'a pas voulu que je sois Divini et voici que Divini choisit de n'être rien. Voici que le troubadour dont j'enviais la gloire jette sa couronne par-dessus les châteaux et aspire à l'obscurité. À la lumière. »

– Pourquoi voulez-vous nous suivre, Guillaume Divini ?

– Parce que le monde et ses vanités m'excèdent. Parce que je cherche la paix.

– Dieu vous la donnera. Venez ! Nous vous appellerons frère Pacifique.

∞

– François, tu n'es pas beau, tu n'es pas noble, tu n'es pas savant, d'où vient-il que tout le monde te court après ?

La question est posée par Massée qui est beau, qui est noble, qui est savant et peut-être aussi, Dieu lui pardonne, un tantinet jaloux (du moins durant ce court moment où il interroge son maître). François garde le silence. Il serait d'autant plus en peine de répondre à la question de son frère qu'il se la pose aussi. Alors, levant les yeux au ciel, il la soumet à Dieu : « Massée a raison, Seigneur, je ne suis qu'un misérable ! Alors, pourquoi viennent-ils à moi ? »

La réponse a dû lui parvenir aussitôt, car il se frappe le front : « C'est justement *parce que* je suis misérable ! » Et le voici qui explique à Massée l'étonnante simplicité des voies du Seigneur :

– Tu veux savoir pourquoi tout le monde me court après ? Parce que parmi tous les pécheurs, Dieu n'a pas trouvé d'homme qui fut plus vil que moi pour accomplir l'œuvre merveilleuse qu'il entendait faire. Et c'est parce qu'il n'a pas trouvé de créature plus misérable qu'il m'a choisi pour confondre la noblesse et la grandeur, et la force, et la beauté et la science du monde, afin que l'on connaisse que toute vertu et tout bien viennent de lui et non de la créature, et que celui qui se glorifie ne peut se glorifier que dans le Seigneur, car c'est à lui qu'appartiennent la puissance et la gloire dans toute éternité.

Oui, voilà pourquoi cet homme sans beauté, sans prestige et sans savoir réveille ceux qui dorment et fait courir le monde après lui ! Dès qu'il arrive dans une ville ou un village, dès qu'il commence à mendier des âmes, les âmes pleuvent. Les orgueilleux abandonnent leur morgue, les avares oublient leur cassette, les paresseux s'arrachent au sommeil, les luxurieux congédient les drôlesses, les drôlesses fuient les luxurieux et tous accourent comme des enfants vers celui qui, « devenu semblable aux tout petits », leur montre le chemin du royaume des cieux.

Mais point n'est besoin d'appartenir aux catégories susnommées pour faire cortège à François, et s'il vous plaît d'accompagner à nouveau le mendiant magnifique à la pêche aux âmes, allons-y ! Car ça va mordre comme jamais et nous le verrons ferrer des poissons de toute taille et de toute espèce : cardinaux et bandits, manants et femmes du monde. Sans compter les poissons authentiques, les oiseaux, les agneaux et l'un des rares loups dont le nom soit passé à la postérité.

Nous avons assisté tout à l'heure à la capture de l'illustre et mélancolique troubadour qui frétille à présent, sous la bure de frère Pacifique, dans le vivier des frères mineurs. Voici une nouvelle prise et non moins prestigieuse : l'éminent juriste Jean Parenti, docteur de l'Université de Bologne, qui exerce les fonctions de juge à Civita Castellana. À dire vrai, le gros de la besogne a été fait, cette fois, par des cochons.

Un soir, en se promenant dans la campagne florentine, le Signor Parenti rencontre un troupeau de porcs qui regagnent leur étable. Plus exactement, ils font le contraire. Poussant des cris stridents, se mordant mutuellement la couenne et jouant des jambons, ils font tout ce qu'ils peuvent pour ne pas entrer.

– Eh bien, dit le promeneur au porcher, voilà des cochons qui sont bien peu sociables !

– Ne m'en parlez pas, réplique l'autre, c'est tous les soirs la même scène ! On croirait des juges à la porte de l'enfer.

On dira que ce n'était pas une réflexion à faire devant un magistrat. Il faut croire que si, justement, car le porcher, qui ne connaît pas la qualité du promeneur, le voit soudain pâlir et l'entend balbutier des phrases incohérentes où le mot juge remorque le mot enfer. Jean Parenti s'éloigne, l'esprit rempli de sinistres visions.

Il passe une nuit terrible peuplée de cochons à tête de juge, que des juges à pieds de cochon poussent vers l'abîme rougeoyant avec des fourches de feu. Il est parmi ceux qu'on culbute et se réveille en hurlant. Il reste longtemps assis dans son lit, claquant des dents dans les ténèbres. Enfin, il se rendort et sombre dans un nouveau cauchemar. Il est dans les fers au fond d'un affreux cachot. Il gémit, il proteste, il s'indigne : il est juge et la place d'un juge n'est pas en prison. Mais les murs n'ont pas d'oreilles et le rêveur comprend qu'il a quitté le camp des juges pour celui des condamnés. Il est en enfer. Alors il hurle, il se débat, il tombe à bas de son lit. Il se réveille sur le carrelage pour entendre les cloches appeler les fidèles à l'office du matin. Il s'habille en un tournemain et court à l'église.

François, de passage en la ville, vient de monter en chaire. Il va prêcher. « Frères bien-aimés, commence-t-il, si vous voulez obtenir miséricorde, soyez miséricordieux ! » Son regard parcourt l'assistance et s'arrête sur Jean Parenti. Et voilà notre juge qui, jusqu'à ce jour, se tenait raide et glacé comme la justice, voilà notre juge qui se dégèle et qui revit. Et la preuve qu'il revit, c'est qu'il pleure. Il s'est mis à sangloter en entendant François dire qu'il ne fallait pas juger les enfants perdus mais les envelopper de miséricorde et les ramener dans la maison du Père. Il a d'abord versé des larmes de regret en pensant à tous les malheureux qu'il avait faits condamner et il s'est juré de jeter sa toge aux orties. Puis, il a versé des pleurs de joie en songeant aux âmes qu'il allait sauver quand il aurait revêtu la bure des compagnons de François.

⚭

Après le juge, voici les bandits. Au flanc du Mont-Casal, quelques frères mineurs ont édifié un ermitage. Le frère Ange y exerce les fonctions de portier. (Ce n'est pas Ange Tancrède mais Ange Tarlati qui est, comme son homonyme, un ancien chevalier.) Voici que trois brigands se présentent au couvent ! C'est l'hiver. Les voyageurs à détrousser sont rares et nos bandits, n'ayant rien à se mettre sous les canines, viennent demander l'aumône. Ce sont trois fieffées canailles et tous les bourreaux de la province nourrissent l'espoir de leur passer la corde au cou. Ce qui reste de sang guerrier dans les veines de frère Ange ne fait qu'un tour :
– Disparaissez, bande d'assassins ! Vous n'espérez tout de même pas que des serviteurs de Dieu vont partager leurs pauvres ressources avec les abominables scélérats que vous êtes. Puisque vous ne respectez ni Dieu, ni les hommes, allez au diable ! Il s'occupera de vous.
Et frère Ange, retrouvant les gestes du chevalier Tarlati, lève le bras comme pour faire siffler l'épée dont il pourfendait naguère les canailles de ce genre. Les bandits, subjugués, prennent la fuite.
À peine ont-ils regagné les bois, voici François qui arrive. Le frère Ange lui fait fête, mais il est encore en ébullition et la colère a laissé des traces sur son visage dont les sourcils n'arrivent pas à se défroncer. François, qui s'en aperçoit, l'interroge. Frère Ange rapporte l'incident et conclut par un « Qu'est-ce que vous en dites ? » qui invite François à partager son indignation.
– Ce que je dis ? répond François. Je dis que tu t'es conduit comme un impie et je rougis en songeant à ce que nos frères brigands ont dû penser de toi.
– Mais, mais... balbutie l'ancien chevalier.

– Mais quoi, frère Ange ? As-tu promis de suivre l'Evangile, oui ou non ? Alors, ta mission n'est pas d'envoyer les bandits au diable. Ta mission est de les ramener à Dieu. Ce faisant, tu suivras l'exemple de Notre Seigneur qui, lorsqu'il retourna vers son Père après avoir expiré sur la croix, était accompagné du bon larron. Oui, frère Ange, le premier chrétien qui ait franchi le seuil du Paradis était un criminel repenti ! Et si tu veux m'en croire, rien ne serait plus agréable à Dieu que de nous voir arriver nous aussi, suivi d'une multitude de scélérats reconnaissant leurs fautes et pleurant leurs péchés. Voici donc ce que tu vas faire : tu vas prendre ce pain, ce vin et ce fromage et tu vas courir après nos frères brigands. Tu ne t'arrêteras que lorsque tu les auras trouvés. Alors, tu leur diras : «Frères brigands, voici du pain, du fromage et du vin que vous envoie le frère François ! » Tu les serviras avec beaucoup de courtoisie et quand ils seront rassasiés, tu leur parleras.

François n'a pas encore achevé sa réprimande que déjà frère Ange a disparu. Sitôt qu'il eut compris qu'un assassin était une prise de luxe pour un pêcheur d'âmes, il s'était mis aux trousses des trois canailles. Le voici qui court à travers la montage, criant à tous les échos : « Venez, frères brigands, venez ! Je vous apporte à manger. »

La faim fait sortir les brigands hors du bois. Frère Ange se précipite vers eux, leur exprime les regrets qu'il éprouve de leur avoir parlé si durement et les prie d'accepter les bonnes choses contenues dans sa besace : «Pour montrer que vous n'êtes plus fâchés, vous voulez bien ? » Sans attendre la réponse, il étend une nappe sur l'herbe et se met en devoir de couper le pain et le fromage. Les brigands, parfaitement ahuris, sont demeurés la bouche ouverte, ce dont frère Ange profite pour y introduire ses tartines.

Une heure plus tard, l'estomac tendrement dilaté par la nourriture et le vin, les trois bandits, assis dans l'herbe, savourent la béatitude qui accompagne les bonnes digestions. Installé en face d'eux, frère Ange les couve d'un regard angélique et, concluant de la réplétion des ventres à la réceptivité des oreilles, il prélude par de légers toussotements au petit discours qu'il a mijoté.

– Frères brigands, je ne voudrais pas vous offenser en médisant de votre métier, mais à vous parler franchement, je ne le trouve pas très beau. Je dirai même qu'il est plutôt vilain, car on ne doit pas tuer son prochain. Je sais ce dont je parle. Quand je portais l'épée, j'ai occis plus d'un malheureux. J'ai même expédié quelques bandits. Quand je songe que c'était peut-être de braves brigands comme vous, j'en éprouve de cuisants regrets... Alors, je vous le dis, vous devriez changer d'existence et si vous vouliez entrer au service de Dieu, vous y seriez plus heureux que dans votre métier.

Les trois bandits froncent le sourcil. Il est bien gentil, ce moine, avec son pain, son vin, son fromage et son sourire ; mais s'il commence à se payer leur tête, ça n'ira plus. Des forbans comme eux, passer au service de Dieu ? Vous imaginez ça ? Mais si Dieu existe, il doit y avoir belle lurette qu'ils sont promis au diable. Tous les trois. N'est-ce pas ce que le bon moine lui-même leur a dit ce matin ?

– Oubliez cela, frères brigands. Dieu vous aime autant que les honnêtes gens. Et peut-être plus. Le frère François, qui le connaît bien, me l'a plusieurs fois répété.

Et frère Ange raconte l'histoire du bon larron, qui était un fameux coquin lui aussi. Et pourtant...

– Et pourtant, frères brigands, le premier chrétien qui ait franchi le seuil du paradis, c'est ce coquin-là justement. Il est arrivé avec Notre Seigneur au soir du vendredi Saint. Il ne faut pas demander s'il se sentait intimidé. Vous pensez : il n'y avait pas encore un seul humain au ciel. Il n'y avait que Dieu et les anges. La Sainte Vierge était encore ici-bas, pleurant sur l'épaule de saint Jean. Saint Pierre se bouchait les oreilles pour ne plus entendre chanter les coqs, il n'avait pas encore pris son service aux portes du Ciel qui étaient grandes ouvertes. Le bon larron, ébloui, clignait des yeux et n'osait plus avancer. Alors, Notre Seigneur lui a posé la main sur l'épaule et lui a dit : « Entre, bon larron ! Tu es ici chez toi. » Et il l'a présenté aux anges. Il leur a dit : « Voici votre nouveau compagnon. Vous pouvez lui faire la fête, car nous avons failli ne jamais le voir ici. C'était un brigand, figurez-vous, et le diable nous le disputait. Mais quand on a élevé sa croix à côté de la mienne, il a eu grand regret de sa vie de scélérat et il m'a demandé de me souvenir de lui quand je serais dans mon royaume. Et moi, voyant son repentir et sa foi, je l'ai emmené au Paradis. Et chaque fois que des brigands se repentiront, nous les recevrons parmi nous. Et il y aura plus de joie dans le ciel pour un seul d'entre eux que pour quatre-vingt-dix-neuf justes. » Voilà, frères brigands, ce que Notre Seigneur a dit !

Frère Ange s'est tu. Mais les oreilles des frères brigands sont demeurées dressées. Elles sirotent encore la bonne nouvelle, et la perspective de partager un jour la félicité du bon larron intéresse visiblement nos trois pendards. Et puis il y a autre chose : c'est la première fois qu'on leur parle sans haine et sans crainte. Le respect, la courtoisie, l'affection du moine les troublent si profondément qu'ils ne savent plus que faire pour les mériter. S'ils pouvaient, ils éclateraient en sanglots. Mais leurs terribles trognes ne se prêtent guère à ce genre d'effusion. Alors, ils s'efforcent de sourire, ce qui est encore plus bouleversant. En voyant ces faces de brutes fignoler des risettes, c'est frère Ange qui s'est mis à pleurer. Allons, la prise est bonne et voilà trois forbans qui feront d'excellents franciscains.

Puisque nous connaissons la suite, autant la rapporter hic et nunc : les brigands se convertirent, entrèrent dans l'Ordre, vécurent en justes, moururent en saints et gagnèrent le Paradis. On les y reçut avec la joie que vous imaginez. Il leur semble, tant il y avait d'élus pour leur souhaiter la bienvenue, que tout le Ciel s'était dérangé. « Tout le Ciel vous accueille en effet, dit le bon larron qui présidait le comité de réception, et les innombrables bienheureux que vous voyez autour de moi sont tous plus ou moins des brigands repentis. »

∞

À présent, transportons-nous dans un riche palais romain. Entrons dans la grande salle. Approchons-nous, car il fait froid, de la cheminée où rougeoient des bûches odorantes. Admirons la jeune femme assise non loin du feu. Son visage a la beauté du jour et ses yeux la douceur de la nuit. Elle grignote, avec une incomparable distinction, de merveilleux petits gâteaux.

Assis vis-à-vis d'elle, un homme de minable apparence, ficelé comme... Ficelé comme François, pardi ! puisque c'est lui. Vous êtes évidemment surpris et vous vous demandez ce que le Pauvre d'Assise, l'habitant des huttes et des grottes, le pénitent irréprochable qui mange plus volontiers les rogatons des lépreux que le poulet du frère Genièvre, vous vous demandez ce qu'il fait en face de cette splendide jeune femme, dans cet intérieur luxueux et douillet. Eh bien, il grignote des petits gâteaux (il en est au quatrième) et il parle du Royaume de Dieu.

Mais permettez-nous de vous présenter l'hôtesse, madame Jacqueline de Settesoli, la très noble épouse du seigneur Gartien Frangipani, l'un des plus illustres et des plus riches citoyens de Rome. Comment François est-il entré dans sa maison ? C'est très simple : il prêchait sur la place, devant le palais de la belle Romaine. Jacqueline a d'abord ouvert sa fenêtre, puis ses oreilles et enfin son cœur, où les paroles du Petit Pauvre ont aussitôt fait leur nid.

Le sermon fini, elle est descendue sur la place, a traversé la foule et s'est approchée du prédicateur : « Je ne sais si je suis digne de vous recevoir dans ma maison, lui a-t-elle dit, mais vous me feriez beaucoup d'honneur en acceptant d'y venir. » François l'a regardée sans mot dire. Elle était femme, elle était belle, elle était riche, elle avait tout pour lui déplaire, mais elle lui a plu. Dans la splendide simplicité de cette richissime Romaine, il a reconnu sur-le-champ quelque humble suivante de Madame Pauvreté. Alors il est entré dans sa maison.

À présent, si nous essayions d'imaginer un peu la conversation... On peut conjecturer, car François sait vivre, qu'il a d'abord complimenté l'hôtesse pour l'excellence de sa pâtisserie. Madame Frangipani lui en a peut-être révélé les secrets : « Vous prenez du miel, des amandes... » (C'est tout simplement la recette de la *frangipane* à laquelle elle a donné son nom.)

Maintenant, (nous imaginons toujours) François promène son regard sur la salle, sur les meubles, sur la magnifique cheminée.

– Pourquoi souriez-vous, lui demande Jacqueline.

– De me voir ici. De m'y trouver si bien. Et d'avoir repris trois fois de vos délicieux gâteaux.

– Ils sont faits pour être mangés, ne croyez-vous pas ?

– C'est tout à fait mon avis, dit-il, en en reprenant un cinquième.

Si vous aviez le regard suffisamment pointu, vous apercevriez, sous la chaise de François, le démon de la gourmandise. Il doit se frotter les mains ! pensez-vous. Pas du tout ! Il a la corne on ne peut plus basse et quand il a vu disparaître le cinquième gâteau dans la bouche du saint, il s'est mis cul par-dessus la tête, car ce sont les pattes non les poings, qu'en pareille circonstance les démons lèvent au ciel. Pourquoi cette fureur ? Parce que François, malgré sa petite orgie pâtissière, demeure préservé du péché de gourmandise. Il n'offense pas le Seigneur, il le glorifie. En s'accordant cet humble plaisir, il obéit au même élan qui le porte à s'imposer les plus dures privations. Ce n'est point seulement de la langue et du palais qu'il déguste une tartelette après l'autre, c'est du plus profond de son cœur. Il savoure en les mangeant la bonté de Dieu qui a créé le miel et les amandes et l'ingénieuse tendresse de madame Jacqueline qui en a tiré la frangipane. Mais l'hôtesse redouble d'empressement :

– Voulez-vous autre chose ? Avez-vous soif ? Etes-vous bien ?

François sourit. Il est bien, oui ! Il savoure l'instant. Comme il fait bon dans cette pièce que le crépuscule envahit. Comme il fait doux auprès de cette jeune femme dont la grâce rayonne. On se sent réfugié. C'est l'heure où les hommes retournent en leur maison, l'heure du sommeil et des portes closes.

– Père, dit Jacqueline, vous allez dormir sous notre toit. Je vais faire préparer votre chambre.

François jaillit de sa chaise :

– Non merci !

Jacqueline s'étonne. N'est-il pas bien dans sa maison ? Si, bien sûr ! Le confort y est grand, la chaleur y est douce et la pâtisserie délicieuse. Mais la pause est finie. On l'attend dehors. Qui l'attend ? La nuit, les étoiles et la pauvreté. Bonsoir, Madame Jacqueline !

∞

Des chevaliers, des clercs, des marchands, des poètes, des juges, des brigands, des jeunes filles de la meilleure noblesse et des dames de la haute société... l'attraction que le mendiant d'Assise exerce sur ceux qui l'approchent est celle de la lumière sur les papillons de nuit. Depuis quelque temps, le phénomène a pris une ampleur nouvelle : ce ne sont plus seulement les âmes d'élection qui accourent vers François, ce sont les foules. Dès qu'il approche d'une ville, elle entre en effervescence : les clochers sonnent, les hommes quittent leur travail, les femmes leurs casseroles et les enfants leurs jeux. Les paralytiques se font transporter sur le seuil des portes, les aveugles demandent des explications et l'on voit des vieillards qui avaient oublié comment on met un pied devant l'autre, descendre en sautillant les escaliers. Quand François franchit les murs, toute la ville pousse un cri : « Ecco il santo ! »

Les Italiens ont une passion pour les saints. Cela ne veut pas dire qu'ils sont transis de vénération devant eux. Au contraire ! Quand on a Dieu pour papa et la Madone pour maman, les saints font partie de la famille. L'accueil que les citoyens de Pérouse ou d'Arezzo font à François, c'est un peu celui que des enfants éloignés du foyer paternel feraient au grand frère arrivant au pays, avec des nouvelles toutes fraîches. Des nouvelles de la Maison du Père. Et c'est parce qu'il a conscience d'être ce grand frère-là que notre *santo* supporte les hommages et endure les vivats. Cependant, quand le bon peuple malmène un peu trop son humilité, François le rappelle au calme : « Dieu m'a comblé de grâces, c'est entendu ! Mais s'il avait répandu sur un bandit de grand chemin les dons qu'il me prodigue, nous devrions lui en être encore plus reconnaissants. »

Parfois, l'on vient au secours de sa modestie. C'est ce que va faire l'évêque de Terni où nous sommes à présent. La place où François doit parler est noire de monde et les acclamations montent vers lui comme les vagues vers le rocher. Monseigneur – peut-être est-il agacé de voir bifurquer vers le *santo* les hommages dus à l'évêque – Monseigneur croit devoir préfacer la prédication du mendiant. S'adressant au peuple, il ne peut se retenir d'exprimer tout haut ce qu'il pense tout bas :

– Combien il est étrange, dit-il, qu'un homme aussi insignifiant et aussi peu instruit puisse obtenir un pareil succès.

À ses côtés, l'ami du Saint-Père, des cardinaux et de tant de personnages plus considérables que l'évêque de Terni approuve aimablement de la tête. L'allocution terminée, il remercie le prélat pour la justesse de sa réflexion. Puis, il se met à prêcher...

Monseigneur est assis derrière lui, sur un siège que des mains pieuses lui ont apporté. Sa mine exprime des sentiments peu douteux. Cette façon qu'il a de redresser le menton, on voit très bien ce que ça veut dire. Ça veut dire que Son Excellence ne partage pas l'enthousiasme de ses diocésains. Que le succès d'un garçon aussi fruste, il faut bien le dire, non seulement l'étonne comme elle l'a déclaré tout à l'heure, mais encore la gêne et l'irrite... Il faut décidément peu de choses pour séduire le peuple, car ce que raconte ce petit moine... ce que raconte ce... Mais dites donc, mais ça n'est pas si mal que ça ! C'est même bien ! C'est même très bien. N'hésitons plus à l'avouer, c'est tout simplement merveilleux !

Il faut vous dire que dès les premières paroles de François, le cerveau de Son Excellence, cerveau d'un modèle supérieur, a eu des ratés... Puis, tout à coup, passez-moi l'expression, il est tombé en panne... De sorte que c'est avec son cœur que Monseigneur a dû capter le sermon du mendiant. Voilà pourquoi vous le voyez à présent qui baisse humblement le menton, qui tend religieusement l'oreille. Voilà pourquoi, si vous avez l'ouïe fine, vous l'entendez qui reprend à son tour, à voix très basse bien sûr, le cri que la foule répétait tout à l'heure : « Ecco un santo ! Voici un saint, voici vraiment un saint ! »

∞

Matin d'été. Il est cinq heures à peine. L'orient commence à brasiller. Les oiseaux sont déjà dans le ciel, les abeilles sur les fleurs et nos amis sur la route. Ils marchent vers Assise et la terre d'Ombrie est fraîche et douce à leurs pieds. Ils parlent de Cortone où François a prêché la veille et où ils ont passé la nuit.

– Est-ce que vous avez remarqué, dit frère Egide, hier soir, pendant le sermon, cet homme debout au premier rang ? Il était raide comme une statue et il fixait François sans remuer un cil.

– Oui, oui, dit frère Genièvre, je l'ai vu ! Un grand diable noir !...

François reprend son frère. L'expression a beau être familière, on n'évoque pas le diable à propos d'un chrétien. Les impairs de frère Genièvre allant immanquablement par deux, il en commet un second en voulant rattraper le premier.

– Tu sais, explique-t-il à François, si j'ai dit diable noir, ce n'est pas façon de parler. C'est parce que ce chrétien-là... eh bien, il avait quelque chose de pas catholique et, ma foi, je n'aimerais guère le trouver sur notre...

Il va pour dire : notre chemin. Mais voici que là-bas... ça alors, ça n'est pas ordinaire. Devinez qui se tient là-bas, debout au milieu de la route ! Le grand diable... Pardon, le grand homme noir ! Genièvre en est devenu tout rouge. François lui-même ne sait trop quelle contenance adopter. L'homme noir les attend, c'est visible. Le voici maintenant qui s'approche et qui s'incline devant le Petit Pauvre. Avec... il faut le dire, avec beaucoup de respect.

Debout à côté de François, le bon Genièvre regarde sans bonté l'étranger. Noirs sont ses yeux, noir est son poil, plus noire encore sa barbe. Ses mains par contre sont blanches et soignées. Le sommet du crâne, dégarni par un début de calvitie, laisse voir une peau rose, fine et des plus distinguées. Cet homme est visiblement un monsieur, et ce monsieur doit être ce que nous appellerions aujourd'hui un intellectuel.

Il est toujours plié en deux devant François (c'est pourquoi Genièvre peut si bien examiner son crâne). Ce qui l'indispose, frère Genièvre, c'est l'attitude du personnage. Elle est respectueuse, avons-nous dit. Certes ! Mais il y a dans ce respect, – ça peut sembler paradoxal – il y a dans ce respect une sorte de condescendance. Le bonhomme a l'air de dire : « Voyez un peu comme je m'incline, moi... Moi qui ne suis pas fait pour ça ! »

François le regarde aussi. Lui, dont le cœur est ouvert à tous, on dirait qu'il hésite à en accorder l'entrée à cet inconnu. « Le Père est comme moi, se dit Genièvre. La tête de ce monsieur ne lui revient pas. » C'est vrai. Mais cet homme antipathique mendie de la sympathie, et François, quoiqu'il n'en éprouve aucune, parvient, dans un sourire, à lui en donner.

– Qui es-tu ? demande-t-il.

L'homme se redresse. Il dit qu'il se nomme Elie, Elie Bombarone, qu'il est notaire, qu'il a beaucoup étudié, beaucoup réfléchi, que s'étant longuement interrogé sur le sens de sa vie, il a découvert qu'elle ne répondait plus à ses aspirations profondes et que...

Mâtin ! quelle éloquence, et comme ce monsieur arrondit bien ses phrases !

Frère Genièvre, frère Egide et frère Ange en demeurent tout bleus. Mais François prête au beau diseur la plus fraternelle attention...

Pendant qu'il écoute et tandis qu'Elie Bombarone lui fait le récit de son évolution spirituelle, nous devrions nous arrêter un instant sur la « simplicité » du Petit Pauvre. Nous l'avons vu tout à l'heure approuver chaleureusement l'évêque de Terni qui, en somme, le traitait de minus. Lui-même ne laissait jamais passer une occasion de se proclamer un imbécile. Il va de soi qu'il était exactement le contraire, le propre des imbéciles étant de se prétendre intelligents. Parlant de cette simplicité, Thomas de Celano dit admirablement qu'il la tenait non pas de la nature mais de la grâce. « Son âme pure de toute souillure, écrit-il, trouvait l'accès des mystères cachés et son amour impétueux s'ouvrait les portes devant lesquelles piétine la science des Maîtres. » Bref, son cœur était cent fois plus perspicace que le plus délié des esprits. Si vous voulez, François, le simple et l'ignorant, était aussi différent du docte et de l'intelligent Elie qu'un oiseau peut l'être d'un quadrupède. L'amour donnait des ailes au saint tandis que le notaire...

Le notaire continue d'exposer ses états d'âme. Son éloquence qui, tout à l'heure, a ébloui les frères, à présent les assomme. Il s'empêtre dans la glue des mots et des formules alors qu'il serait si simple de s'abandonner un instant sur l'épaule du mendiant, de laisser couler ses larmes et de lui dire : « Emmenez-moi avec vous ! »

François souffre de voir patauger ainsi le savant tabellion. Mais il devine chez ce lourdaud qui a tant lu et tant réfléchi (c'est ce qui le rend si pesant, pardi !) un désir sincère de devenir oiseau. Alors, il pose la main sur son épaule et dit :

– Si tu aimes la pauvreté, frère Elie, tu peux venir avec nous.

Frère Genièvre, frère Egide et frère Ange n'ont rien dit. Ou s'ils ont dit quelque chose – quelque chose comme « zut alors, c'est pas de veine ! » qui est l'exclamation classique des enfants contrariés – s'ils ont dit ça, c'est intérieurement. Ce notaire saisi par la ferveur ne leur inspire décidément aucune sympathie. Mais le respect qu'ils ont pour François leur interdit de manifester leur déception. Ils la dissimulent d'ailleurs assez mal, et tandis que leur père chemine à côté du nouveau, ils marchent à l'écart, les dents serrées et le nez vers le sol.

Elie, lui, recommence à raconter sa vie. Comment il avait connu François jadis : « Mais, oui, très cher, je suis d'Assise comme vous. Rappelez-vous ! Bombarone, le matelassier, c'était mon père. » Comment il avait d'abord travaillé dans l'atelier paternel. Comment, en ayant assez de faire des matelas, il avait décidé de faire des études. Comment, à force de vouloir et de ténacité, il était passé de la casa du papa Bombarone à l'Université de Bologne. Comment, à force d'intelligence et d'énergie, il était devenu savant et notaire. Comment sa brillante carrière lui avait bientôt paru terne et plate et indigne de son ambition. Comment il avait entendu parler de François d'Assise, de son crédit sur le pape et de son ascendance sur les populations. Comment il s'était dit : « Voilà l'homme qu'il faut suivre ! S'il m'accepte parmi les siens, je mettrai tout mon savoir, toute ma volonté, toute mon ambition au service de son Ordre et il n'aura pas à se plaindre de moi. »

François a grande envie de répondre : « Oublie un peu ton savoir, mon garçon, règle ta volonté sur celle de Dieu et prends garde qu'en mettant ton ambition au service de notre Ordre, tu ne finisses par mettre notre ordre au service de ton ambition. » Cet homme qu'il sent à la fois si ardent et si froid le séduit et l'inquiète : « Il est comme le vin, pense-t-il, dans lequel l'eau se mêle au feu. Et le vin est la meilleure et la pire des choses. » Mais François ne veut pas décourager celui qui est venu vers lui.

– C'est bien, dit-il, c'est très bien, frère Elie. Si nous chantions un peu maintenant.

François entonne un cantique. Les voix de frère Genièvre, frère Ange et frère Egide s'unissent à la sienne. Elie, plein de bonne volonté, essaie de s'associer au chœur. Mais son timbre nasillard et flûté détonne atrocement : le notaire chante faux. « Il ne manquait plus que ça ! » murmure Genièvre entre deux strophes.

Après deux jours de marche, ils arrivent à la Portioncule. On les accueille avec la joie coutumière, mais lorsque François, présentant l'ancien notaire, dit : « Voici le frère Elie qui va partager notre pauvreté », un sentiment bizarre traverse la communauté. Une sorte de gêne, comme celle qu'on éprouve dans un courant d'air. Bref, la tête du tabellion ne ravit pas les frères et son regard « chaud et froid » leur donne envie d'éternuer. Seul, frère Chapeau le trouve à son goût. « Il a de la distinction » dit-il.

François ne veut pas de cette ambiance frisquette :

– Je suis heureux de me retrouver à la Portioncule, dit-il, et la présence de notre frère Elie met le comble à ma joie.

Les frères comprennent la leçon. Faisant contre mauvaise figure bon cœur, chacun s'empresse autour du nouveau. Genièvre, cependant, le doux et l'innocent Genièvre n'arrive pas à dominer son antipathie. Il pense à sa sœur Claire dont il disait qu'elle serait parmi eux comme un petit agneau blanc parmi des moutons noirs. Il se demande à quel animal il pourrait assimiler le notaire... Non, il ne serait pas charitable de le comparer à un loup. À un renard alors ? Ce serait peut-être moins dur, mais pas plus fraternel... Une chose est sûre en tout cas, c'est qu'il n'a rien d'un mouton.

∞

En ce temps-là – c'est un pli qu'il a gardé – le monde était divisé en deux blocs : les Infidèles et les Chrétiens. Les premiers rêvaient d'exterminer les seconds et réciproquement. Le calife almohade Mohammed En-Nacer, qui régnait sur le Maroc et une partie de l'Espagne, s'était promis d'emmener ses cavaliers jusqu'à Rome « pour y purifier l'Eglise dans un bain de sang » (cet aimable calife dixit). Le bain de sang, ce fut son armée qui le prit lorsque les chevaliers des rois de Navarre, de Castille et d'Aragon la mirent en pièces à Las Navas de Tolosa, le 1er juillet 1212. En apprenant la nouvelle, la chrétienté fut aux anges, et cette victoire sur les Infidèles d'Occident aviva dans le cœur des baptisés, le désir d'en finir avec les mécréants d'Orient.

Un siècle auparavant (en novembre 1095), au Concile de Clermont en Auvergne, le Saint-Père Urbain II avait lancé ses fils dans l'une des plus grandes aventures de l'histoire. « Hommes de Dieu, s'était-il écrié, hommes élus et bénis entre tous, unissez vos forces ! Prenez la route du saint sépulcre, assurés de la gloire impérissable qui vous attend dans le royaume de Dieu. Que chacun renonce à lui-même et se charge de la Croix. » Et l'on avait vu « des hommes prendre subitement le dégoût de tout ce qu'ils avaient aimé, abandonner, les barons leurs châteaux, les artisans leurs métiers, les paysans leurs champs, pour consacrer leurs peines et leur vie à préserver des profanations sacrilèges les dix pieds carrés de terre qui avaient recueilli, durant quelques heures, la dépouille de leur Dieu » (Michelet).

Hélas ! il arriva aux croisades ce qui arrive aux plus nobles entreprises humaines. « La mystique se dégrada en politique », voire en commerce. L'idéal se perdit dans l'intérêt, on mena des intrigues, on fit des affaires et l'on oublia le Saint Tombeau. On l'oublia si bien qu'au lieu de délivrer Jérusalem, on fit, en avril 1204, le sac de Constantinople. « Ces défenseurs du Christ, qui ne devaient tourner leurs glaives que contre les Infidèles, se sont baignés dans le sang chrétien. Ils n'ont épargné ni la religion, ni l'âge, ni le sexe. Ils ont commis à ciel ouvert adultères, fornications, incestes... On les a vu arracher des autels les revêtements d'argent, violer les sanctuaires, emporter icônes, croix et reliques. »

Qui parle ainsi ? Le pape Innocent III, dont nous savons déjà, pour l'avoir entendu tempêter, qu'il n'a pas froid à la langue. Le Saint-Père est d'autant plus écœuré par cet odieux carnage qu'il a tout mis en œuvre pour redonner à la croisade sa pureté première, lui rendre l'élan mystique que lui ont fait perdre politiciens et trafiquants. Si grande est sa désolation qu'il excommunie en bloc tous les croisés.

Pourtant, l'illustre pontife n'a pas renoncé à son grand rêve : être le pape de la délivrance du Saint Tombeau. La victoire de Las Navas lui redonne espoir. Un tourbillon d'enthousiasme parcourt à nouveau la chrétienté. Un petit berger du Vendômois, Etienne de Cloyes, un garçon de Cologne, nommé Nicolas, appellent les jeunes à prendre la croix. Des milliers d'adolescents se lèvent et se mettent en route vers Jérusalem. (Je sais, cette croisade des enfants a très mal fini, mais ne riez pas, les teenagers, Etienne et Nicolas, c'étaient tout de même d'autres gars que Johnny Chose ou Claude Machin). « Ces enfants nous font honte, dit Innocent III. Ils partent et nous dormons... »

Naturellement, ce vent d'enthousiasme se met à souffler sur la Portioncule. La croisade des enfants, voilà qui concerne doublement François. Parce qu'il est pareil à ces petits, pur, fervent, audacieux et pour tout résumer : grand. Parce que le soldat manqué qui dort au fond de son cœur n'y sommeille encore que d'un œil. L'Orient, l'aventure, le danger et le service de Dieu, avouez qu'il y a là de quoi combler celui qui est encore un peu François Bernardone et qui est déjà beaucoup saint François. Aussi décide-t-il de partir chez le Sarrasin. Il va de soi qu'il n'a pas le désir de combattre ; il aurait plutôt celui d'être massacré. Si l'ambition des Croisés est d'exterminer les Infidèles, le rêve du Petit Pauvre est de les convertir.

Le voici donc en mer, sur un bateau faisant voile vers l'Orient. Un frère l'accompagne dont nous ne savons pas le nom. Sœur eau salée, la grande sœur eau salée n'a rien de commun avec la petite sœur eau douce qui coule, humble et joyeuse, des sources et des fontaines d'Ombrie. C'est une furie noire et tonitruante visiblement travaillée par le diable et semblant fort mal supporter les deux franciscains qu'elle ballote sur son dos. Elle les roule, les gifle, les trempe et les secoue de la tête aux orteils comme pour les vider de leur cœur. Mais le cœur des deux moines tient bon même s'il leur vient aux lèvres, et François, entre deux paquets de mer, rabroue paternellement l'Adriatique : « Calme-toi, grosse bête. Si Dieu veut que tu nous mènes en Orient, tu seras bien forcée de nous porter jusque-là... »

Mais la tempête ayant rejeté le bateau sur la côte dalmate, François en déduisit que Dieu ne le voulait point et nos deux compagnons rembarquèrent pour l'Italie.

13.

Frère Massée et frère Genièvre ramassent du bois dans la forêt.

— Moi, je le trouve préoccupé, soucieux, dit frère Massée.

— C'est vrai, confirme frère Genièvre, il est soucieux et préoccupé.

Ils parlent de François. Le fait est qu'il n'est plus tout à fait le même depuis son retour de voyage.

— Peut-être, dit frère Massée, qu'il regrette de n'avoir pu se rendre en Orient.

Sans aucun doute, mon frère. Cet envol manqué l'a meurtri. Il s'est fait très mal en retombant bien que la joie que vous montrâtes en le revoyant ait amorti sa chute. Je ne sais trop s'il comptait vraiment convertir le Sarrasin, mais je suis sûr qu'il espérait trouver le martyre. Et c'est parce qu'il rêvait de se promener dans votre souvenir avec sa tête sous le bras, comme l'héroïque saint Denis, qu'il est un peu déçu de se retrouver tout entier parmi vous.

— Peut-être dit frère Genièvre, que c'est tout simplement cet Elie qui le préoccupe.

Ah ! cet Elie. Si frère Genièvre s'exprimait aussi vulgairement que votre serviteur, il dirait qu'il n'arrive pas à l'encaisser. Il a beau se faire violence, se frapper la poitrine en se répétant : « Elie est ton frère et tu dois l'aimer. » son cœur fait comme s'il n'avait pas entendu. C'est que cet Elie... On ne peut rien lui reprocher, pourtant. Il n'y a pas plus dévoué que lui. Toujours à se mettre en quatre pour la communauté. Mais justement, cela fait au moins trois Elie de trop, et cette manie qu'il a de tout vouloir organiser – *mes frères, nous devrions mettre un peu moins de fantaisie dans notre apostolat, nous devrions dresser des cartes pour nos missions, étudier les itiné-raires...* Enfin, vous voyez le genre ? – eh bien cela ne plaît pas. Le zèle du frère Elie est tellement infatigable qu'il devient fatigant. On a l'impression que ce n'est pas le cœur qui fonctionne ainsi chez lui, que c'est uniquement le cerveau... C'est comme ses sermons – *Si nous considérons que prime... que seconde... nous remarquerons que... et nous concluons que...* – ce sont de vrais sermons de notaire. Naturellement, ce qu'on vous en dit, ce n'est pas pour critiquer le frère Elie, c'est pour vous expliquer le bonhomme que c'est...

Mais il faut être juste, il faut dire qu'à l'égard de François, son attitude est exemplaire. Oh ! il a toujours ce regard un peu... hautain, ce sourire légèrement... supérieur, mais on sent bien qu'il a conscience de la suprématie du Petit Pauvre et qu'intérieurement il est écrasé de respect.

Que François en impose à frère Elie, c'est tout naturel. Ce qui l'est moins, c'est que frère Elie semble impressionner François. Comme si François, de son côté, lui reconnaissait, on ne sait quelle supériorité. Il écoute tout ce qu'il dit, approuve tout ce qu'il fait et lui témoigne une sympathie d'autant plus ostensible qu'elle contraste avec l'antipathie des autres frères... Non, frère Genièvre, ce n'est pas frère Elie qui préoccupe François.

Ce qui le rend pensif, je vais vous le dire : c'est une montagne. Une montagne dont on lui a fait cadeau voici quelques jours, alors qu'il parcourait la Romagne. Un dimanche après-midi, comme il passait près de la forteresse de Montefeltro, il apprend qu'on donne une fête au château. Toute la noblesse d'alentour est là pour écouter les ménestrels... François aime les malheureux ; ce n'est pas une raison pour détester les heureux. Il aime la solitude ; ce n'est pas une raison pour dédaigner la société. En entendant monter les rires et les chants, en apercevant de loin les beaux habits de soie, il sourit et dit à son compagnon :

– Si nous allions voir !

Stupeur du frère :

– Mais...

– Mais quoi ? Les fêtes te font peur ? Ne sais-tu pas que c'est aux noces de Cana que notre Seigneur a inauguré sa vie publique ? Et crois-tu qu'il a changé l'eau en vin pour qu'on s'abstienne d'en boire ? Quand j'étais jeune, tu sais, j'ai beaucoup aimé les fêtes. C'est pourquoi je ne blâme pas ceux qui s'y complaisent. Ils ne savent pas qu'il existe des joies infiniment plus belles. Nous qui le savons, nous devrions leur en parler. Viens !

Joignant, comme toujours, l'action à la parole, il s'élance dans la cour du château, monte sur une pierre, demande le silence, et pour faire honneur aux ménestrels, il commence à réciter une poésie courtoise :

  — *Tanto è il bene ch'aspetto*
  Ch'ogni pena m'è diletto

Si grand est le bien auquel j'aspire que toute peine m'est plaisir...

Prenant appui sur ce distique, soudain la vérité s'envole de la bouche de François. D'abord un peu surpris, les nobles dames et les gentils seigneurs ne tardent pas à le reconnaître. Alors, ils s'approchent, avec humilité, du mendiant guenilleux qui leur en fait présent. Et ils tendent l'oreille, ils tendent l'âme comme on tend la main, car ces dames en superbes atours et ces seigneurs en habits de soie vivent assurément dans une large aisance, mais pour ce qui est de la vérité, ils sont dans un grand dénuement.

Le plus attentif d'entre eux est le comte Roland, seigneur du Chiusi, qui porte avec beaucoup de prestance son nom de paladin. Lorsque François, son homélie terminée, redescend de sa pierre, le comte s'avance vers lui :

  — Père, dit-il, je voudrais te confier le soin de mon âme.

  — C'est une excellente idée, répond François. Mais va d'abord avec les amis qui t'ont invité et prends part à leur festin. Après, nous pourrons causer ensemble.

« Voilà un saint qui sait vivre » se dit le comte Roland en gagnant le buffet. Et pour accompagner la joie dont les paroles de François ont rempli son cœur, il se verse quelques rasades d'un *vinum bonum* dont les vertus émoustillantes rehaussent encore son contentement. Une immense tendresse envahit son âme. Il veut absolument faire quelque chose pour le petit *santo*. Mais pas n'importe quoi ! Quelque chose d'extraordinaire, de grandiose... Il cherche, il boit, il recherche, il reboit et soudain, il trouve... Il repose son hanap et, le visage radieux, il revient vers François qui devise à l'écart avec les ménestrels.

  — Père, dit-il, je vais te faire un cadeau.

  — Quel cadeau ? demande François.

  — Je possède une montagne, à quelques lieues d'ici. Je te la donne.

François sourit. Depuis qu'il tend la main, il a reçu des quantités d'aumônes, mais c'est la première fois qu'on lui fait un aussi colossal présent. Il se rappelle ses débuts dans la mendicité. Se voir offrir une montagne quand on a commencé par quémander des pierres, cela donne une idée du chemin parcouru.

– J'accepte, dit-il en toute simplicité. Rien ne vaut une montagne pour se rapprocher du ciel.

Seulement, cette montagne qui s'appelle l'Alverne, lui est en quelque sorte restée sur le cœur. Ou, si vous voulez, elle encombre son esprit. C'est pourquoi frère Massée, frère Genièvre et les autres frères le trouvent préoccupé. François est très sensible aux signes et si je faisais mon petit pédant, je dirais qu'il se trouve devant un choix. Mer ou montagne, voilà la question ! Que symbolise la mer ? Le départ, le mouvement, l'action... Dans l'esprit de François : l'apostolat missionnaire, la propagation de l'Evangile, la prédication. Que symbolise la montagne ? L'immobilité ! Dans l'esprit de François : l'oraison, la contemplation. (Si j'osais redoubler de pédanterie, je dirais encore que la mer, horizontale, évoque le rapport avec les hommes et la montagne, verticale, le dialogue avec Dieu.)

Or, François a pris la mer et Dieu, qui commande aux flots même quand le diable les agite, l'a rejeté vers la côte. Après quoi Dieu, qui inspire également les cœurs, a incité le comte Roland à lui léguer sa montagne. Voilà pourquoi François se demande ce que veut exactement le Seigneur. Doit-il prêcher dans la plaine ou prier sur les hauts lieux ? Sans doute pourrait-il interroger lui-même le Père céleste. Mais ce serait mal connaître son humilité. Il préfère avoir recours à des intermédiaires, à des âmes qu'il croit mieux placées que la sienne.

Mais voici justement frère Genièvre et frère Massée qui reviennent du bois et qui passent devant lui. Le brave frère Genièvre tourne vers son maître ses bons gros yeux fidèles et le grand, le superbe frère Massée, malgré le fagot qui charge son épaule, avance avec la majesté d'un ambassadeur. Oui, d'un ambass... Ça y est, François a une idée :

– Frère Massée, dit-il, veux-tu me rendre un service ?

Frère Massée dépose aussitôt son fagot :

– Tu vas aller trouver sœur Claire, tu la prieras de demander à Dieu si je dois parcourir le pays en prêchant ou me consacrer entièrement à l'oraison. Ensuite, tu iras demander la même chose au frère Sylvestre et tu reviendras me dire ce qu'ils t'auront répondu.

Frère Massée voudrait bien donner son avis. Frère Genièvre aussi. Ils pensent l'un et l'autre que si Dieu était resté seul à l'entendre, la voix de François n'aurait troublé ni frère Genièvre, ni frère Massée, ni le Saint-Père, ni tant d'autres âmes... Et naturellement ni sœur Claire et ni frère Sylvestre qu'à présent il envoie consulter. Mais ce n'est pas eux qui feront une remarque à François et frère Massée, plantant là son fagot, se met en route incontinent.

Sœur Claire réside à Saint-Damien et frère Sylvestre vit en ermite aux Carceri, là-haut dans la montagne. Il faut trois bonnes heures pour faire le trajet. Frère Massée met ses longues jambes à son cou et quand il rentre à la Portioncule, il a les pieds en feu. François va chercher un baquet d'eau et après avoir invité le messager fourbu à y plonger ses extrémités, il prend un linge et les lui débarbouille fraternellement. Puis, il prie le cuisinier Genièvre de servir à l'ambassadeur Massée un repas réconfortant. Quand ce dernier, lavé, restauré, détendu, lui paraît en état de livrer son message, François se met à genoux :

– Que t'ont dit sœur Claire et frère Sylvestre, demande-t-il. Dois-je me consacrer à la prière ou à la prédication ?

Frère Massée répond :

– Sœur Claire et frère Sylvestre, qui prient le Seigneur jour et nuit, m'ont dit que tu devrais prêcher.

– C'est bien, dit François. Alors partons !

Retroussant aussitôt sa bure, il s'en va dans le crépuscule. Car déjà le soir tombe et frère Massée, qui a quatre lieues dans les jambes, se demande s'il ne serait pas plus raisonnable de passer la nuit à la Portioncule et de partir à l'aube. Mais, là-bas, François s'éloigne. Encore un instant et il va disparaître dans le bois. Frère Massée jette un regard attristé à sa hutte, songe avec regret au lit de feuilles mortes où il eût été si bon d'oublier sa fatigue, se reproche aussitôt sa faiblesse et, allongeant ses grandes jambes, il s'élance joyeusement à la suite de François.

∞

Ils n'ont pas marché longtemps. Lorsque frère Massée, n'en pouvant plus, s'est mis à boitiller, François, pris de pitié, a dit : « Couchons-nous sur la terre et dormons. »

Les voici allongés côte à côte, buvant la nuit de tous leurs yeux. Jamais ils n'ont vu tant d'étoiles. Il y en a des myriades et des myriades. Elles semblent s'être rassemblées dans le ciel comme les fidèles dans une église, et la lune, au milieu d'elles, a l'air de célébrer l'office.

– Si tu regardes bien nos sœurs les étoiles, dit François, tu verras qu'elles prient.

Frère Massée regarde bien. C'est vrai. Rien ne ressemble plus à une prière que cette immense palpitation nocturne, rien ne ressemble plus à un office divin.

– Lorsque les hommes sont endormis, dit encore François, ce sont les étoiles qui louent le Seigneur.

Or, les deux frères, à leur tour, ont glissé dans le sommeil. Les étoiles ont continué leur prière puis, lorsque l'aube qui attendait au bas du ciel a fait son entrée, elles se sont éteintes, elles aussi. Et voici que commence un nouvel office, voici que s'élève une nouvelle prière. Dans les bois, dans les champs, dans les arbres, des milliers et des milliers d'oiseaux prennent le relais des étoiles... Et tous ces petits becs en oraison, cela fait un si doux vacarme que François et frère Massée rouvrent les yeux. Et les voici à genoux, priant avec les alouettes, les merles, les pinsons, les mésanges, les fauvettes, les roitelets et tous ceux que je ne nomme pas et qui voudront bien me pardonner.

François, tout en priant, sourit. Il sourit comme Dieu lui-même devait sourire lorsqu'il créa les oiseaux. (Dieu a peut-être fait l'homme avec gravité, mais tout porte à croire qu'il a fait le merle ou la fauvette avec enjouement.) François sourit parce qu'il ne s'est jamais senti aussi fraternellement entouré. Les oiseaux sont plutôt du ciel que de la terre, ils appartiennent plus à l'histoire sainte qu'à l'histoire naturelle, et c'est à une scène d'histoire sainte que nous allons assister.

Sa prière terminée, François se lève et dit à frère Massée :

– Puisque Dieu veut que je prêche et que les hommes ne sont point encore levés, je vais parler à nos frères les oiseaux.

Voici François, debout dans le champ. Et voici qu'un oiseau s'approche. En voici deux, trois, six, vingt, cent... Il en sort des buissons, il en descend des arbres, il en tombe du ciel. Il y en a des noirs, des gris, des verts, des multicolores... Et il en vient encore, et il en vient toujours... (Note à l'intention des sceptiques : et pourquoi ne seraient-ils pas venus ? Vous n'avez jamais vu, au Luxembourg ou aux Tuileries, une midinette ou une grand-mère émietter leur pain aux moineaux ? Tout ce qui vole dans le jardin se rassemble autour d'elles. Il est probable que François donnait à manger à ses petits frères ailés, car les oiseaux reconnaissent de très loin celui qui les nourrit. Naturellement, il ne leur émiettait pas que du pain. Il leur donnait aussi son amour, et l'amour attire les bêtes autant que la nourriture.)

Voilà pourquoi tous les oiseaux d'alentour sont là ! François salue ces âmes vêtues de plumes et commence :

– Mes petits frères...

Ceux qui rapportent la scène nous disent que les oiseaux, soudain, sont devenus prodigieusement attentifs. Je n'ai, pour ma part, aucune peine à le croire et je les imagine fort bien, tendant le cou et penchant leur petite tête pour mieux écouter. Car si, comme bien l'on pense, ils ne comprennent pas un mot des paroles du Poverello, ils n'en saisissent que mieux le sens profond de son homélie. Tout simplement, ils sentent ce que François leur dit, à savoir qu'il est leur frère... M'est d'ailleurs avis que leur instinct va plus loin, qu'ils perçoivent fort bien que cet homme qui leur parle est un saint... Oui, j'en suis sûr, ils ont reconnu celui qu'on appellera un jour le miroir du Christ. Ils voient combien il ressemble à leur Créateur, combien son amour est semblable à celui du Père des hommes et des animaux. Pour tout vous dire, ils savent qu'ils ont à faire à saint François. Et si vous ne croyez pas que ça suffit à les transir de respect sur leurs petites pattes et à les emplir de joie jusqu'à la pointe des plumes, eh bien vrai ! c'est que vous n'entendez rien aux oiseaux... Tâchons donc de nous faire un cœur de merle ou de fauvette pour écouter le plus délicieux des sermons :

– « Mes petits frères les oiseaux, dit François, nombreux sont les liens qui nous rattachent à Dieu. Et pour vous, votre devoir est de le louer partout et toujours, à cause de la liberté que vous avez de voler où il vous plaît, et à cause de cette double et triple robe et de ce beau plumage coloré que vous portez.

Louez-le aussi pour la nourriture qu'il vous procure sans que vous ayez à travailler, pour les chants qu'il vous a enseignés, pour votre nombre que sa bénédiction a multiplié, pour votre semence qu'il a jadis conservée dans l'arche, et pour cet élément de l'air qu'il vous a réservé.

Dieu vous sustente sans que vous semiez ni ne moissonniez ; il vous donne des sources et des rivières pour y boire, des collines et des montagnes pour vous y réfugier, des arbres élevés pour y déposer vos nids ; et quoique vous ne sachiez ni coudre, ni filer, c'est encore lui qui vous donne les vêtements indispensables ainsi qu'à vos enfants.

Faut-il que le Créateur vous aime pour vous accorder de telles faveurs ! Aussi, mes frères les oiseaux, ne soyez pas ingrats, mais célébrez sans cesse les louanges de celui qui vous comble de ses bienfaits. »

Ayant ainsi parlé, François, fit un grand signe de croix et les oiseaux, comprenant que le saint les invitait à regagner le ciel, ouvrirent leurs ailes et s'envolèrent.

Alors, François retourna dans sa solitude. Bien plus qu'un moyen de libération, la pauvreté devenait pour lui la fin suprême de toute sainteté. Plus que jamais, il vivait dans le plus grand dénuement. Il couchait à même le sol, sans que l'idée lui vienne de prendre une pierre pour oreiller. Il avait soin de mendier les nourritures les plus exécrables, et si le riche lui donnait du pain blanc, il l'offrait au pauvre en échange de pain noir.

∞

Il se retira sur l'Alverne, afin d'y vivre en Dieu. Le vent, les nuages, les arbres, les sources et la montagne elle-même glorifiaient le Seigneur avec lui. Ils étaient entrés dans l'Ordre avec Frère Soleil et Sœur Lune. Lorsque François, dans la paix du soir, additionnait les étoiles avec les âmes des petits frères qui dormaient en bas dans la campagne, il remerciait Dieu de lui avoir donné cette innombrable famille.

Il se nourrissait à peine et ne dormait plus guère.

L'amour du Christ était son pain et son vin, les souffrances du Christ étaient son lit. Il n'avait plus qu'un seul désir : ressentir dans son corps la même douleur, éprouver dans son âme le même amour. Or, il avait tant marché vers Lui que Jésus vint à sa rencontre et l'exauça. Le 14 septembre 1224, quand l'aurore illumina l'Orient, François vit apparaître dans le ciel un Séraphin crucifié. Au même instant, ses mains et ses pieds éclatèrent tandis qu'une souffrance surhumaine labourait son flanc. Mais son cœur n'était qu'un immense alléluia. Balbutiant de douleur et de joie. François remercia le visiteur ineffable et s'évanouit.

À partir de ce jour, il ne vécut plus que pour louer le Seigneur.

Epuisé, malade, presque aveugle, il chantait comme une alouette, et c'est au plus fort de la douleur qu'il composa le plus beau poème d'amour qui ait jamais coulé d'un cœur humain :

« *Loué sois-tu, mon Seigneur, avec toutes tes créatures.* »

Et puis, un jour, il lui fallut descendre de la montagne, car il était à l'agonie. Il se fit transporter vers la petite église de Sainte-Marie des Anges d'où il était parti, dix-sept ans plus tôt, prêcher l'Evangile. Il venait d'ajouter une dernière strophe au *Cantique des Créatures*, pour louer « notre sœur la mort. » Par un beau soir d'automne, alors que les feuilles se détachaient doucement des arbres, la petite sœur silencieuse vint prendre François par la main, pour le conduire au Père qui l'attendait dans le Royaume des Cieux.

Le petit mendiant laissait un immense héritage et cela n'étonna personne. Car, à l'image du Christ, il s'était fait pauvre pour enrichir les hommes.

Achevé d'imprimer sur rotative
par l'Imprimerie Darantiere à Dijon-Quetigny
en août 1998

N° d'impression : 98-0821
Dépôt légal : 3ᵉ trimestre 1998